本书受到武汉纺织大学学术著作出版基金、湖北省高等学校哲学社会科学研究重大项目（省社科基金前期资助项目）（22ZD086）、湖北省教育厅哲学社会科学研究重点项目（23D058）的资助

考虑政府补贴和行为因素的绿色供应链决策研究

曹晓刚◎著

中国纺织出版社有限公司

内 容 提 要

绿色供应链又称环境意识供应链或环境供应链，是一种在整个供应链中综合考虑环境影响和资源效率的现代管理模式，以绿色制造理论和供应链管理技术为基础，涉及供应商、生产厂、销售商和用户。然而，制造商、零售商和消费者之间的竞争与合作关系使绿色供应链系统中的成员关系与决策问题更加复杂。本书在考虑政府补贴和行为因素环境下，依据决策优化理论、博弈论和消费者效用理论等，综合分析政府补贴、制造商绿色生产、公平关切、零售商销售努力、风险规避、旅游优待政策、消费者环保心态和绿色偏好等因素对绿色供应链决策的作用问题。

本书适合作为管理科学与工程、工业工程、系统工程、应用数学等相关学科的工作者和研究生的参考书。

图书在版编目（CIP）数据

考虑政府补贴和行为因素的绿色供应链决策研究 / 曹晓刚著. -- 北京 : 中国纺织出版社有限公司, 2025.2. -- ISBN 978-7-5229-2568-4

Ⅰ. F252. 1

中国国家版本馆 CIP 数据核字第 20250PS686 号

责任编辑：于　泽　　责任校对：王蕙莹　　责任印制：储志伟

中国纺织出版社有限公司出版发行

地址：北京市朝阳区百子湾东里A407号楼　邮政编码：100124

销售电话：010—67004422　传真：010—87155801

http://www.c-textilep.com

中国纺织出版社天猫旗舰店

官方微博 http://weibo.com/2119887771

河北延风印务有限公司印刷　各地新华书店经销

2025年2月第1版第1次印刷

开本：710×1000　1/16　印张：16.00

字数：248千字　定价：79.00元

前言

近年来，随着全球环境问题日益突出，企业和政府对绿色供应链管理的重视程度不断增加，关于绿色供应链的定价决策与协调问题正在成为管理科学相关研究中的热点问题。绿色供应链管理旨在通过减少碳排放、资源浪费和环境污染，实现供应链的可持续发展和社会责任。在这一背景下，政府补贴和企业行为因素成为影响绿色供应链决策的重要因素之一。本书旨在对政府补贴和行为因素影响下的绿色供应链决策进行深入研究和探讨。我们将从理论和实践两个方面入手，探讨政府补贴对企业绿色供应链决策的影响机制，以及企业内部行为因素在绿色供应链管理中的作用。通过系统总结和分析相关理论研究成果，并结合实践案例进行深入探讨，本书旨在为绿色供应链管理决策提供理论支持和实践指导。因此，本书在绿色供应链背景下，综合分析政府补贴、公平关切、风险规避、旅游优待政策、绿色满意度、销售努力及博弈结构等对企业最优决策的影响，深入研究绿色供应链系统的决策优化问题。

本书组成部分如下：第 1 章为绪论，包括研究的背景及意义等；第 2 章为国内外相关研究综述；第 3 章分析考虑产品绿色度和公平关切的绿色供应链决策问题；第 4 章研究考虑政府补贴和风险规避的绿色供应链定价决策问题；第 5 章讨论政府补贴下考虑产品绿色度和销售努力的绿色供应链定价决策问题；第 6 章探讨考虑优待政策和消费者双重偏好的双渠道绿色旅游供应链决策问题；第 7 章研究考虑消费者环保心态的绿色供应链决策与协调问题；第 8 章分析考虑绿色满意度的全渠道绿色供应链定价与投资决策问题；第 9 章为本书总结及未来研究方向。

非常感谢我的研究生卜乐丹同学对本书的校对。

武汉纺织大学管理学院　曹晓刚

2024 年 4 月于武汉

目录

第1章 绪论

1.1 研究背景和研究意义

随着经济的快速发展，社会资源消耗速度日益提升，资源浪费和环境污染等问题日益突出。2024 年 3 月 1 日，国务院常务会议审议通过《推动大规模设备更新和消费品以旧换新行动方案》(国发〔2024〕7 号)，要求落实全面节约战略，抓紧建立健全回收利用体系，促进废旧装备再制造，提升资源循环利用水平。2022 年我国共拆解处理废弃电器电子产品约为 9704.7 万台（套)，处理企业拆解处理的废弃电器电子产品中，废电视机 4983.4 万台，电冰箱 1294.6 万台，洗衣机 1865.2 万台，房间空调器 746.3 万套，微型计算机 815.2 万套。海量的废弃物给环境带来了沉重的负担，甚至进一步威胁到人类的健康发展。2024 年 2 月，国家发展改革委等多部门联合印发了《绿色低碳转型产业指导目录（2024 年版)》(发改环资〔2024〕165 号)，明确了节能降碳产业、环境保护产业、资源循环利用产业、能源绿色低碳转型、生态保护修复和利用、基础设施绿色升级、绿色服务等绿色低碳转型重点产业的细分类别和具体内涵，对推动经济社会发展绿色低碳转型提供了支撑，为各地方、各部门制定完善相关产业支持政策提供了依据。

由于目前我国中小型制造企业数量居多，进行绿色生产会导致生产成本增加，包括学习绿色技术、购买绿色设备等，从而降低了制造企业进行绿色生产的积极性。为克服绿色生产的发展障碍，促进绿色供应链的良性发展，政府的财政补贴不可或缺。为此，政府会制定相应的补贴政策，补贴绿色供应链中的主体（制造商和零售商)，目的是对制造商在绿色产品的技术研发及环保零部件采购等方面的投入，以及零售商在绿色销售努力方面的投入进行一定的补贴。同时，供应链中制造商和零售商之间的利润分配会引发它们各自的公平关切行为，供应链成员不仅关注自身的利润，还会关心成员之间收益的公平性问题，因此，在绿色供应链研究中引入公平关切将更具现实意义。此外，零售商的风险规避行为会降低其对大数据营销的投入水平，从而影响供应链绿色决策。零售商的销售努力行为、消费者的环保意识行为，制造商的绿色度提升行为和绿色满意度行为都会对供应链的利润和环境效益产生影响。

鉴于此，本书基于绿色供应链外部消费者环保意识、企业风险规避和销售努力行为及政府补贴的背景，在分析供应链企业的产品绿色度、公平关切、旅游优待政策、绿色满意度的基础上，研究考虑政府补贴和行为因素影响下的绿色供应链决策问题。具体包括：

考虑产品绿色度和公平关切的绿色供应链决策、考虑政府补贴和风险规避的绿色供应链定价决策、政府补贴下考虑产品绿色度和销售努力的绿色供应链定价决策、考虑优待政策和消费者双重偏好的双渠道绿色旅游供应链决策、考虑消费者环保心态的绿色供应链决策与协调、考虑绿色满意度的全渠道绿色供应链定价与投资决策。

从理论意义上看，通过考虑政府补贴和行为因素，丰富了绿色供应链管理的理论框架，使其更加全面和深入。通过研究政府补贴对绿色供应链决策的影响，有助于进一步理解政府在绿色供应链管理中的作用和影响机制。结合行为因素探讨了决策者在绿色供应链决策中的行为特点和决策偏好，丰富了行为经济学理论在供应链管理领域的应用。从现实意义上看，通过分析政府补贴对企业绿色供应链决策的影响，可为政府提供制定和调整绿色供应链政策的依据，促进政策的科学性和有效性。通过考虑行为因素揭示了企业决策者在绿色供应链决策中的行为偏好和决策模式，可为企业优化决策提供参考和指导，提高决策的效率和准确性。通过研究政府补贴和行为因素对绿色供应链决策的影响，有助于促进绿色供应链的发展和应用，推动企业实现可持续发展和环境保护目标。

1.2 研究内容

本书在绿色供应链这一背景下，综合考虑企业的产品绿色度、公平关切、旅游优待政策、绿色满意度对绿色供应链成员均衡决策及利润的影响。本书内容框架如图 1-1 所示。

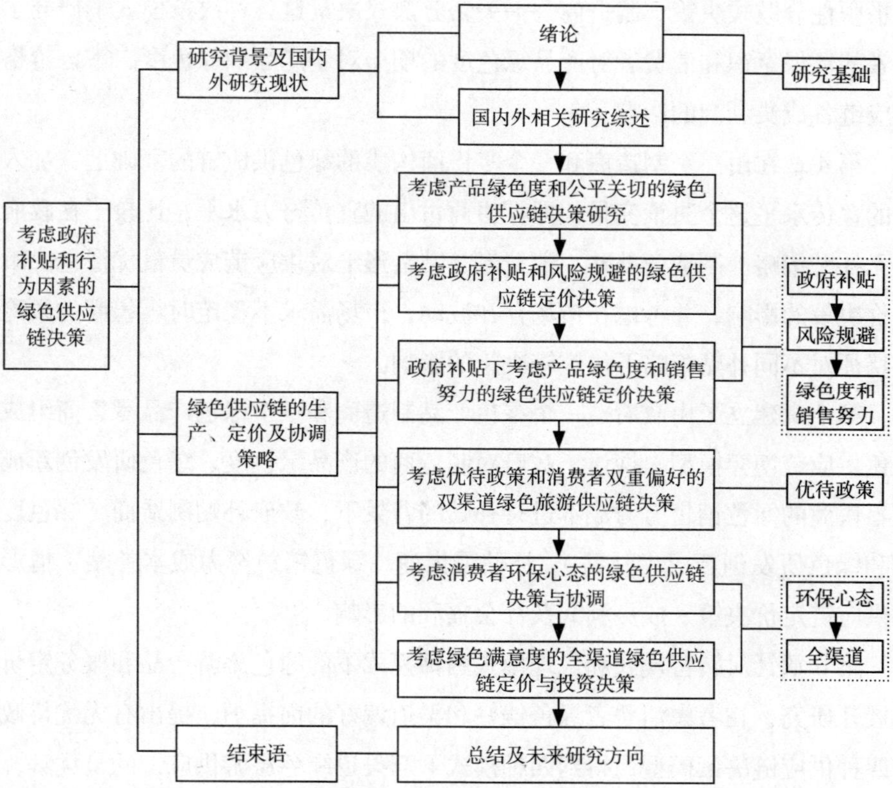

图1-1 本书内容框架图

具体内容如下：

第 1 章介绍研究背景及意义，并总结了主要的研究内容和研究方法，在与以往研究成果的对比分析上说明了本书的研究创新点所在。

第 2 章是国内外相关研究综述。先对绿色供应链的决策问题进行了综述，然后从产品绿色度和消费者环保意识、公平关切、政府补贴、风险规避、绿色销售努力行为、旅游供应链管理、绿色供应链管理、多渠道供应链管理、成本分担、全渠道零售、绿色满意度等方面对绿色供应链的定价与协调决策进行了综述，最后对目前学术界关于绿色供应链决策问题的研究成果进行了简要的评述。

第 3 章在考虑由制造商和供应商组成的两级绿色供应链中引入消费者的环保意识和消费者对产品绿色度的期望这两个因素，分别在集中式决策、制造商公平中性分散式决策、制造商公平关切分散式决策这三种决策模式下研究了消费者的环保意识和消费者对产品绿色度的期望对于产品的绿色度、零售价格和供应链各成员利润的影响。

第 4 章在由一个制造商和一个零售商构成的绿色供应链的基础上，加入产品的宣传水平这个决策变量，即零售商付出的宣传努力水平，比较了在政府采取无补贴策略、制造商补贴、消费者补贴情形下对供应链成员最优绿色决策和定价决策的影响，并考虑在市场存在波动，市场需求不稳定时零售商的风险规避特征对不同补贴策略下供应链决策的影响。

第 5 章建立了由政府、一个绿色产品制造商和一个绿色产品零售商组成的绿色供应链博弈模型。探讨了政府对制造商的产品绿色度、绿色研发创新成本和零售商的绿色销售努力成本进行补贴的背景下，政府补贴制造商（绿色度补贴和绿色研发创新成本补贴）、补贴零售商（绿色销售努力成本补贴）情形下对供应链定价决策、成员利润及社会福利的影响。

第 6 章针对转售模式和代理模式两种模式下的绿色旅游产品和服务定价问题展开研究，在考虑消费者绿色偏好和渠道偏好的前提下，提出有无优待政策的四种供应链决策模型，得到四种模式下双渠道绿色旅游供应链的最优解，同时分析了优待政策、销售模式和消费者双重偏好对旅游产品价格、需求和供应链成员利润的影响。

第 7 章考虑由制造商和供应商组成的两级绿色供应链，引入消费者的环保意识和消费者对产品绿色度的期望这两个因素，分别在集中式决策和制造商公平关切分散式决策这两种决策模式下，研究消费者的环保意识和消费者对产品绿色度的期望对于产品的绿色度、零售价格和供应链各成员利润的影响，并且分析了制造商的公平关切系数对上述因素的影响，同时构建了成本分担契约对绿色供应链进行协调和优化。

第 8 章在考虑消费者绿色满意度的基础上，研究全渠道供应链成员的均衡决策与合作竞争选择。通过 Stackelberg 博弈、Bertrand 博弈和逆推归纳法，进行各供应链成员均衡决策的求解，探讨绿色满意度对于制造商利润、产品零售价及投资努力的影响。

第 9 章是研究结论及局限概述，并提出未来的研究方向。

1.3　研究方法

本书遵从问题导向，将通过量化的方法建立相关的决策模型并进行分析，主要采用了博弈分析法、最优化方法和消费者效用理论等研究方法和理论对考虑政府补贴和行为因素的绿色供应链的生产与定价决策问题进行了分析。主要研究思路如下：

（1）在已有文献对绿色供应链的定价与协调机制的最优决策模型的研究基础上进行深入的归纳和总结，并结合典型企业的具体实践，建立更加符合实际的决策模型。

（2）运用最优化方法和动态竞争博弈模型进行分析和求解。首先选取关键影响因素，建立决策模型；在此基础上，通过数理分析方法得到系统最优决策解。

（3）运用仿真模拟的方法或通过开发一定的算法获得均衡解，进一步分析模型的性质和特点，发掘问题的规律；通过对中间决策变量（如再制造程度和单位专利许可费等）的控制，分析变量之间的关系，并得出研究结论。

1.4　本书的创新点

本书的创新点主要体现在：

（1）虽然许多学者研究了政府补贴策略对企业或供应链决策的影响，但大多仅考虑了单一补贴，没有分析政府采取不同补贴方式对供应链的影响效果。本书将政府补贴分为不补贴、补贴制造商和补贴消费者三种情况，并且细分为针对零售商的绿色销售努力和消费者进行补贴的情形，提供了一种新的视角。

（2）现有文献分析了供应链成员的风险规避行为对其最优决策的影响，而本书将零售商风险中性作为风险规避的基准，利用零售商的风险规避属性进行分类，在此基础上研究政府的补贴策略，具有一定的创新性。

（3）现有关于全渠道的研究多集中于全渠道以及全渠道供应链的实证研究，而本书主要关注 BOPS 营销模式，在考虑消费者绿色满意度的条件下研究全渠道绿色供应链的定价与投资决策问题，其中对 TSBO 全渠道模式的探讨丰富了全渠道领域的研究。

（4）关于消费者绿色满意度，大部分学者以绿色和消费者满意度的关系作为研究切入点，或是在供应链研究中加入消费者绿色偏好等因素。而本书在建立模型基础上，将消费者是否满意产品绿色属性的影响纳入考虑，具有一定创新性。

第2章 国内外相关研究综述

关于绿色供应链已经有很多相关研究，大都集中于降低碳排放、节约能源和资源以提高供应链可持续性，以及新产品、再制造产品、废旧产品的定价和供应链的协调等方面。近年来，无论是供应链的发展、产品的市场营销还是环境保护方面都迎来了许多挑战与困难，为了解决这些问题，在绿色供应链方面出现了许多研究成果。Arnab 等（2020）考虑绿色改进来分析绿色供应链的协调问题。Yu 等（2018）考虑经济属性和环境属性督促绿色供应链的参与者主动做出更绿色的决策。程粟粟等（2021）比较了基于产品绿色技术的微分博弈模型均衡解并进行了合作协调。与本书研究内容相关的主要文献有以下方面。

2.1 关于产品绿色度和消费者环保意识方面

Arnab 等（2020）通过考虑绿色改进来分析绿色供应链的协调问题。Yu 等（2018）考虑经济属性和环境属性督促绿色供应链的参与者主动做出更绿色的决策。程粟粟等（2021）比较了基于产品绿色技术的微分博弈模型均衡解并进行了合作协调。士明军等（2020）研究了在政府补贴下当供应链成员都进行绿色投入时的信息共享问题。江世英等（2015）建立了四种以不同对象主导或不同方法来实行决策的绿色供应链模型。桑圣举等（2020）研究了对于制造商、零售商和消费者而言最优的合作博弈均衡模式，以及不确定环境对它们造成的影响。朱庆华等（2011）考虑产品绿色度的三阶段博弈模型得出此模型对于产品生产商的决策具有参考价值。陈克兵等（2021）研究了消费者绿色敏感度和渠道权利结构对供应链定价与决策的影响，并通过成本分担契约对供应链成员的决策进行协调。Su J 等（2020）考察了如何安排供应链成员定价的问题并讨论了不同模式下绿色供应链的最优决策。温兴琦等（2018）在存在相同政府补贴的基础上，比较分析了在投入成本补贴策略、生产成本补贴策略和绿色度补贴策略下的不同补贴结果。Liu 等（2017）分析了价格随绿色度和定向广告投入水平的变化趋势，表明最优零售价、批发价与绿色度和定向广告投入水平负相关。Hong 等（2019）研究了绿色产品供应链中的合作契约，发现合作伙伴之间的合作可以帮助供应链实现环境改善。Jafar 等（2019）在制造商生产任意绿色水平商品情况下，研究了三级双渠道绿色供应链的最优协调决策问题。Amin 等（2019）研究了渠道中断下双渠道供应链的定价、产品绿色度和协调问题。Liu 等（2019）在产品绿色度和回收竞争方面，讨论了考虑由主导制造商、零售商和第三方回收商组成的闭环供应链最优决策。Liu 等（2020）研究了在不同权力结构下，哪种合同能更有效地激励企业提高产品绿色度，并使其受益。Wei 等（2021）考虑了具有非对称异质偏好的绿色供应链，其中制造商不知道零售商的行为类型是自利还是利他。Yuan 等（2021）表明，制造商的产品绿色度决策需要政府的引导和调控，产品价格补贴是影响制造商绿色度决策的最有效途径；相对于对制造商给予绿色成本补贴，政府运用宣传手段提高消费者环保意识也是提升绿色度的有效途径。Liang 等（2022）设计了两部收费制契约来协调双渠道绿色供应链，使制造商和零售商能双赢。Cheng 等（2022）研究了竞争环境下零售商过度自信如何影响时尚产品的绿色度水平。Shuai 等（2023）探讨了区块链的采用如何影响绿色产品和非绿色产品之间的双寡头博弈问题。Bai 等（2023）构建了批发价格契约、成本分担契约和两部制契约模型，运用最优化理论和方法讨论了三种契约对供应链决策的影响。Zhang 等（2023）考察了不同权力结构下，考虑消费者受价格效应影响时，哪种合作契约（批发价契约或成本分摊合同）能更有效地提升产品绿色度，促进市场需求。Cai 等（2023）表明，供应商总是偏好强制披露需求信息，而零售商对是否披露的偏好取决于批发价格和绿色度水平对需求的共同影响。Cheng 等（2023）表明，制造商应在其财务能力范围内提高绿色投入水平，以提升供应链的可持续运营水平。Cao 等（2023）认为当需求满足一定条件且制造商具有有利公平关切时，制造商的风险规避行为将导致产品绿色度水平的下降，制造商的公平关切会影响对绿色产品的投入，提高产品的绿色水平。

消费者环保意识的增强促使企业增加绿色投入从而增加绿色产品的销量，众多学者将环保意识作为一个重要的因素纳入绿色供应链研究框架。Zhang 等（2020）考虑绿色改进和客户的绿色偏好，并通过协调来实现较高的供应链绩效。Yu 等（2018）考虑经济属性和环境属性督促绿色供应链的参与者主动做出更绿色的决策。程粟粟等（2021）比较了基于产品绿色技术的微分博弈模型均衡解并进行了合作协调。Zhu 等（2021）通过环保工业产品绿色供应链的建设和管理策略构建了环保工业产品的绿色供应链。江世英等（2015）建立了考虑产品绿色度的四种以不同对象主导和不同方法决策的绿色供应链模型。夏西强等对比了四种新的绿色研发模式下供应链的进货量、零售价格和供应链总利润。许民利等（2020）结合消费者环保意识建立了基于不同消费者行为的 WEEE 双渠道回收模型，研究表明在不同的情况下消费者的环保意识对两条渠道的合作和竞争策略有不同程度的影响。李林等（2021）根据价格因素和消费者绿色偏好，研究消费者行为如何影响绿色供应链的创新活动。Heydari 等（2021）讨论了在消费者拥有环保意识的绿色供应链中通过投资提高产品绿色质量的问题，发现 HGRS 合同能够实现渠道协调且比分散决策获得更多的利润。杨晓辉等（2021）研究发现消费者环保意识的提升会促进产品销量和供应链总利润的上升，而绿色产品单位成本的变动则相反，此外政府补贴可以促进产品的绿色技术创新。李倩茹等（2021）在考虑消费者环保意识和政府财政政策的情况下探讨供应链中的绿色网络效应对生产及销售决策的影响。熊中楷等（2014）发现对于具有不同环境友好度的制造商而言，消费者环保意识和碳税会对其造成不同的影响。

以上文献结合经济属性、环境属性及消费者的需求信息，从商业生态视角研究供应链的绿色创新活动、绿色度水平决策和最优产品定价。本书则建立了产品绿色度、消费者环保意识、消费者对产品绿色度的期望这两个概念之间的联系，研究了在集中式决策、分散式决策制造商公平中性，以及分散式决策制造商公平关切这三种决策模式下以上因素的交互影响。

2.2 关于公平关切方面

众多学者对于制造商和零售商之间的公平关切问题作出了研究。公平关切即人们往往不仅关注自身的利益，还会关注供应链中其他成员的利益是否超过自己［Loch 和 Wu（2008），Katok 和 Pavlov（2013）］。Yuan 等（2021）分析了考虑公平关切问题的绿色供应链中再制造商的混合回收渠道策略问题。Jiang 等（2019）使用描述建筑供应链公平问题的纳什议价模型研究了建筑供应链中的碳减排决策和利润分配机制，并使用合作竞争模型来描绘利润分配。Li 等（2019）发现制造商拥有公平关切和碳减排行为时，其目标是市场份额和利润最大化，零售商在市场竞争中表现出公平关切行为时，其需要提供服务投入以降低回报率。Xiao 等（2021）在可持续的两级供应链中，分析了零售商的公平关切行为和制造商的过度自信行为对最优合同设计的交互影响。Sharma 等（2021）研究了动态供应链中供应链成员的公平关切行为和成本分担合同在不同的参数范围内的最优性。Wang 等（2020）研究了绿色制造商具有公平关切特性时的电子商务供应链决策与协调。Adhikari 等（2020）基于绿色供应链的分担契约研究了制造商和零售商的公平关切行为对定价策略的影响。石平等（2016）研究了产品绿色度和供应链成员的公平关切行为对供应链定价策略、供应链成员利润及供应链总利润的影响。周岩等（2020）分析了产品市场份额、产品绿色度和供应链成员公平关切行为对生产和决策的影响。叶同等（2021）基于 Nash 讨价还价理论体系探讨了供应链成员的公平关切行为对制造商低碳策略和零售商广告宣传策略的影响。Liu 等（2021）证明了供应链的公平关切问题确实影响了生产和决策，以及它们在绿色供应链管理方面的协同合作。韩同银等（2021）分析了存在政府补贴和不存在政府补贴这两种情形下供应链成员的公平关切行为对供应链定价决策、绿色化决策、供应链总效益的影响。

以上文献在承担环境责任和实行绿色度的基础上引入公平关切的概念，研究供应链的定价策略、决策与协调、最优合同设计，本书在研究绿色供应链产品绿色度、消费者自身的环保意识和消费者对产品绿色度的期望的基础上引入公平关切的概念，探究公平关切与以上因素之间的关系，以及公平关切的程度对绿色产品的价格和供应链总利润的影响。

成本分担问题和公平关切问题是密不可分的，比如公平可以体现在研发成本的合理分担，为了进一步提升公平性和供应链总效益，成本分担问题正受到许多学者的关注。Ghosh 等（2015）探讨了绿色供应链倡议产生的供应链协调问题，并探讨了成本分担合同对承担绿色倡议的供应链参与者的关键决策的影响。Qin 等（2021）研究表明零售商参与成本分担将提高产品的绿色度和供应链系统的利润。陈志松等（2016）在政府激励政策下建立了同时考虑成本分担和收益共享的谈判协调机制。赵焕焕等（2019）发现能够通过以制造商为主的方式提升协调水平，通过分担研发成本的方式促进绿色创新努力。闵杰等（2021）研究发现双向成本分担在使供应链成员根据消费者行为进行决策和提升供应链总绩效方面优于单向成本分担。曹裕等（2021）考虑成本分担和环保意识研究了制造商和零售商基于认证和自贴这两种标签策略的选择问题。

上述研究主要阐述和分析了成本分担契约对绿色供应链成员决策的影响以及致力于促使制造商投入更多的努力水平实现供应链整体利润最大化，而本书在供应链中找到了一个成本分担系数的均衡点，通过成本分担契约使整条供应链达到帕累托最优并使供应链整体利润最大化。

2.3 关于政府补贴方面

士明军等（2020）研究了在政府补贴下当供应链成员都进行绿色投入时的信息共享问题。江世英等（2015）建立了四种以不同对象主导或不同方法来实行决策的绿色供应链模型。桑圣举等（2020）研究了对于制造商，零售商和消费者而言最优的合作博弈均衡模式，以及不确定环境对它们造成的影响。朱庆华等（2011）设计了产品绿色度的三阶段博弈模型并得出此模型对产品生产商的决策具有参考价值。陈克兵等（2023）研究了消费者绿色敏感度和渠道权利结构对供应链定价与决策的影响，并通过成本分担契约对供应链成员的决策进行协调。Su 等（2020）考察了如何安排供应链成员定价的问题，并讨论了不同模式下绿色供应链的最优决策。温兴琦等（2018）在存在相同政府补贴的基础上，比较分析了在投入成本补贴策略、生产成本补贴策略和绿色度补贴策略下的不同补贴结果。Cohen 等（2016）考虑了来自政府的外部影响，发现直接向消费者提供的政府补贴能够影响供应商的生产和定价决策。Li 等（2018）考虑了政府对环保产品的消费补贴和替代补贴对双渠道供应链的影响。温兴琦等（2018）发现政府补贴系数的变化不影响产品绿色度和制造商利润的大小排序，但对零售商的利润排序有影响。Sun 等（2019）表明将政府补贴值设定在相关范围内，可以减少市场中供应商或制造商的搭便车行为。He 等（2019）发现，政府可通过设置合适的补贴水平来激励制造商，较高的补贴水平总是有利于消费者和整个供应链，但并不总是有利于环境。Liu 等（2019）认为一定范围内的政府补贴能够促进供应链成员承担企业社会责任（CSR），提高供应链整体绩效和社会福利。Jung 等（2020）研究了政府对企业绿色技术发展的补贴问题以及补贴对环境和社会福利的影响。Wu 等（2020）重点研究了外部政府补贴与内部冗余的协同效应对绿色技术创新的影响。Yang 等（2021）发现，政府补贴可作为缓解囚徒困境的有效途径，通过减轻企业财政负担来促进技术进步，有利于扩大绿色产品市场，提高社会福利。Yang 等（2021）发现在 COVID-19 背景下，政府通过对制造商进行成本分担的补贴，可以获得最高的防疫努力水平和社会福利水平。Kang 等（2021）发现，合理的政府补贴能够增强市场配置资源的有效性，消除市场失灵，提高企业社会责任，提升农产品产量，增加农户和核心企业的利润。Wang 等（2021）考察了政府对消费者补贴背景下，信息共享对 GSC 决策的价值，两部制关税契约适用于协调 GSC，有利于提高产品绿色度。为缓解制造商回收再制造的资金压力，一些政府实施生产和回收补贴，同时，零售商提供收益共享和成本分担契约。因此，Zhang 等（2021）主要研究了政府和零售商的激励设计，以及这些激励对闭环供应链的影响。

Song 等（2022）发现政府补贴对供应链绿色技术进步具有积极影响，但信息不对称下政府补贴的不完全利用可能会降低政策效率。Xiao 等（2022）探讨了利他偏好（AP）和政府补贴（生态设计补贴和回收补贴）对生态设计制造回收系统的影响。Zhou 等（2022）考察了存在两种形式政府补贴（每单位生产补贴或创新补贴）情况下，政府补贴对企业技术创新的影响。Chen 等（2022）考虑了消费者环保意识（CEA）是动态的，考察了供应链的最优生产和补贴率。Chen 等（2019）发现若以产品绿色度、零售商利润及制造商利润作为政府补贴机制评价标准，对应的最优策略分别为研发投入成本补贴、生产成本补贴及绿色度补贴。韩同银等（2022）发现存在政府补贴时，产品绿色度更高，制造商和零售商利润也更高，同时还能协调零售商公平关切对产品定价与绿色度决策的影响。Ling 等（2022）的研究表明政府补贴能够降低销售价格，提高市场份额，较高的补贴率可能并不总是同时惠及环境、社会福利和社会盈余。Liu 等（2022）从政府补贴的角度探讨了再制造工艺创新对闭环供应链的影响，发现政府补贴会损害零售商的利润，却提高了整体社会福利，并且对环境的影响较小。潘燕春等（2022）探讨了政府不同补贴方式（单位产品补贴和绿色技术成本补贴）下控排企业的绿色技术选择及产品定价决策。Song 等（2023）考虑政府补贴、消费者绿色偏好及绿色信息信任的影响，发现当制造商存在合作关系时政府补贴可带来更高的社会福利，但补贴的最优选择（用于研发费用或产品生产成本）取决于竞争水平和研发难度。Wang 等（2023）分析了政府补贴制造商研发费用和绿色产品生产成本两种模式下绿色供应链的最优运作决策。Barman 等（2023）表明政府补贴可以降低绿色产品的成本，对制造商和供应商都有利。张夏然等（2022）研究发现企业面临资金约束时，政府的绿色信贷补贴能够激励企业进行绿色投入，提升社会福利水平。Xue 等（2019）考虑集中和分散式决策下政府依据节能减排水平对制造商进行补贴时供应链最优决策的动态变化趋势。曹裕等（2020）研究了在供应链各成员的环保行为背景下，不同的政府补贴政策对供应链环保决策及运作效率的影响。陈克兵等（2023）发现政府不同的补贴形式与制造商的绿色投入程度有相关性，制造商的渠道选择决策是政府行为和其他因素综合影响下的结果。Chen 等（2019）提出了政府为三方博弈模型的供应链系统提供绿色生产补贴的构思。尚文芳等（2020）探讨了在政府不补贴、政府补贴制造商和政府补贴零售商三种补贴形式下供应链成员的决策结果和利润变化趋势。Sinayi 等（2018）分析了政府不实施补贴策略和依据制造商的减排水平进行补贴两种形式下供应链的决策问题。贺勇等（2022）研究了政府根据减排研发和单位产品减排程度进行补贴的供应链优化问题。Madani 等（2017）对环保产品的补贴与税收进行了探讨，结果显示政府增加补贴比例的效果要比增加税率的效果更好。王道平等（2023）研究了在政府补贴策略下有关持股比例和消费者低碳偏好的供应链最优决策和动态协调问题。He 等（2022）研究了不同政府补贴策略下的动态优化模型，发现其均能提高企业的环保意识，促进减排。

综上可知，虽然许多学者研究了政府补贴策略对企业或供应链决策的影响，但大多仅考虑了单一补贴，没有分析政府不同补贴方式对供应链的影响效果；已有研究多是考虑对制造商和消费者进行补贴，鲜有考虑对零售商的绿色销售努力进行补贴，忽略了零售商销售努力对供应链绿色发展的影响，倘若政府能给予一定比例的销售补贴，供应链策略和各成员收益或将不同。本书将政府补贴分为不补贴、补贴制造商和补贴消费者三种情况，并且针对零售商的绿色销售努力和消费者进行补贴，提供了一种新的视角。

2.4 关于风险规避方面

陶毅等（2023）考虑供应链成员存在风险规避特征时，电商平台为供应商和零售商提供融资时的最优决策。Shen 等（2020）研究了供应链成员的风险规避行为和零售商的竞争程度如何影响制造商的融资选择。金伟等（2018）在采购定价的基础上得出了风险规避行为对最优信用契约的影响。Gan 等（2004）在假设供应商风险中性和零售商风险规避的情形下讨论如何使供应链整体效益达到最大化。许前等（2021）发现当外来制造商具有风险规避特征且其风险规避程度增加时，会损害自身和在位供应链成员的利益。吴玉萍等（2022）为了更好地把握零售商的风险规避行为对供应链的绿色决策的影响，对不同的风险规避行为和大数据营销策略进行了比较分析，结果表明零售商风险规避行为会降低其对大数据营销的投入水平，从而影响供应链绿色决策。熊峰等（2022）基于供应链成员风险偏好，研究风险规避系数对产品绿色度和线上、线下价格的影响。赖雪梅等（2022）分析了供应链成员的风险规避行为对制造商关于电商销售渠道选择的影响。Liu 等（2016）在考虑完全信息和非对称信息的条件下风险规避行为对于供应链策略的影响。Zhou 等（2018）基于 CVaR 风险度量模型，通过对风险恶性零售商进行研究得到最佳的订购策略。

以上文献分析了供应链成员的风险规避行为对其最优决策的影响，而本书将零售商风险中性作为风险规避的对照组，利用零售商的风险规避属性进行分类，在此基础上考虑政府补贴策略。

2.5　关于供应链绿色销售努力行为方面

Amit 等（2019）将需求表示为销售价格、绿色质量水平和销售努力水平的线性函数，研究了双渠道定价策略和协调机制。Hong 等（2019）的研究同时考虑了制造商与零售商绿色努力下，批发价合约、成本分担合约与两部关税合约对绿色供应链最优决策的影响。Li 等（2020）考察了当风险厌恶的订货企业决定其定价和销售努力时影响需求的因素。Duan 等（2021）研究了销售努力对供应链的影响，发现销售努力和支付方式对均衡决策和利润都有显著影响。Pal 等（2021）证明了供应链的最优策略，认为更高层次的绿色创新和推广努力总是增加所有的利润。Feng 等（2021）发现，引入网上预售渠道总能提高零售商的盈利能力，但其定价策略和销售努力都应做出相应调整，以与消费市场细分保持一致。Cai 等（2022）发现，当引入成本分担契约时，存在供应商和零售商都愿意积极进行销售努力的条件。Cai 等（2023）考虑到零售价格和销售努力的冲突影响，研究了供应商的模仿机制。Hu 等（2023）表明销售努力行为总能提高 OEM 和整个闭环供应链的利润，且只有当零售商的销售努力成本远低于 OEM 时，OEM 在零售商销售努力时才能获得更多的利润。Shan 等（2023）发现零售商可以在交货时通过促销努力来应对供应商的中断风险问题。Zhang 等（2023）设计了两部定价契约来研究产品定价、碳减排和销售努力的决策问题。Yang 等（2023）结合预售模式和零售商的公平关切，提出了由制造商进行投资以提高产品绿色水平，零售商进行定期促销努力组成的绿色供应链。

2.6　关于旅游供应链管理方面

近年来，随着人们对旅游的需求不断增加，旅游业得到飞速发展，许多学者将旅游产业作为研究重点，深入研究旅游产业链、旅游供应链和价值链等，使旅游供应链相关研究不断发展。旅游供应链的概念一般可以溯源到传统制造业供应链，供应链管理思想应用到服务业是服务供应链，而旅游供应链则可以看作服务供应链在旅游业的运用。对旅游供应链的研究与对物流供应链的研究相比还比较滞后，且研究的内容和范围比较浅显。如对于旅游供应链的概念界定，国内外科学家尚未形成共识，但普遍认为旅游供应链中的大部分旅游产品不是有形的，而是无形的服务，这使旅游供应链具有一些与传统制造业供应链根本不同的特征。旅游供应链和制造业供应链虽有区别，但是究其本质，研究的重点都是供应链上的各节点企业，所以研究者会借鉴制造业供应链管理思想，运用博弈论思想、数学建模等方法，对旅游供应链进行研究。所以，在保持旅游供应链独有特征的基础上，利用传统制造业供应链的研究方法，在已有的供应链相关研究框架下，就能将无形的旅游服务有形化，从而对旅游供应链进行了深入的研究。

旅游业已被公认为经济增长和发展的主要贡献行业之一。根据世界旅行和旅游理事会的数据，旅游业贡献了全球 GDP 的 10.4%，在全球范围内提供了 3.19 亿个就业岗位。但是旅游业不受控制的增长可能导致环境破坏、文化价值的丧失和社会结构的不平衡（Shahbaz 等，2021；Sharif 等，2020）。随着新型冠状病毒感染的出现，全世界都在呼吁旅游产品从质量上向更加绿色、健康、可持续的方向转变（Mach 和 Ponting，2021；Goh，2021），与新型冠状病毒感染相关的问题成为影响游客出行选择的最重要因素（Walsh 和 Dodds，2022），因此越来越多的旅游目的地投入大量资金进行病毒消除，以提高旅游产品的绿色化和健康化。Rahmawati 等（2021）分析了生态旅游的概念，认为参观自然区域可以对环境保护和当地人口的社会经济福利产生积极影响。本书认为，生态旅游通过鼓励环境保护、加强当地经济和促进文化交流，在可持续发展中发挥着至关重要的作用。

旅游业正在投入更多的时间和精力进行渠道发展。一个完整的旅游供应链通常由旅游服务提供商和在线旅行社组成（Jena 和 Meena，2019）。He 等（2019）建立了 O2O 旅游供应链模型，研究了最优在线销售模式。Jena 和 Jog（2017）优化了旅游供应链的价格和服务决策。Noori-daryan 等（2020）探讨了提前预订政策对旅游供应链的影响。Wan 等（2020）研究了利他偏好和低碳偏好对双渠道酒店供应链的影响。Ma 等（2021）在考虑游客绿色旅游体验的情况下，分析旅游供应链中定价、服务和广告的联合决策。Ma 等（2021）构建了低碳旅游全渠道供应链，探讨运营与可持续性的联合策略，他们的研究发现，大数据技术可以提高由 TSP 和 OTA 组成的旅游供应链的可持续性。Huang 等（2019）分析了旅游企业在可持续旅游供应链中的行为，设计了可持续旅游供应链的绩效评价体系。Li 等（2022）构建了一个由两家旅游服务商和一家在线旅行社组成的全渠道旅游供应链，描述了四种在线销售模型，通过对四种模型的比较，从运营与绿色的联合决策、渠道结构设计、绿色水平提升三个方面为旅游从业者合理运营旅游供应链提供了管理见解。Zhu 等（2023）考虑了当环境销售努力是在线旅行社的私人信息时，酒店的程序公平性问题。Koliouska 和 Andreopoulou（2023）提出了一种电子旅游网站模式，以供企业家利用旅游业数字化转型带来的机会。Sun 等（2023）在 30 个具有代表性的国家中探讨了可持续发展与绿色旅游之间的复杂关系，研究结果强调了将可持续旅游和环境战略纳入更广泛的可持续发展讨论的必要性。Zhang 等（2023）发现京东旅行最初采用转售模式与中国南方航空公司合作。后来，在转售模式的基础上，京东引入了代理模式，从而形成了一种混合模式来销售中国南方航空公司的航班。

2.7 关于绿色供应链管理方面

随着公众的可持续发展意识逐步成熟，政府和企业现在非常重视绿色供应链（Khan 等，2021）。采用绿色供应链实践可以使企业改善并实现其社会和环境可持续性目标，而不会对经济增长产生不利影响。从长远来看，绿色实践通过竞争优势、客户同情，以及在国内和国际市场发展积极的品牌形象和声誉使企业受益（Govindan 等，2020）。制造商越来越倾向于生产环保产品以获得竞争优势。因此，绿色供应链的运营管理逐渐成为全球供应链研究的焦点（Gao 等，2021；Li 等，2020）。Agyabeng-Mensah 等（2022）通过定量研究识别了有助于绿色创新和建立企业绿色商誉的因素。Taleizadeh 等（2021）调查了制造商受到碳限额制度监管的情况下，绿色生产对降低碳排放量的影响。Das 等

（2023）设计了一个考虑产品绿色度水平的双渠道供应链，并证明分散式模式具有较高的零售价格和较低的绿色水平。Mondal 等（2022）研究了政府对优化闭环供应链中的绿色绩效并通过合同加强绿色度水平和执行的决策的影响。Cai 等（2023）基于不同的信息结构，研究了绿色供应链成员的均衡解和收益及信息结构选择，分析了零售商的信息披露政策。Ranjan 等（2022）基于多周期动态定价模型研究了环境约束下生鲜供应链的最优定价和库存控制策略。Bray 等（2022）通过构建结构性经济度量模型，探讨了动态定价的牛鞭效应及对供应链的影响。Sharma 等（2023）通过比较不同权力动态结构下参与者的利润发现，如果参与者负责绿色努力并处于领导地位，它总是会有利于供应链代理商的可持续发展努力和利润。Wang 等（2021）通过比较综合和分散渠道设置下的均衡定价和减排方案，分析了两种情形下绿色商誉和供应链绩效等决策变量的大小关系，表明供应链企业可以从增加绿色商誉的需求中获益。Chen 等（2020）研究了动态绿色供应链中不同零售服务策略下企业的最优定价策略和绿色策略。研究发现零售服务类型对绿色战略没有影响，消费者对绿色度的感知对制造商和零售商的定价和生产决策的影响不同。Takahashi（2021）发现，向具有高度环境意识消费者的地区传递信息对环保产品的销售可以产生显著的积极影响。Liu 等（2021）发现，消费者的消费模式越绿色，他们为供应链成员创造的利润就越多。Shao 等（2022）证明，当消费者具有环境意识时，绿色供应链更有可能盈利。Qiao 等（2021）发现，较高的消费者环境意识水平可能会激励企业继续其环境承诺。然而，由于对产品需求的增加，这可能并不总是有利于总碳排放量的减少。Meng 等（2021）提出了考虑消费者绿色偏好和渠道偏好的双渠道结构绿色供应链模型，在考虑政府补贴和无政府补贴两种情况的前提下探讨了双通道绿色供应链下的产品协同定价政策，并比较了两种情况下的最优方案。

2.8　关于多渠道供应链管理方面

在以往的诸多研究中，学者对于多渠道供应链这个话题已经从不同的角度进行了研究。Xu 等（2021）强调了零售成本如何影响供应链的最优渠道结构。He 等（2019）导出了考虑政府补贴的制造商最优渠道结构决策。Liu 等（2020）探讨了全渠道供应链的最优渠道建设和服务投资策略。Zhang 等（2021）分析了制造商在两种单渠道策略和双渠道策略下的渠道选择决策。Govindan 等（2019）比较了线上和线下（即 O2O）环境下的三种协调合同。Wang 等（2020）研究了绿色电子商务多渠道供应链的最优产品绿色度决策与协调。Liang 等（2022）对绿色产品双通道供应链进行了研究，发现适当的服务搭便车有利于供应链的绿色化。Li 等（2021）比较了绿色产品多渠道供应链中两种广泛采用的合同形式。Gao 等（2021）设计了一个两部分关税合同来协调绿色双通道供应链。Liu 等（2022）设计了一种基于行为的定价和收益共享相结合的模型，以提高绿色多渠道供应链的绿色度和利润。Patra（2018）研究了自由渠道和捆绑渠道下绿色智能手机供应链的最优绿色化提升水平和权力结构。Shao（2021）发现越来越多的零售商现在转向全渠道销售，并采用新技术将商店和网络整合起来，为客户提供无缝的购物体验。因此开发了一个程式化的模型，为零售商在供应链中的全渠道行动提供了有用的管理见解。Matsui（2024）研究了在产品不区分直接渠道和间接平台渠道的情况下，具有典型双渠道供应链的电商平台竞争供应商应采用代理销售还是批发合同，就像数字商品一样。Chang 等（2022）研究了在线零售商的融资策略与电子商务平台的渠道销售合作合同之间的交互，结果表明，在线零售商的营运资金水平会影响双方的偏好，论证了转账支付平台使用费存在的必要性。Li 和 Mizuno（2022）在考虑双渠道供应链中制造商和零售商之间三种可能的权力结构的前提下，研究了一个制造商和一个零售商的双渠道供应链的周期性回顾、联合动态定价和库存问题。Zheng 等（2021）发现随着越来越多的公司转向全渠道运营以实现业务可持续性，新鲜农产品公司也有必要通过整合在线和离线渠道来采用全渠道模式。Ishfaq 等（2022）提供了对零售供应链数字化转型及其对供应链战略和运营结构的潜在影响的更深入了解。Zhang 等（2020）研究了如何在考虑消费者低碳偏好的情况下，确保双通道低碳供应链中在线购物和店内提货的实施。Li 等（2020）研究了双渠道供应链协调契约，分别设计了含加盟费的收益分成契约、含加盟费和政府补贴的批发价契约，实现了供应链协调。Li 等（2022）研究证明了厂商可以进行低碳推广，实施双渠道战略；零售商可积极寻求与制造商的渠道合作，在风险规避有限的环境下，双渠道发展有利于增加厂商的利润，但可能损害零售商的利益。

2.9 关于成本分担方面

目前，成本分担的问题同样受到许多学者的关注，赵焕焕等（2019）研究发现能够通过决策协调和成本分担的方式增加供应链各成员利润和供应链总利润。闵杰等（2021）研究发现能够通过双向成本分担加强供应链成员之间的合作进而提升供应链整体利润。Qin 等（2021）研究表明零售商参与成本分担将提高产品的绿色度和供应链系统的利润。曹裕等（2021）考虑成本分担和环保意识研究了制造商和零售商基于认证和自贴这两种标签策略的选择问题。Ghosh 等（2015）探讨了绿色供应链倡议产生的供应链协调问题，并探讨了成本分担合同对承担绿色倡议的供应链参与者的关键决策的影响。本书引入成本分担契约，将其与供应链的绿色生产问题结合起来，从而加强了供应链成员间的协同合作深度。

2.10 关于全渠道零售方面

近年来，全渠道供应链已成为业内学者广泛关注的研究热点。全渠道的现实应用为消费者提供了更好的购物体验和多样化的选择，它将线上和线下渠道进行无缝整合（Jena 等，2022），使消费者可以在不同渠道之间流畅地购物和交互。Cai 等（2023）在考虑零售商和制造商的风险偏好，以及需求的不确定性和相关性的基础上，得出全渠道营销效应是影响线上和线下渠道预期利润的关键因素。Silbermayr 等（2024）利用有关顾客在线上和线下渠道购买杂货的偏好和看法的经验数据来分析全渠道零售中各种替代形式之间的取舍。Zhao 等（2023）研究了在生鲜食品供应链中，考虑消费者参考新鲜度效应的企业最佳销售策略，发现 BOPS 模式有助于减轻和改善参考效应的负面影响。Song 等（2024）优化了全渠道零售商的供应商选择和需求分配决策，从而在潜在的中断风险下实现了供应链的弹性。Li 等（2022）研究了全渠道旅游供应链中绿色投资和渠道结构设计的影响。Goedhart 等（2023）在考虑产品退货的基础上，研究了全渠道供应链零售商的配给和订购决策。Li 等（2023）建立了一个理论模型，研究制造商与零售商合作建立 BOPS 渠道的全渠道供应链的合作竞争策略，并进一步考虑消费者类型和渠道偏好的作用。Wang 等（2023）研究了一个制造商向两个竞争性零售商供应产品的模型，以比较在四种不同情况下考虑社交媒体广告时的渠道回报。Chen 等（2022）研究发现全渠道协同营销策略中的价格协调与分销协调两个维度都会对全渠道购物体验和顾客忠诚度产生积极影响。Difrancesco 等（2021）分析了全渠道零售商在线订单店内履行流程的最佳设置，并在各种不确定因素的影响下制定最佳执行政策。Kumar 等（2023）研究探讨了医疗保健供应链（HSCs）的弹性因素，并开发了未来的全渠道医疗保健供应链弹性模块。Hajdas 等（2022）考虑了企业建立全渠道面临的障碍，并对其进行了分类，以了解是否有可能成功实施全渠道方法。以上研究多集中于对全渠道及全渠道供应链的实证研究，而模型研究主要关注于 BOPS 营销模式，本书对与 TSBO 全渠道模式的探究丰富了全渠道领域的研究。

2.11　关于绿色满意度方面

由于绿色产品节能、低污染的属性在促进节能减排同时也为客户带来了不少便利，大多数消费者开始考虑商品的绿色属性，由此产生了消费者绿色需求和绿色偏好。因此许多学者聚焦于商品的绿色属性和消费者满意度之间的联系，Yan 等（2023）基于偏最小二乘结构方程模型，建立了可持续顾客参与的预测模型，并探讨了服务体验、绿色感知价值和顾客满意度对可持续顾客参与的影响。Han 等（2023）为具有环保意识的制造商提供解决方法，以最大限度地提高客户满意度，同时考虑到预算约束和因环保意识而自发设定的定期碳排放上限。Elgharably 等（2022）研究绿色环境下的随机多目标车辆路由问题，并引入了旅行时间、服务时间和不可预测的客户需求等不确定性因素。Bazaraa 等（2022）考察不同类型和水平的激励措施如何影响自愿参与绿色项目同满意度之间的关系。Gelderman 等（2021）侧重于绿色营销战略对企业环境中专业买家的满意度和忠诚度的影响，通过对 148 名荷兰买家的调查数据，检验了假设。Lakatos 等（2021）研究表明消费者对绿色产品的积极态度和对绿色产品的信息掌握程度是影响绿色产品满意度的重要因素。

同时不少学者也聚焦于消费者绿色偏好的研究，Ma 等（2024）研究了当制造商和零售商中的任何一方比另一方更了解消费者的绿色偏好时，信息优势、绿色乐观主义和权力结构对绿色供应链决策和绩效的影响。Wang 等（2023）在考虑了客户绿色偏好的基础上研究了由一家再制造商、一家传统回收商和一家智能回收商组成的逆向供应链中回收模式的选择和协调机制。Long 等（2022）研究表明，增加政府对价格的补贴将更有利于提高市场需求和社会福利，绿色敏感性和绿色偏好的提高都可以放大这种效果，且绿色偏好的影响更显著。Meng 等（2021）构建了双渠道结构的绿色供应链模型，并考虑了消费者的绿色偏好和渠道偏好，研究得出消费者的绿色偏好越高或线下渠道偏好越低，对绿色产品的需求越大。Zhang 等（2021）研究表明消费者对绿化水平、基本售价和绿化水平的敏感度对供应链的绩效有积极影响。Li 等（2021）研究得出消费者对绿色产品设计的偏好程度越高，企业利润就越高；而从激励产品设计的角度来看，消费者对绿色产品设计的偏好可以激励制造商实施绿色产品设计。Hong 等（2021）研究考虑了绿色制造商在闭环供应链中获取质量信息后的质量信息披露策略，得出当消费者偏好高质量时，绿色制造商愿意支付更高的信息获取成本来获取质量信息。综上所述，关于消费者绿色满意度，大部分学者多以绿色和消费者满意度的关系作为研究切入点，或是在供应链研究中加入消费者绿色偏好等因素。而本书在构建模型基础上，将消费者是否满意产品绿色属性的影响纳入考虑，具有一定创新性。

上述文献虽为相关研究提供了一些思路和借鉴，但仍然存在不足的地方，主要表现在：现有的绿色供应链决策问题研究没有考虑到差别定价、成本分担、两级再制造、消费者环保意识、多种混合回收模式和专利保护等因素对闭环供应链决策的影响。本书根据博弈理论的相关思想，借鉴消费者环保意识、混合回收模式、两级再制造及专利保护等理论研究成果，构建了公平关切下考虑多种因素的闭环供应链模型，探讨成员的竞争、决策结构、成本分担机制和专利保护及两级再制造对供应链定价决策和利润的影响。

第3章　考虑产品绿色度和公平关切的绿色供应链决策研究

3.1　引言

近年来，生态环境的恶化和能源的短缺引起了人们的普遍关注，减缓环境恶化和化解能源危机迫在眉睫，而且尤其在2019—2022年，新型冠状病毒感染造成了市场不景气，许多供应链企业萎靡不振，一定程度上阻碍了社会经济的发展、如何在保证绿色可持续发展、建设社会生态文明、考虑消费者需求的基础上提升企业经济效益，进一步拉动社会经济的发展成为一个亟待解决的问题。2016年，工业和信息化部发布的《工业绿色发展规划（2016—2020年）》（工信部规〔2016〕225号）提出了以供应链核心企业为抓手，实施绿色供应运营，在多个行业培育绿色模范企业。生态环境的警示和各类绿色倡导使消费者的环保意识越来越强，作为全球市场调研公司的欧睿国际在其发布的《2022全球十大消费者趋势》报告里预测的消费者消费趋势之一就是追求环保。报告显示，2021年全球65%的消费者对气候的恶化感到焦虑，从而开始关注环保行动和绿色决策，67%的消费者愿意通过自己的行动来为环境和资源带来积极正向的影响。引导消费者心态有利于企业的生产实践管理，例如消费者环保意识会很大程度地影响绿色产品的市场需求，并且会激发绿色供应链成员的绿色技术创新努力，而消费者对产品绿色度的期望可能产生相反的效果。往往对于支持可持续发展的消费者来说，购买绿色产品体现了自己环境友好的内在理念，并且消费者的环保心态已成为影响其支付意愿的重要因素，消费者的环保理念越强，其对环保产品愿意支付的价格也就越高。环境压力和社会舆论压力使供应链企业由传统的价格—质量竞争发展成了价格—质量—理念竞争，供应链企业为了增强竞争力，在控制价格、提升质量的同时提升产品的绿色度水平，不仅考虑了消费者的绿色环保理念，还体现了自身的社会责任感。供应链企业中制造商进行了大量的绿色成本投资，自然会考虑到渠道利润分配的公平性和合理性，近年来消费者购买力的增强和市场规模的不断扩张使供应链上下游成员对公平性有着越来越高的要求，公平可以体现在研发成本的合理分担，供应链协调对平衡供应链成员成本至关重要，实行绿色成本分担机制可以协调成员的成本与利润，并能带来更高的产品绿色度和供应链利润，并且调整成本分担比例使其在一定范围内时，能让合作双方的利润均得到提升。

3.2 问题与符号描述

随着社会经济和科技水平的高速发展，环境污染和资源消耗称为一个亟待解决的重要问题，国际绿色壁垒近年来渐渐影响着我国的出口产业。为赢得持续的竞争优势，制造商长远的选择是积极投入自己的力量到绿色行动中，向市场提供环境和资源友好型的产品，保持更长期的竞争力。本章考虑由一个制造商和一个零售商构成的绿色供应链，绿色产品制造商在产品的设计研发阶段投入一定程度的绿色化投资成本，通过改进生产过程和生产技术来降低能源消耗和污染物排放，并由零售商向市场销售制造商生产的绿色产品。本章分析时所用相关符号及其含义见表 3-1。

表 3-1 相关符号及其含义

类型	符号	含义
决策变量	x	消费者所能感知到的绿色度
	P	产品价格
参数	C	产品成本
	ω	产品的批发价格
	β	消费者对产品价格的敏感系数
	δ	研发成本系数
	g	消费者对产品绿色度的期望

续表

类型	符号	含义
参数	γ	消费者自身的环保意识
	λ	公平关切系数
	φ	成本分担系数
	π_{m}	制造商的利润
	π_{r}	零售商的利润
	π_{sc}	供应链整体的利润

3.3　模型构建

在前期，由于制造商生产绿色产品需要投入绿色研发成本，绿色研发成本随着绿色度的增加而大幅增长，为一个加速增长的过程，提高产品绿色度需要改善生产技术水平，并加大绿色研发投入力度。参考 D'Asprement 等（1988）的研究，绿色度水平 x 与生产前期制造商投入的绿色研发成本 I 成二次方关系，研发成本可为：$I=\frac{1}{2}\delta x^2$。

绿色产品的零售价格和绿色度水平共同决定绿色产品的市场需求，绿色产品的市场需求与零售价格 p 呈负相关，与绿色度水平 x 呈正相关，还可引 β 作为消费者对价格的敏感系数。消费者的环保意识和消费者对产品绿色度的期望值不仅影响供应链成员的生产和定价决策，还会改变供应链的整体效益，因此消费者环保意识和对产品绿色度的期望在绿色供应链的决策中具有不可忽视的地位，于是本章又引入了消费者自身的环保意识 γ 及消费者对绿色产品绿色度的期望 g，参考 Wang 等（2020）的处理方法，假定绿色产品的市场需求可以由零售价格和绿色度水平表示为：$D=a-\beta p+\gamma\left(x-g\right)$。

供应链整体利润：

$$\pi_{\mathrm{sc}}=\left(a-\beta p+\gamma(x-g)\right)(p-c)-\frac{1}{2}\delta x^2 \tag{3.1}$$

制造商总利润：

$$\pi_{\mathrm{m}}=\left(a-\beta p+\gamma(x-g)\right)(\omega-c)-\frac{1}{2}\delta x^{2} \tag{3.2}$$

零售商总利润：

$$\pi_{\mathrm{r}}=\left(a-\beta p+\gamma(x-g)\right)(p-\omega) \tag{3.3}$$

3.3.1 集中式决策

为了使绿色供应链的整体利润最大化，对式（3.1）求函数关于 x 和 p 的二阶偏导得：

$$A=\frac{\partial^{2}\pi_{\mathrm{sc}}}{\partial x^{2}}=-\delta<0\text{，}B=\frac{\partial^{2}\pi_{\mathrm{sc}}}{\partial x\partial p}=\frac{\partial^{2}\pi_{\mathrm{sc}}}{\partial p\partial x}=\gamma\text{，}C=\frac{\partial^{2}\pi_{\mathrm{sc}}}{\partial p^{2}}=-2\beta$$

要使 π_{sc} 取得最大值，有 $\left(\frac{\partial^{2}\pi_{\mathrm{sc}}}{\partial x\partial p}\right)^{2}-\frac{\partial^{2}\pi_{\mathrm{sc}}}{\partial p^{2}}\frac{\partial^{2}\pi_{\mathrm{sc}}}{\partial x^{2}}<0$，即 $\gamma^{2}-2\delta\beta<0$，可以得出利润 π 是绿色度 x 和零售价格 p 的联合凹函数，令式（3.1）π_{sc} 关于 p 和 x 的一阶偏导数为 0，最优零售价格、绿色度水平和利润水平为：

$$p^{*}=\frac{c\gamma^{2}-\left(a+c\beta-g\gamma\right)\delta}{\gamma^{2}-2\beta\delta} \tag{3.4}$$

$$x^{*}=\frac{\gamma\left(-a+c\beta+g\gamma\right)}{\gamma^{2}-2\beta\delta} \tag{3.5}$$

$$\pi^{*}=\frac{\left(-a+c\beta+g\gamma\right)^{2}\delta}{-2\gamma^{2}+4\beta\delta} \tag{3.6}$$

3.3.2 分散式决策——制造商公平中性

在整个 Stackelberg 博弈中，制造商根据对消费者的了解，以及对市场规则、趋势等情况的认知，以自身利益最大化为决策准则来决定最优的产品批发价格和绿色度水平，零售商对制造商的博弈决策作出反应，同样以自身利益最大化为目标来确定其最优的零售价格。下面采用逆向归纳法求解该动态博弈。

在博弈的第二阶段，零售商根据其最大利益来确定最优的批发价格，最大化式（3.3）得：

$$p=\frac{a-g\gamma+x\gamma+\beta\omega}{2\beta} \tag{3.7}$$

将式（3.7）代入式（3.2），则 π_{m} 是关于 ω 和 x 的联合凹函数，最大化式（3.2），令 π_{m} 关于 ω 和 x 的一阶偏导数为 0，则有：

$$x_{\mathrm{D}}=\frac{\gamma\left(-a+c\beta+g\gamma\right)}{\gamma^{2}-4\beta\delta} \tag{3.8}$$

$$\omega_{\mathrm{D}}=\frac{c\gamma^{2}-2a\delta-2c\beta\delta+2g\gamma\delta}{\gamma^{2}-4\beta\delta} \tag{3.9}$$

$$p_{\mathrm{D}}=\frac{c\gamma^{2}-3a\delta-c\beta\delta+3g\gamma\delta}{\gamma^{2}-4\beta\delta} \tag{3.10}$$

$$\pi_{\mathrm{mD}}=\frac{\delta\left(-a+c\beta+g\gamma\right)^{2}}{-2\gamma^{2}+8\beta\delta} \tag{3.11}$$

$$\pi_{\mathrm{rD}}=\frac{\delta^{2}\beta\left(-a+c\beta+g\gamma\right)^{2}}{\left(\gamma^{2}-4\beta\delta\right)^{2}} \tag{3.12}$$

$$\pi_{\mathrm{SCD}}=\frac{\delta\left(-a+c\beta+g\gamma\right)^{2}\left(-\gamma^{2}+6\beta\delta\right)}{2\left(\gamma^{2}-4\beta\delta\right)^{2}} \tag{3.13}$$

3.3.3　分散式决策——制造商公平关切

在一整条供应链中，制造商生产绿色产品通过零售商销售到市场中，由于制造商在绿色产品的生产阶段付出了大量的研发成本，故其除了关注自身盈利之外更关注利润分配的公平性。首先上游制造商的决策目标为自身效用函数 U_{m} 的最大化，接着下游零售商根据上游制造商的决策行动作出反应。

本章借鉴杜少甫等（2010，2013）的方法来处理对制造商公平效用的刻画，以制造商和零售商的纳什讨价还价解作为其公平参考点，来描述制造商对公平关切效用的感知，则制造商和零售商的效用函数分别为：

$$U_{\mathrm{m}}=\left(1+\lambda\right)\pi_{\mathrm{m}}-\frac{\lambda\left(1+\lambda\right)}{2+\lambda}\pi_{\mathrm{x}} \tag{3.14}$$

$$U_{\mathrm{r}}=\pi_{\mathrm{r}} \tag{3.15}$$

在 Stackelberg 博弈的第二阶段，零售商对制造商的博弈决策作出反应与行动，然后以自身利益的最大化为决策准则来确定最优的零售价格，Stackelberg 博弈的第一阶段，自身效用函数 U_m 的最大化是制造商的最终决策目标。下面用逆向归纳法进行求解计算。

最大化零售商效用函数，可得到零售价格关于绿色度、批发价格、消费者对价格的敏感系数、消费者对绿色产品的期望、消费者自身的环保意识的关系函数：

$$p=\frac{a-g\gamma+x\gamma+\beta\omega}{2\beta} \tag{3.16}$$

将式（3.16）结合上文中已知的制造商利润 π_m 和零售商利润 π_r 代入式（3.14）中，可得到制造商关于 ω 与 x 的公平效用函数，最大化式（3.14），令制造商的效用函数 U_m 关于 ω 与 x 的一阶偏导数为 0，可得到最优批发价格和最优绿色度水平分别为：

$$\omega_\lambda=\frac{c\left(\gamma^2-2\beta\delta\right)-(2+\lambda)(a-g\gamma)\delta}{\gamma^2-(4+\lambda)\beta\delta} \tag{3.17}$$

$$x_\lambda=\frac{\gamma(-a+c\beta+g\gamma)}{\gamma^2-(4+\lambda)\beta\delta} \tag{3.18}$$

将式（3.15）和式（3.16）代入式（3.14）中，可得：

$$p_\lambda=\frac{c\left(-\gamma^2+\beta\delta\right)+(3+\lambda)(a-g\gamma)\delta}{-\gamma^2+(4+\lambda)\beta\delta} \tag{3.19}$$

将式（3.15）、式（3.16）、式（3.17）代入式（3.1）得：

$$\pi_{m\lambda}=\frac{\delta(-a+c\beta+g\gamma)^2\left(-\gamma^2+2(2+\lambda)\beta\delta\right)}{2\left(\gamma^2-(4+\lambda)\beta\delta\right)^2} \tag{3.20}$$

$$\pi_{r\lambda}=\frac{\beta\delta^2(-a+c\beta+g\gamma)^2}{\left(\gamma^2-(4+\lambda)\beta\delta\right)^2} \tag{3.21}$$

$$\pi_{sc\lambda}=\frac{(-a+c\beta+g\gamma)^2\delta\left(-\gamma^2+2(3+\lambda)\beta\delta\right)}{2\left(\gamma^2-(4+\lambda)\beta\delta\right)^2} \tag{3.22}$$

3.4　结果分析

命题 3.1　$\frac{\partial x^*}{\partial \gamma}>0$，$\frac{\partial x^*_{\mathrm{D}}}{\partial \gamma}>0$，$\frac{\partial x^*_{\lambda}}{\partial \gamma}>0$。

证明过程如下。

已知：

$$x^*=\frac{\gamma\left(-a+c\beta+g\gamma\right)}{\gamma^2-2\beta\delta}$$

$$x^*_{\mathrm{D}}=\frac{\gamma\left(-a+c\beta+g\gamma\right)}{\gamma^2-4\beta\delta}$$

$$x^*_{\lambda}=\frac{\gamma\left(-a+c\beta+g\gamma\right)}{\gamma^2-\left(4+\lambda\right)\beta\delta}$$

$$\gamma^2-2\delta\beta<0$$

故：

$$\frac{\partial x^*}{\partial \gamma}=\frac{\left(a-c\beta\right)\gamma^2+2\beta\left(a-c\beta-2g\gamma\right)\delta}{\left(\gamma^2-2\beta\delta\right)^2}>0$$

$$\frac{\partial x^*_{\mathrm{D}}}{\partial \gamma}=\frac{\left(a-c\beta\right)\gamma^2+4\beta\left(a-c\beta-2g\gamma\right)\delta}{\left(\gamma^2-4\beta\delta\right)^2}>0$$

$$\frac{\partial x^*_{\lambda}}{\partial \gamma}=\frac{a\left(\gamma^2+\beta\delta\left(4+\lambda\right)\right)-\beta\left(2g\gamma\delta\left(4+\lambda\right)+c\left(\gamma^2+\beta\delta\left(4+\lambda\right)\right)\right)}{\left(\gamma^2-\beta\delta\left(4+\lambda\right)\right)^2}>0$$

命题 3.1 表明，在集中式决策、公平中性分散式决策、公平关切分散式决策三种决策模式下，随着消费者环保意识的增强，产品的绿色度水平随着消费者环保意识的增强而逐渐提高，这是由于消费者倾向于看到自己所支持的产品与自己的价值观具有一致性，特别是在产品的实用性、多元性和环境性方面，环保意识较强的消费者更希望看到产品对于可持续发展这一理念的实际践行，制造企业也希望自身产品的文化理念能够与消费者产生一定程度的共鸣，消费者的环保意识增强时，制造商就通过提高自身产品的绿色度来满足消费者的意识需求，从而增加绿色产品的销量。

命 题 3.2 ① $\frac{\partial \omega_{\mathrm{D}}^{*}}{\partial g}<0$，$\frac{\partial \omega_{\lambda}^{*}}{\partial g}<0$。② $\frac{\partial p^{*}}{\partial g}<0$，$\frac{\partial p_{\mathrm{D}}^{*}}{\partial g}<0$，$\frac{\partial p_{\lambda}^{*}}{\partial g}<0$。

③ $\frac{\partial \pi_{\mathrm{mD}}^{*}}{\partial g}<0$，$\frac{\partial \pi_{\mathrm{m\lambda}}^{*}}{\partial g}<0$，$\left|\frac{\partial \pi_{\mathrm{mD}}^{*}}{\partial g}\right|>\left|\frac{\partial \pi_{\mathrm{m\lambda}}^{*}}{g}\right|$。$\frac{\partial \pi_{\gamma\mathrm{D}}^{*}}{\partial g}<0$，$\frac{\partial \pi_{\gamma\lambda}^{*}}{\partial g}<0$，$\left|\frac{\partial \pi_{\gamma\mathrm{D}}^{*}}{\partial g}\right|>\left|\frac{\partial \pi_{\gamma\lambda}^{*}}{\partial g}\right|$。$\frac{\partial \pi^{*}}{\partial g}<0$，$\frac{\partial \pi_{\mathrm{SCD}}^{*}}{\partial g}<0$，$\frac{\partial \pi_{\mathrm{SC\lambda}}^{*}}{\partial g}<0$，$\left|\frac{\partial \pi^{*}}{\partial g}\right|>\left|\frac{\partial \pi_{\mathrm{SCD}}^{*}}{\partial g}\right|>\left|\frac{\partial \pi_{\mathrm{SC\lambda}}^{*}}{\partial g}\right|$。

证明过程如下。

已知：
$$p^{*}=\frac{c\gamma^{2}-(a+c\beta-g\gamma)\delta}{\gamma^{2}-2\beta\delta}$$

$$p_{\mathrm{D}}^{*}=\frac{c\gamma^{2}-3a\delta-c\beta\delta+3g\gamma\delta}{\gamma^{2}-4\beta\delta}$$

$$p_{\lambda}^{*}=\frac{c\left(-\gamma^{2}+\beta\delta\right)+(3+\lambda)(a-g\gamma)\delta}{-\gamma^{2}(4+\lambda)\beta\delta}$$

$$\omega_{\mathrm{D}}^{*}=\frac{c\gamma^{2}-2a\delta-2c\beta\delta+2g\gamma\delta}{\gamma^{2}-4\beta\delta}$$

$$\omega_{\lambda}^{*}=\frac{c\left(\gamma^{2}-2\beta\delta\right)-(2+\lambda)(a-g\gamma)\delta}{\gamma^{2}-(4+\lambda)\beta\delta}$$

$$\pi_{\mathrm{mD}}^{*}=\frac{\delta(-a+c\beta+g\gamma)^{2}}{-2\gamma^{2}+8\beta\delta}$$

$$\pi_{\mathrm{m\lambda}}^{*}=\frac{\delta(-a+c\beta+g\gamma)^{2}\left(-\gamma^{2}+2(2+\lambda)\beta\delta\right)}{2\left(\gamma^{2}-(4+\lambda)\beta\delta\right)^{2}}$$

$$\pi_{\mathrm{rD}}^{*}=\frac{\delta^{2}\beta(-a+c\beta+g\gamma)^{2}}{\left(\gamma^{2}-4\beta\delta\right)^{2}}$$

$$\pi_{\mathrm{r\lambda}}=\frac{\beta\delta^{2}(-a+c\beta+g\gamma)^{2}}{\left(\gamma^{2}-(4+\lambda)\beta\delta\right)^{2}}$$

$$\pi^{*}=\frac{(-a+c\beta+g\gamma)^{2}\delta}{-2\gamma^{2}+4\beta\delta}$$

$$\pi_{\mathrm{SCD}}=\frac{\delta(-a+c\beta+g\gamma)^{2}\left(-\gamma^{2}+6\beta\delta\right)}{2\left(\gamma^{2}-4\beta\delta\right)^{2}}$$

$$\pi_{SC\lambda}=\frac{\left(-a+c\beta+g\gamma\right)^{2}\delta\left(-\gamma^{2}+2\left(3+\lambda\right)\beta\delta\right)}{2\left(\gamma^{2}-\left(4+\lambda\right)\beta\delta\right)^{2}}$$

$$\gamma^{2}-2\delta\beta<0$$

故：

$\frac{\partial\omega_{D}^{*}}{\partial g}=\frac{2\gamma\delta}{\gamma^{2}-4\beta\delta}<0$，$\frac{\partial\omega_{\lambda}^{*}}{\partial g}=\frac{\gamma\delta\left(2+\lambda\right)}{\gamma^{2}-\beta\delta\left(4+\lambda\right)}<0$，即证。

$\frac{\partial p^{*}}{\partial g}=\frac{\gamma\delta}{\gamma^{2}-2\beta\delta}<0$，$\frac{\partial p_{D}^{*}}{\partial g}=\frac{3\gamma\delta}{\gamma^{2}-4\beta\delta}<0$，$\frac{\partial p_{\lambda}^{*}}{\partial g}=\frac{\gamma\delta\left(3+\lambda\right)}{\gamma^{2}-\beta\delta\left(4+\lambda\right)}<0$，

显然 $\frac{\gamma\delta}{\gamma^{2}-2\beta\delta}<\frac{3\gamma\delta}{\gamma^{2}-4\beta\delta}<\frac{\gamma\delta\left(3+\lambda\right)}{\gamma^{2}-\beta\delta\left(4+\lambda\right)}$，故 $\frac{\partial p^{*}}{\partial g}<\frac{\partial p_{D}^{*}}{\partial g}<\frac{\partial p_{\lambda}^{*}}{\partial g}$。

$\frac{\partial\pi_{mD}^{*}}{\partial g}=\frac{\gamma\left(a-c\beta-g\gamma\right)\delta}{\gamma^{2}-4\beta\delta}<0,\frac{\partial\pi_{m\lambda}^{*}}{\partial g}=\frac{\gamma\left(a-c\beta-g\gamma\right)\delta\left(\gamma^{2}-2\beta\delta\left(2+\lambda\right)\right)}{\left(\gamma^{2}-\beta\delta\left(4+\lambda\right)\right)^{2}}<0,$

且有：$\frac{\gamma\left(a-c\beta-g\gamma\right)\delta}{\gamma^{2}-4\beta\delta}-\frac{\gamma\left(a-c\beta-g\gamma\right)\delta\left(\gamma^{2}-2\beta\delta\left(2+\lambda\right)\right)}{\left(\gamma^{2}-\beta\delta\left(4+\lambda\right)\right)^{2}}$

$$=\frac{\beta^{2}\gamma\left(a-c\beta-g\gamma\right)\delta^{3}\lambda^{2}}{\left(\gamma^{2}-4\beta\delta\right)\left(\gamma^{2}-\beta\delta\left(4+\lambda\right)\right)^{2}}<0$$

即 $\frac{\partial\pi_{mD}^{*}}{\partial g}<\frac{\partial\pi_{m\lambda}^{*}}{\partial g}$，故 $\left|\frac{\partial\pi_{mD}^{*}}{\partial g}\right|<\left|\frac{\partial\pi_{m\lambda}^{*}}{\partial g}\right|$。

$$\frac{\partial\pi_{rD}^{*}}{\partial g}=\frac{2\beta\gamma\left(-a+c\beta+g\gamma\right)\delta^{2}}{\left(\gamma^{2}-4\beta\delta\right)}<0$$

$$\frac{\partial\pi_{r\lambda}^{*}}{\partial g}=\frac{2\beta\gamma\left(-a+c\beta+g\gamma\right)\delta^{2}}{\left(\gamma^{2}-\beta\delta\left(4+\lambda\right)\right)^{2}}<0$$

$$\frac{\partial\pi_{rD}^{*}}{\partial g}-\frac{\partial\pi_{r\lambda}^{*}}{\partial g}=\frac{2\beta\gamma\left(-a+c\beta+g\gamma\right)\delta^{2}}{\left(\gamma^{2}-4\beta\delta\right)^{2}}-\frac{2\beta\gamma\left(-a+c\beta+g\gamma\right)\delta^{2}}{\left(\gamma^{2}-\beta\delta\left(4+\lambda\right)\right)^{2}}$$

$$=\frac{2\beta^{2}\gamma\left(-a+c\beta+g\gamma\right)\delta^{3}\lambda\left(-2\gamma^{2}+\beta\delta\left(8+\lambda\right)\right)}{\left(\gamma^{2}-4\beta\delta\right)^{2}\left(\gamma^{2}-\beta\delta\left(4+\lambda\right)\right)^{2}}<0$$

即 $\frac{\partial\pi_{rD}^{*}}{\partial g}<\frac{\partial\pi_{r\lambda}^{*}}{\partial g}$，故 $\left|\frac{\partial\pi_{rD}^{*}}{\partial g}\right|<\left|\frac{\partial\pi_{r\lambda}^{*}}{\partial g}\right|$。

$$\frac{\partial \pi^*}{\partial g}=\frac{\gamma\left(a-c\beta-g\gamma\right)\delta}{\gamma^2-2\beta\delta}<0$$

$$\frac{\partial \pi_{\mathrm{SCD}}^*}{\partial g}=\frac{\gamma\left(a-c\beta-g\gamma\right)\delta\left(\gamma^2-6\beta\delta\right)}{\left(\gamma^2-4\beta\delta\right)^2}<0$$

$$\frac{\partial \pi_{\mathrm{SC}\lambda}^*}{\partial g}=\frac{\gamma\left(a-c\beta-g\gamma\right)\delta\left(\gamma^2-2\beta\delta\left(3+\lambda\right)\right)}{\left(\gamma^2-\beta\delta\left(4+\lambda\right)\right)^2}<0$$

$$\begin{aligned}\frac{\partial \pi^*}{\partial g}-\frac{\partial \pi_{\mathrm{SCD}}^*}{\partial g}&=\frac{\gamma\left(a-c\beta-g\gamma\right)\delta}{\gamma^2-2\beta\delta}-\frac{\gamma\left(a-c\beta-g\gamma\right)\delta\left(\gamma^2-6\beta\delta\right)}{\left(\gamma^2-4\beta\delta\right)^2}\\&=\frac{4\beta^2\gamma\left(a-c\beta-g\gamma\right)\delta^3}{\left(\gamma^2-4\beta\delta\right)^2\left(\gamma^2-2\beta\delta\right)}<0\end{aligned}$$

$$\begin{aligned}\frac{\partial \pi_{\mathrm{SCD}}^*}{\partial g}-\frac{\partial \pi_{\mathrm{SC}\lambda}^*}{\partial g}&=\frac{\gamma\left(a-c\beta-g\gamma\right)\delta\left(\gamma^2-6\beta\delta\right)}{\left(\gamma^2-4\beta\delta\right)^2}-\\&\quad\frac{\gamma\left(a-c\beta-g\gamma\right)\delta\left(\gamma^2-2\beta\delta\left(3+\lambda\right)\right)}{\left(\gamma^2-\beta\delta\left(4+\lambda\right)\right)^2}\\&=\frac{\beta^2\gamma\left(-a+c\beta+g\gamma\right)\delta^3\lambda\left(-\gamma^2\left(4+\lambda\right)+2\beta\delta\left(8+3\lambda\right)\right)}{\left(\gamma^2-4\beta\delta\right)^2\left(\gamma^2-\beta\delta\left(4+\lambda\right)\right)^2}<0\end{aligned}$$

有 $\frac{\partial \pi^*}{\partial g}<\frac{\partial \pi_{\mathrm{SCD}}^*}{\partial g}<\frac{\partial \pi_{\mathrm{SC}\lambda}^*}{\partial g}$，故 $\left|\frac{\partial \pi^*}{\partial g}\right|>\left|\frac{\partial \pi_{\mathrm{SCD}}^*}{\partial g}\right|>\left|\frac{\partial \pi_{\mathrm{SC}\lambda}^*}{\partial g}\right|$。

命题 3.2 表明，在集中式决策、公平中性分散式决策、公平关切分散式决策三种决策模式下，产品绿色度、批发价格、零售价格都随着消费者对产品绿色度期望的增大而减小，绝大多数的消费者认为自身的购买选择会进一步影响环境资源与能源，所以环保意识越强的消费者对产品的绿色度期望也就越高，但消费者的高期望会导致产品市场需求量的下降，当消费者对产品绿色度的期望越高时，制造商会付出更多的绿色成本来提升产品绿色度进而响应消费者的绿色理念，制造商在环保方面作出的努力或许无法完全应对消费者的多元化期许与高要求，导致市场需求仍未回升，当零售商销售量越低时就会相应地降低零售价格和减少进货量，此时制造商便通过降低批发价格来应对这种波动。其中，制造商集中式决策下，消费者对产品的绿色度期望对于零售价格的影响最大；制造商公平中性分散式决策下，消费者对产品的绿色度期望对于零售价格的影响次之；制造商公平关切分散式决策下，消费者对产品绿色度的期望对于零售价格的影响最小。这是因为在集中式决策下，决策目标是供应链整体利润最大化，消费者对产品的绿色度期望增大使产品销量随之降低，制造商和零售商会通过降低批发价格和零售价格来应对这种波动，同时批发价格的降低也会导致零售价格的进一步降低；分散式决策下，制造商和零售商的决策准则是各自利润最大化，制造商的决策行动取决于自身的利润如何变化，因此零售商只受市场反馈的影响而不受制造商的影响，因此集中决策下消费者对产品绿色度的期望对于零售价格的影响比分散式决策大；当制造商存在公平关切的情况下，由于制造商付出了一定的绿色研发成本，故其更关注利润分配的公平性，当消费者对产品绿色度的期望越大时，制造商付出的绿色成本就越多，制造商就越关注利润分配的公平性，进而会限制零售商的利益，零售商想要提高零售价格但市场销量减少的情况下更要降低零售价格，因此在制造商存在公平关切的情况下零售价格不会变动太多。

在分散式决策下，制造商和零售商的利润都随着消费者对产品绿色度期望的增大而较小，这是因为期望的增加导致的销量的急剧下降使制造商和零售商的利润减少，并且在制造商不存在公平关切的情形下制造商和零售商的利润比制造商存在公平关切情形下受到的影响更大。在三种决策下，供应链总利润均随着消费者对产品绿色度期望的增大而减小，当消费者对产品绿色度期望增大时，制造商和零售商所做出的提高绿色度、降低零售价格等努力在一定程度上并不足以使销量上升太多而使利润增加或者维持相对的恒定，所以随着消费者对产品绿色度期望逐渐增大，供应链总利润随之逐渐减少，且在集中决策下消费者对产品的绿色度期望对于供应链总利润的影响 > 制造商公平中性分散式决策下消费者对产品的绿色度期望对于供应链总利润的影响 > 制造商公平关切下消费者对产品的绿色度期望对于供应链总利润的影响。

命题 3.3 $\frac{\partial \pi_{\lambda}^{*}}{\partial \lambda}<0$；当 $\gamma^{2}<\beta\delta$ 时，$\frac{\partial p_{\lambda}^{*}}{\partial \lambda}>0$；当 $\beta\delta<\gamma^{2}<2\beta\delta$ 时，$\frac{\partial p_{\lambda}^{*}}{\partial \lambda}<0$；$\frac{\partial \omega_{\lambda}^{*}}{\partial \lambda}>0$；$\frac{\partial \pi_{m\lambda}^{*}}{\partial \lambda}<0$，$\frac{\partial \pi_{r\lambda}^{*}}{\partial \lambda}<0$，$\frac{\partial \pi_{SC\lambda}^{*}}{\partial \lambda}<0$。

证明过程如下。

$$\frac{\partial \pi_{\lambda}^{*}}{\partial \lambda}=\frac{\beta\gamma\left(-a+c\beta+g\gamma\right)\delta}{\left(\gamma^{2}-\beta\delta\left(4+\lambda\right)\right)^{2}}<0$$

$$\frac{\partial p_{\lambda}^{*}}{\partial \lambda}=\frac{\left(a-c\beta-g\gamma\right)\delta\left(-\gamma^{2}+\beta\delta\right)}{\left(\gamma^{2}-\beta\delta\left(4+\lambda\right)\right)^{2}}$$

显然，当 $\gamma^{2}<\beta\delta$ 时，$\frac{\partial p_{\lambda}^{*}}{\partial \lambda}>0$；当 $\gamma^{2}=\beta\delta$ 时，p_{λ}^{*} 恒定不变；当 $\beta\delta<\gamma^{2}<2\beta\delta$ 时，$\frac{\partial p_{\lambda}^{*}}{\partial \lambda}<0$。

$$\frac{\partial \omega_{\lambda}^{*}}{\partial \lambda}=\frac{\left(a-c\beta-g\gamma\right)\delta\left(-\gamma^{2}+2\beta\delta\right)}{\left(\gamma^{2}-\beta\delta\left(4+\lambda\right)\right)^{2}}>0$$

$$\frac{\partial \pi_{\mathrm{m}\lambda}^{*}}{\partial \lambda}=\frac{\beta^{2}\left(-a+c\beta+g\gamma\right)^{2}\delta^{3}\lambda}{\left(\gamma^{2}-\beta\delta\left(4+\lambda\right)\right)^{3}}<0$$

$$\frac{\partial \pi_{\mathrm{r}\lambda}^{*}}{\partial \lambda}=\frac{2\beta^{2}\left(-a+c\beta+g\gamma\right)^{2}\delta^{3}}{\left(\gamma^{2}-\beta\delta\left(4+\lambda\right)\right)^{3}}<0$$

$$\frac{\partial \pi_{\mathrm{SC}\lambda}^{*}}{\partial \lambda}=\frac{\beta^{2}\left(-a+c\beta+g\gamma\right)^{2}\delta^{3}\left(2+\lambda\right)}{\left(\gamma^{2}-\beta\delta\left(4+\lambda\right)\right)^{3}}<0。$$

命题 3.3 表明，在制造商公平关切分散式决策下，产品绿色度、制造商利润、零售商利润、供应链总利润随着制造商公平关切系数的增大而减小，产品批发价格随着公平关切系数的增大而增大，因为当制造商越发注重渠道利润分配的公平性时，就会降低产品绿色度来减少自身承担的绿色研发成本，同时提高批发价格来争取更大比例的渠道利润。制造商的这些举措会使绿色产品的销量急剧降低，并会使制造商、零售商及供应链整体的利润下降。当消费者的环保意识较弱，即 $\gamma^{2}<\beta\delta$ 时，产品的零售价格随着制造商公平关切系数的增大而提高；当消费者的环保意识较强，即 $\beta\delta<\gamma^{2}<2\beta\delta$ 时，产品的零售价格随着制造商公平关切系数的增大而降低。这是由于当消费者的环保意识较弱时，制造商越关注公平问题，其制订的批发价格就越高，导致零售价格升高；当消费者的环保意识较强时，消费者对产品环境性方面的要求会提高，尽管制造商提高批发价格，零售商还是为了提高销量、维持自身利润的稳定而降低零售价格。

3.5　比较分析

命题 3.4　① $x^* > x_D^* > x_\lambda^*$。② $\omega_D^* < \omega_\lambda^*$。③当 $\gamma^2 < \beta\delta$ 时，$p^* < p_D^* < p_\lambda^*$；当 $\beta\delta < \gamma^2 < 2\beta\delta$ 时，$p^* > p_D^* > p_\lambda^*$。④ $\pi_{mD}^* > \pi_{m\lambda}^*$；$\pi_{rD}^* > \pi_{r\lambda}^*$；$\pi^* > \pi_{SCD}^* > \pi_{SC\lambda}^*$。

证明过程如下：

$$x^* - x_D^* = \frac{\gamma(a - c\beta - g\gamma)}{2\beta\delta - \gamma^2} - \frac{\gamma(a - c\beta - g\gamma)}{4\beta\delta - \gamma^2} = \frac{2\beta\gamma(a - c\beta - g\gamma)\delta}{(\gamma^2 - 4\beta\delta)(\gamma^2 - 2\beta\delta)} > 0$$

$$x_D^* - x_\lambda^* = \frac{\gamma(a - c\beta - g\gamma)}{4\beta\delta - \gamma^2} - \frac{\gamma(a - c\beta - g\gamma)}{\beta\delta(4+\lambda) - \lambda^2} = \frac{\beta\gamma(a - c\beta - g\gamma)\delta\lambda}{(\gamma^2 - 4\beta\delta)(\gamma^2 - \beta\delta(4+\lambda))} > 0$$

故 $x^* > x_D^* > x_\lambda^*$。

$$\begin{aligned}\omega_D^* - \omega_\lambda^* &= \frac{c\gamma^2(a + c\beta - g\gamma)\delta}{\gamma^2 - 4\beta\delta} - \frac{c(\gamma^2 - 2\beta\delta) - (a - g\gamma)\delta(2+\lambda)}{\gamma^2 - \beta\delta(4+\lambda)} \\ &= \frac{(a - c\beta - g\gamma)\delta(\gamma^2 - 2\beta\delta)\lambda}{(\gamma^2 - 4\beta\delta)(\gamma^2 - \beta\delta(4+\lambda))} < 0\end{aligned}$$

故 $\omega_D^* < \omega_\lambda^*$。

$$\begin{aligned}p^* - p_D^* &= \frac{c\gamma^2 - (a + c\beta - g\gamma)\delta}{\gamma^2 - 2\beta\delta} - \frac{c\gamma^2 - 3a\delta - c\beta\delta + 3g\gamma\delta}{\gamma^2 - 4\beta\delta} \\ &= \frac{2(a - c\beta - g\gamma)\delta(\gamma^2 - \beta\delta)}{(\gamma^2 - 4\beta\delta)(\gamma^2 - 2\beta\delta)}\end{aligned}$$

$$\begin{aligned}p_D^* - p_\lambda^* &= \frac{c\gamma^2 - 3a\delta - c\beta\delta + 3gr\delta}{\gamma^2 - 4\beta\delta} - \frac{c(-\gamma^2 + \beta\delta) + (a - g\gamma)\delta(3+\lambda)}{-\gamma^2 + \beta\delta(4+\lambda)} \\ &= \frac{(a - c\beta - g\gamma)\delta(\gamma^2 - \beta\delta)\lambda}{(\gamma^2 - 4\beta\delta)(\gamma^2 - \beta\delta(4+\lambda))}\end{aligned}$$

分析可得，当 $\gamma^2 < \beta\delta$ 时，$p^* < p_D^* < p_\lambda^*$；当 $\gamma^2 = \beta\delta$ 时，$p^* = p_D^* = p_\lambda^*$；当 $\gamma^2 > \beta\delta$ 时，$p^* > p_D^* > p_\lambda^*$。

$$\pi_{mD}^* - \pi_{m\lambda}^* = \frac{(-a + c\beta + g\gamma)^2\delta}{-2\gamma^2 + 8\beta\delta} - \frac{(-a + c\beta + g\gamma)^2\delta(-\gamma^2 + 2\beta\delta(2+\lambda))}{2(\gamma^2 - \beta\delta(4+\lambda))^2}$$

$$=-\frac{\beta^2(-a+c\beta+g\gamma)^2\delta^3\lambda^2}{2(\gamma^2-4\beta\delta)(\gamma^2-\beta\delta(4+\lambda))^2}>0$$

即$\pi_{mD}^* > \pi_{m\lambda}^*$。

$$\pi_{rD}^*-\pi_{r\lambda}^*=\frac{\beta(-a+c\beta+g\gamma)^2\delta^2}{(\gamma^2-4\beta\delta)^2}-\frac{\beta(-a+c\beta+g\gamma)^2\delta^2}{(\gamma^2-\beta\delta(4+\lambda))^2}$$

$$=\frac{\beta^2(-a+c\beta+g\gamma)^2\delta^3\lambda(-2\gamma^2+\beta\delta(8+\lambda))}{(\gamma^2-4\beta\delta)^2(\gamma^2-\beta\delta(4+\gamma))^2}>0$$

即$\pi_{rD}^* > \pi_{r\lambda}^*$。

$$\pi^*-\pi_{SCD}^*=\frac{(-a+c\beta+g\gamma)^2\delta}{-2\gamma^2+4\beta\delta}-\frac{(-a+c\beta+g\gamma)^2\delta(-\gamma^2+6\beta\delta)}{2(\gamma^2-4\beta\delta)^2}$$

$$=-\frac{2\beta^2(-a+c\beta+g\gamma)^2\delta^3}{(\gamma^2-4\beta\delta)^2(\gamma^2-2\beta\delta)}>0$$

$$\pi_{SCD}^*-\pi_{SC\lambda}^*=\frac{(-a+c\beta+g\gamma)^2\delta(-\gamma^2+6\beta\delta)}{2(\gamma^2-4\beta\delta)^2}-\frac{(-a+c\beta+g\gamma)^2\delta(-\gamma^2+2\beta\delta(3+\lambda))}{2(\gamma^2-\beta\delta(4+\lambda))^2}$$

$$=\frac{\beta^2(-a+c\beta+g\gamma)^2\delta^3\lambda(-\gamma^2(4+\lambda)+2\beta\delta(8+3\lambda))}{2(\gamma^2-4\beta\delta)^2(\gamma^2-\beta\delta(4+\lambda))^2}>0$$

故有$\pi^* > \pi_{SCD}^* > \pi_{SC\lambda}^*$。

说明制造商存在公平关切的情形下，制造商制订的批发价格高于其公平中性的情形下制订的批发价格，与制造商公平中性的情形相比，当制造商存在公平目标时会更关注渠道利润的分配，从而提高批发价格，来提升自身利润，降低零售商的利润。在集中式决策下，制造商较少关注自身付出的成本和获得的收益，此时的产品绿色度比分散式决策下要高，对于供应链总利润而言可以达到最优的决策效果，故分散式决策下的总利润大于集中式决策下的总利润。当制造商存在公平关切时，其为自身所得的渠道利润比例做出的一系列举措（如降低产品绿色度、减少绿色研发成本）会降低产品的总销量而使供应链总利润进一步下降。当制造商的环保意识较弱，即$\gamma^2 < \beta\delta$时，集中式决策下产品的零售价格最低，公平关切分散式决策下产品的零售价格最高；当制造商的环保意识较强，即$\beta\delta < \gamma^2 < 2\beta\delta$时，与上述结论相反。且公平中性下的供应链各成员利润比公平关切下的供应链各成员利润要高。

3.6　成本分担契约

为了维持绿色供应链稳固持续和健康发展，不得不考虑成本分担这个必要的问题，成本分担需要具有合理性并且使整条供应链达到最优决策。制造商生产绿色产品需要在前期付出大量的时间和精力并且投入一定的绿色成本，随着绿色水平的增加，为了使双方的合作长久，零售商会选择主动承担一部分绿色成本，与制造商达成绿色投资成本分担契约。引入绿色投资成本分担契约后，可以假设零售商决策投资中自身承担的分担率为φ，制造商承担的分担率为$1-\varphi$，此时制造商和零售商的利润函数为：

$$\bar{\pi}_{\mathrm{m}}=\left(a-\beta p+\gamma\left(x-g\right)\right)\left(\omega-c\right)-\frac{1}{2}\left(1-\varphi\right)\delta x^{2} \tag{3.23}$$

$$\bar{\pi}_{\mathrm{r}}=\left(a-\beta p+\gamma\left(x-g\right)\right)\left(p-\omega\right)-\frac{1}{2}\varphi\delta x^{2} \tag{3.24}$$

3.6.1　制造商公平中性分散式决策

对式（3.24）求导，可求得零售价格的反应函数为：

$$p=\frac{a-g\gamma+x\gamma+\beta\omega}{2\beta} \tag{3.25}$$

将式（3.25）代入式（3.23）可得制造商的公平效用函数U_{m}关于批发价格ω和绿色度x的海塞矩阵为：

$$\boldsymbol{H}_{U_{\mathrm{m}}}=\begin{pmatrix}-\beta & \frac{\gamma}{2}\\ \frac{\gamma}{2} & (\varphi-1)\delta\end{pmatrix} \tag{3.26}$$

容易得到，当$4\beta\delta-4\varphi\beta\delta-\gamma^{2}>0$时，海塞矩阵$\boldsymbol{H}_{U_{\mathrm{m}}}$为负定的，可知此时制造商效用函数$U_{\mathrm{m}}$是批发价格$\omega$、绿色度$x$的联合凹函数，最大化式（3.23），令此式关于$\omega$与$x$的一阶偏导数为0，可求得：

$$\omega_{\mathrm{D}}^{\mathrm{C}}=\frac{c\left(\gamma^{2}+2\beta\delta\left(-1+\varphi\right)\right)+2\left(a-g\gamma\right)\delta\left(-1+\varphi\right)}{\gamma^{2}+4\beta\delta\left(-1+\varphi\right)} \tag{3.27}$$

$$x_{\mathrm{D}}^{\mathrm{C}}=\frac{\gamma\left(-a+c\beta+g\gamma\right)}{\gamma^{2}+4\beta\delta\left(-1+\varphi\right)} \tag{3.28}$$

将式（3.27）、式（3.28）代入式（3.25）中，可得：

$$p_{\mathrm{D}}^{\mathrm{C}}=\frac{c\left(\gamma^{2}+\beta\delta\left(-1+\varphi\right)\right)+3\left(a-g\gamma\right)\delta\left(-1+\varphi\right)}{\gamma^{2}+4\beta\delta\left(-1+\varphi\right)} \tag{3.29}$$

进一步将式（3.27）、式（3.28）、式（3.29）代入式（3.23）、式（3.24）、式（3.1）中可得：

$$\pi_{\mathrm{mD}}^{\mathrm{C}}=\frac{\left(-a+c\beta+g\gamma\right)^{2}\delta\left(-1+\varphi\right)}{2\left(\gamma^{2}+4\beta\delta\left(-1+\varphi\right)\right)} \tag{3.30}$$

$$\pi_{\mathrm{rD}}^{\mathrm{C}}=\frac{\left(-a+c\beta+g\gamma\right)^{2}\delta\left(2\beta\delta\left(-1+\varphi\right)^{2}-\gamma^{2}\varphi\right)}{2\left(\gamma^{2}+4\beta\delta\left(-1+\varphi\right)\right)^{2}} \tag{3.31}$$

$$\pi_{\mathrm{SCD}}^{\mathrm{C}}=\frac{\left(-a+c\beta+g\gamma\right)^{2}\delta\left(-\gamma^{2}+6\beta\delta\left(-1+\varphi\right)^{2}\right)}{2\left(\gamma^{2}+4\beta\delta\left(-1+\varphi\right)\right)^{2}} \tag{3.32}$$

3.6.2 制造商公平关切分散式决策

在制造商公平关切分散式决策下，制造商和零售商的公平效用函数分别为：

$$U_{\mathrm{m}}=\left(1+\lambda\right)\pi_{\mathrm{m}}-\frac{\lambda\left(1+\lambda\right)}{2+\lambda}\pi_{\mathrm{SC}} \tag{3.33}$$

$$\overline{U}_{\mathrm{r}}=\overline{\pi}_{\mathrm{r}} \tag{3.34}$$

与前文同理，运用逆向归纳法求解可得到：

$$\omega_{\lambda}^{\mathrm{C}}=\frac{\left(\lambda+2\right)\left(\left(\lambda+2\right)\varphi-2\right)\delta\left(a-g\gamma\right)+2c\left(\gamma^{2}+\left(\left(\lambda+2\right)\varphi-2\right)\beta\delta\right)}{2\gamma^{2}+\left(\lambda+4\right)\left(\left(\lambda+2\right)\varphi-2\right)\beta\delta} \tag{3.35}$$

$$x_{\lambda}^{\mathrm{C}}=\frac{2\gamma\left(-a+c\beta+g\gamma\right)}{2\gamma^{2}+\left(\lambda+4\right)\left(\left(\lambda+2\right)\varphi-2\right)\beta\delta} \tag{3.36}$$

$$p_{\lambda}^{\mathrm{C}}=\frac{\left(\lambda+3\right)\left(\left(\lambda+2\right)\varphi-2\right)\delta\left(a-g\gamma\right)+c\left(\left(\left(\lambda+2\right)\varphi-2\right)\beta\delta+2\gamma^{2}\right)}{2\gamma^{2}+\left(\lambda+4\right)\left(\left(\lambda+2\right)\varphi-2\right)\beta\delta} \tag{3.37}$$

通过把式（3.35）、式（3.36）、式（3.37）代入式（3.23）、式（3.24）、式（3.1）中得：

$$\pi_{m\lambda}^{C}=\frac{\delta\left(-a+c\beta+g\gamma\right)^{2}\left(2\left(\varphi-1\right)\gamma^{2}+\left(\lambda+2\right)\left(\left(\lambda+2\right)\varphi-2\right)^{2}\beta\delta\right)}{\left(2\gamma^{2}+\left(\lambda+4\right)\left(\left(\lambda+2\right)\varphi-2\right)\beta\delta\right)^{2}} \tag{3.38}$$

$$\pi_{r\lambda}^{C}=\frac{\delta\left(-a+c\beta+g\gamma\right)^{2}\left(-2\varphi\gamma^{2}+\left(\left(\lambda+2\right)\varphi-2\right)^{2}\beta\delta\right)}{\left(2\gamma^{2}+\left(\lambda+4\right)\left(\left(\lambda+2\right)\varphi-2\right)\beta\delta\right)^{2}} \tag{3.39}$$

$$\pi_{SC\lambda}^{C}=\frac{\delta\left(-a+c\beta+g\gamma\right)^{2}\left(-2\gamma^{2}+\left(\lambda+3\right)\left(\left(\lambda+2\right)\varphi-2\right)^{2}\beta\delta\right)}{\left(2\gamma^{2}+\left(\lambda+4\right)\left(\left(\lambda+2\right)\varphi-2\right)\beta\delta\right)^{2}} \tag{3.40}$$

供应链中的制造商和零售商共担一定比例的绿色投资成本，下面需找到成本分担系数 φ 为何值时，整条供应链的决策达到最优。由于集中式决策供应链上下游成员相互合作以供应链整体利益最大化为决策目标，来达到最高的利润收益，可先令考虑成本分担情形时制造商公平中性分散式决策下产品的绿色度水平等于集中式决策下产品的绿色度水平来使上述模型的结果达到集中决策水平，即有：

$$x_{D}^{C*}=x^{*} \tag{3.41}$$

即 $\dfrac{\gamma\left(-a+c\beta+g\gamma\right)}{\gamma^{2}+4\beta\delta\left(-1+\phi\right)}=\dfrac{\gamma\left(a-c\beta-g\gamma\right)}{2\beta\delta-\gamma^{2}}$，求解可得 $\varphi=\dfrac{1}{2}$。即存在分担比例 $\varphi=\dfrac{1}{2}$ 使产品最优绿色水平达到无成本分担时的集中式决策水平，将分担比例代入各自的最优决策中得：

$$\omega_{D}^{C*}=\frac{c\gamma^{2}-\left(a+c\beta-g\gamma\right)\delta}{\gamma^{2}-2\beta\delta} \tag{3.42}$$

$$p_{D}^{C*}=\frac{-2c\gamma^{2}+3a\beta+c\beta\delta-3g\gamma\delta}{-2\gamma^{2}+4\beta\delta} \tag{3.43}$$

$$\pi_{mD}^{C*}=\frac{\left(-a+c\beta+g\gamma\right)^{2}\delta}{-4\gamma^{2}+8\beta\delta} \tag{3.44}$$

$$\pi_{rD}^{C*}=\frac{\left(-a+c\beta+g\gamma\right)^{2}\delta\left(-\gamma^{2}+\beta\delta\right)}{4\left(\gamma^{2}-2\beta\delta\right)^{2}} \tag{3.45}$$

$$\pi_{SCD}^{C*}=\frac{\left(-a+c\beta+g\gamma\right)^{2}\delta\left(-2\gamma^{2}+3\beta\delta\right)}{4\left(\gamma^{2}-2\beta\delta\right)^{2}} \tag{3.46}$$

同理，在制造商存在公平关切的情形时：

$$x_{\lambda}^{C*} = x^{*} \tag{3.47}$$

即 $\dfrac{2\gamma(-a+c\beta+g\gamma)}{2\gamma^2+\beta\delta(4+\lambda)\left(-2+(2+\lambda)\varphi\right)} = \dfrac{\gamma(a-c\beta-g\gamma)}{2\beta\delta-\gamma^2}$，求解可得 $\varphi = \dfrac{2}{4+\lambda}$。

即存在分担比例 $\varphi = \dfrac{2}{4+\lambda}$ 使产品最优绿色水平达到无成本分担时的集中式决策水平，将分担比例代入各自的最优决策中得：

$$\omega_{\lambda}^{C*} = \frac{-4c\beta\delta - 2(a-g\gamma)\delta(2+\lambda) + c\gamma^2(4+\lambda)}{(\gamma^2-2\beta\delta)(4+\lambda)} \tag{3.48}$$

$$p_{\lambda}^{C*} = \frac{-2c\beta\delta - 2(a-g\gamma)\delta(3+\lambda) + c\gamma^2(4+\lambda)}{(\gamma^2-2\beta\delta)(4+\lambda)} \tag{3.49}$$

$$\pi_{m\lambda}^{C*} = \frac{(-a+c\beta+g\gamma)^2\delta(2+\lambda)\left(8\beta\delta-\gamma^2(4+\lambda)\right)}{2(\gamma^2-2\beta\delta)^2(4+\lambda)^2} \tag{3.50}$$

$$\pi_{r\lambda}^{C*} = \frac{(-a+c\beta+g\gamma)^2\delta\left(4\beta\delta-\gamma^2(4+\lambda)\right)}{(\gamma^2-2\beta\delta)^2(4+\lambda)^2} \tag{3.51}$$

$$\pi_{SC\lambda}^{C*} = \frac{(-a+c\beta+g\gamma)^2\delta\left(8\beta\delta(3+\lambda)-\gamma^2(4+\lambda)^2\right)}{2(\gamma^2-2\beta\delta)^2(4+\lambda)^2} \tag{3.52}$$

分析成本分担契约下制造商公平中性和公平关切时的最优决策结果和供应链总利润，可得出命题 3.5。

命题 3.5 ①当制造商公平中性时，存在 $\varphi = \dfrac{1}{2}$ 使最优的产品绿色度水平达到集中式决策水平；当制造商公平关切时，存在 $\varphi = \dfrac{2}{4+\lambda}$ 使最优的产品绿色度水平达到集中式决策水平。② $p^{*} < p_{D}^{C*}$，$p^{*} = \omega_{D}^{C*}$，$p^{*} < p_{\lambda}^{C*}$，$p^{*} < \omega_{\lambda}^{C*}$，$\pi^{*} > \pi_{SCD}^{C*} > \pi_{SC\lambda}^{C*}$。

证明过程如下。

命题 3.5 ①由上已证。

$$p^{*} - p_{D}^{C*} = \frac{c\gamma^2-(a+c\beta-g\gamma)\delta}{\gamma^2-2\beta\delta} - \frac{-2c\gamma^2+3a\delta+c\beta\delta-3g\gamma\delta}{-2\gamma^2+4\beta\delta}$$

$$= \frac{(-a+c\beta+g\gamma)\delta}{-2\gamma^2+4\beta\delta} < 0$$

$$p^{*}-\omega_{\mathrm{D}}^{\mathrm{C}*}=\frac{c\gamma^{2}-(a+c\beta-g\gamma)\delta}{\gamma^{2}-2\beta\delta}-\frac{cr^{2}-(a+c\beta-g\gamma)\delta}{\gamma^{2}-2\beta\delta}=0$$

$$p^{*}-p_{\lambda}^{\mathrm{C}*}=\frac{c\gamma^{2}-(a+c\beta-g\gamma)\delta}{\gamma^{2}-2\beta\delta}-\frac{-2c\beta\delta-2(a-g\gamma)\delta(3+\lambda)+c\gamma^{2}(4+\lambda)}{(\gamma^{2}-2\beta\delta)(4+\lambda)}$$

$$=\frac{(a-c\beta-g\gamma)\delta(2+\lambda)}{(\gamma^{2}-2\beta\delta)(4+\lambda)}<0$$

$$p^{*}-\omega_{\lambda}^{\mathrm{C}*}=\frac{c\gamma^{2}-(a+c\beta-g\gamma)\delta}{\gamma^{2}-2\beta\delta}-\frac{-4c\beta\delta-2(a-g\gamma)\delta(2+\gamma)+c\gamma^{2}(4+\lambda)}{(\gamma^{2}-2\beta\delta)(4+\lambda)}<0$$

$$\pi^{*}-\pi_{\mathrm{SCD}}^{\mathrm{C}*}=\frac{(-a+c\beta+g\gamma)^{2}\delta}{-2\gamma^{2}+4\beta\delta}-\frac{(-a+c\beta+g\gamma)^{2}\delta(-2\gamma^{2}+3\beta\delta)}{4(\gamma^{2}-2\beta\delta)^{2}}$$

$$=\frac{\beta(-a+c\beta+g\gamma)^{2}\delta^{2}}{4(\gamma^{2}-2\beta\delta)^{2}}>0$$

$$\pi_{\mathrm{SCD}}^{\mathrm{C}*}-\pi_{\mathrm{SC}\lambda}^{\mathrm{C}*}=\frac{(-a+c\beta+g\gamma)^{2}\delta(-2\gamma^{2}+3\beta\delta)}{4(\gamma^{2}-2\beta\delta)^{2}}-\frac{(-a+c\beta+g\gamma)^{2}\delta(8\beta\delta(3+\lambda)-\gamma^{2}(4+\lambda)^{2})}{2(\gamma^{2}-2\beta\delta)^{2}(4+\lambda)^{2}}$$

$$=\frac{\beta(-a+c\beta+g\gamma)^{2}\delta^{2}\lambda(8+3\lambda)}{4(\gamma^{2}-2\beta\delta)^{2}(4+\lambda)^{2}}>0$$

故$\pi^{*}>\pi_{\mathrm{SCD}}^{\mathrm{C}*}>\pi_{\mathrm{SC}\lambda}^{\mathrm{C}*}$。

当$\varphi=\dfrac{1}{2}$时，即零售商为制造商承担一半的绿色成本，相当于制造商和零售商都承担的系统绿色总投入成本为$\dfrac{1}{4}\delta x^{2}$；当$\varphi=\dfrac{2}{4+\lambda}$时，零售商承担的绿色投入成本为$\dfrac{\delta x^{2}}{4+\lambda}$，零售商承担的绿色投入成本为$\dfrac{(2+\lambda)\delta x^{2}}{8+2\lambda}$，制造商和零售商在成本投入方面实现了公平性，加强了彼此之间的深度合作，并进一步提高了系统总利润。

对比集中式决策和成本分担决策两种模式下的最优结果，说明产品的绿色度水平可以达到集中式决策水平，并且集中式决策下的零售价格等于考虑成本分担时制造商公平中性分散式决策下的批发价格，说明在制造商公平中性时其可以在保证产品绿色度的前提下通过提高批发价格来提高自身利润。在制造商公平中性和公平关切时，成本分担模式下的零售价格均高于集中式决策下的零售价格，对于零售商来说提高了利润，但对于消费者来说，与集中式决策相比，在绿色度水平不变的情况下增加了消费支出，降低了消费者效用水平。

上述协调方式有利有弊，虽然可以提高制造商和零售商的利润，但降低了消费者的效用，可用帕累托改进确定φ的最优区间范围。

命题 3.6 在绿色供应链制造商公平中性的分散式决策模式下，当$\dfrac{\gamma^4-4\beta\gamma^2\delta}{2\beta\gamma^2\delta-16\beta^2\delta^2}<\varphi\leqslant\dfrac{1}{2}$时，投资成本分担契约能够实现供应链成员利润的帕累托改进；在绿色供应链制造商公平关切的分散式决策模式下，当$0<\varphi<\dfrac{2\left(\gamma^2+\beta\delta\lambda\right)\left(\beta\delta\left(4+\lambda\right)-\gamma^2\right)}{\beta\delta\left(2+\lambda\right)^2\left(-\gamma^2+2\beta\delta\left(4+\lambda\right)\right)}$时，投资成本分担契约能够实现供应链成员利润的帕累托改进。

证明过程如下。

制造商公平中性时，要实现供应链总利润的帕累托改进，成本分担系数要满足$\pi_{\mathrm{mD}}^{\mathrm{C}}>\pi_{\mathrm{mD}}$，$\pi_{\mathrm{rD}}^{\mathrm{C}}>\pi_{\mathrm{rD}}$。

当$\pi_{\mathrm{mD}}^{\mathrm{C}}>\pi_{\mathrm{mD}}$时：

$$\frac{\left(-a+c\beta+g\gamma\right)^2\delta\left(-1+\varphi\right)}{2\left(\gamma^2+4\beta\delta\left(-1+\varphi\right)\right)}-\frac{\left(-a+c\beta+g\gamma\right)^2\delta}{-2\gamma^2+8\beta\delta}>0$$

得出$0\leqslant\varphi\leqslant\dfrac{1}{2}$。

当$\pi_{\mathrm{rD}}^{\mathrm{C}}>\pi_{\mathrm{rD}}$时：

$$\frac{\left(-a+c\beta+g\gamma\right)^2\delta\left(2\beta\delta\left(-1+\varphi\right)^2-\gamma^2\varphi\right)}{2\left(\gamma^2+4\beta\delta\left(-1+\varphi\right)\right)^2}-\frac{\beta\left(-a+c\beta+g\gamma\right)^2\delta^2}{\left(\gamma^2-4\beta\delta\right)^2}>0$$

得出$\dfrac{\gamma^4-4\beta\gamma^2\delta}{2\beta\gamma^2\delta-16\beta^2\delta^2}<\varphi\leqslant1$。

由于 $\frac{\gamma^4-4\beta\gamma^2\delta}{2\beta\gamma^2\delta-16\beta^2\delta^2}<\frac{1}{2}$，当 $\frac{\gamma^4-4\beta\gamma^2\delta}{2\beta\gamma^2\delta-16\beta^2\delta^2}<\varphi\leqslant\frac{1}{2}$ 时，可知制造商公平中性分散式决策下成本分担契约能够实现供应链成员利润的帕累托改进。

同理，制造商关注公平时，要实现供应链总利润的帕累托改进，成本分担系数要满足 $\pi_{m\lambda}^{C}>\pi_{m\lambda}$，$\pi_{r\lambda}^{C}>\pi_{r\lambda}$。

当 $\pi_{m\lambda}^{C}>\pi_{m\lambda}$ 时：

$$0<\varphi<\varphi_1,\quad \varphi_1=\frac{4\left(\gamma^2-\beta\delta\left(4+\lambda\right)\right)\left(\gamma^2-\beta\delta\left(4+\lambda\left(3+\lambda\right)\right)\right)}{\beta\delta\left(2+\lambda\right)^2\left(-2\gamma^2\left(2+\lambda\right)+\beta\delta\left(4+\lambda\right)\left(4+3\lambda\right)\right)}$$

当 $\pi_{r\lambda}^{C}>\pi_{r\lambda}$ 时：

$$0<\varphi<\varphi_2,\quad \varphi_2=\frac{2\left(\gamma^2+\beta\delta\lambda\right)\left(\beta\delta\left(4+\lambda\right)-\gamma^2\right)}{\beta\delta\left(2+\lambda\right)^2\left(-\gamma^2+2\beta\delta\left(4+\lambda\right)\right)}$$

φ 需满足 $0<\varphi<\min(\varphi_1,\varphi_2)$，有：

$$\frac{4\left(\gamma^2-\beta\delta\left(4+\lambda\right)\right)\left(\gamma^2-\beta\delta\left(4+\lambda\left(3+\lambda\right)\right)\right)}{\beta\delta\left(2+\lambda\right)^2\left(-2\gamma^2\left(2+\lambda\right)+\beta\delta\left(4+\lambda\right)\left(4+3\lambda\right)\right)}>\frac{2\left(\gamma^2+\beta\delta\lambda\right)\left(\beta\delta\left(4+\lambda\right)-\gamma^2\right)}{\beta\delta\left(2+\lambda\right)^2\left(-\gamma^2+2\beta\delta\left(4+\lambda\right)\right)}$$

即 $\varphi_1>\varphi_2$。

故当 $0<\varphi<\frac{2\left(\gamma^2+\beta\delta\lambda\right)\left(\beta\delta\left(4+\lambda\right)-\gamma^2\right)}{\beta\delta\left(2+\lambda\right)^2\left(-\gamma^2+2\beta\delta\left(4+\lambda\right)\right)}$ 时，可知制造商公平关切分散式决策下成本分担契约能够实现供应链成员利润的帕累托改进。

3.7　数值分析

下面通过数值分析的方法来说明前面通过计算和证明发现的一些结果，并试图揭示前面未能发现的一些规律。假设 $a=120$，$c=10$，$\beta=8$，$g=1$，$\delta=1$，$\lambda=1$。

在消费者环保意识的合理取值范围内来研究消费者环保意识对产品绿色度水平、零售价格和绿色供应链总利润的影响。令消费者环保意识在（0，3.5）内变动，在集中式决策、分散式决策制造商公平中性、分散式决策制造商公平关切三种决策情形下产品绿色度水平、零售价格、批发价格、供应链成员利润和供应链总利润的变化情况如图 3-1 ～图 3-5 所示。

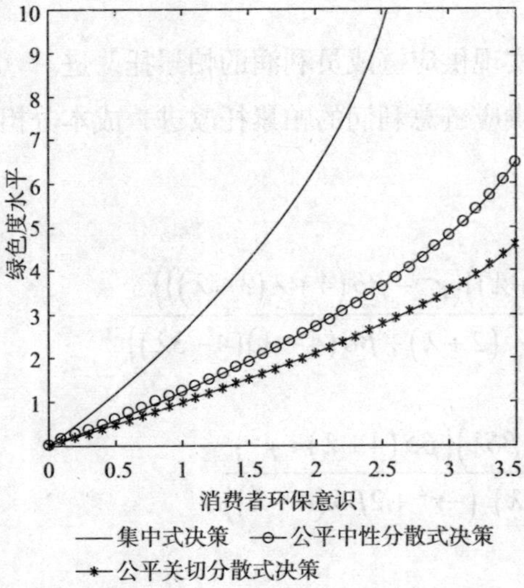

图3-1　消费者环保意识对绿色度水平的影响

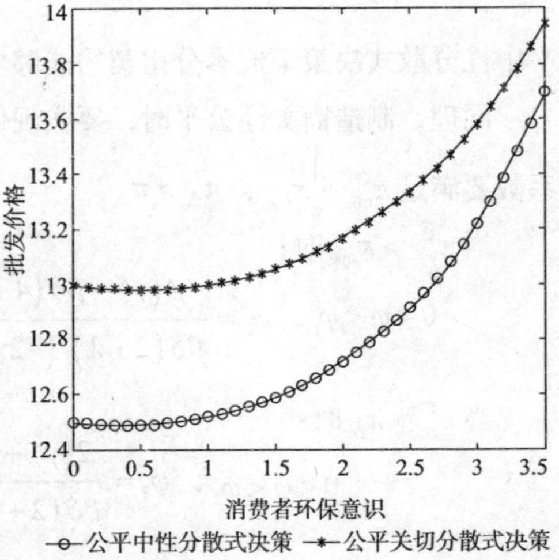

图3-2　消费者环保意识对批发价格的影响

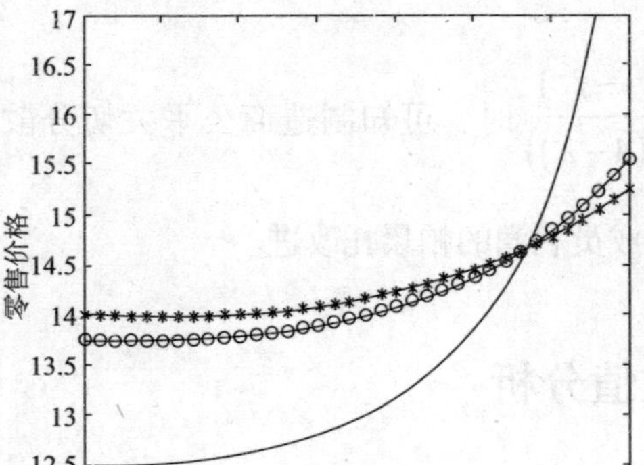

图3-3　消费者环保意识对零售价格的影响

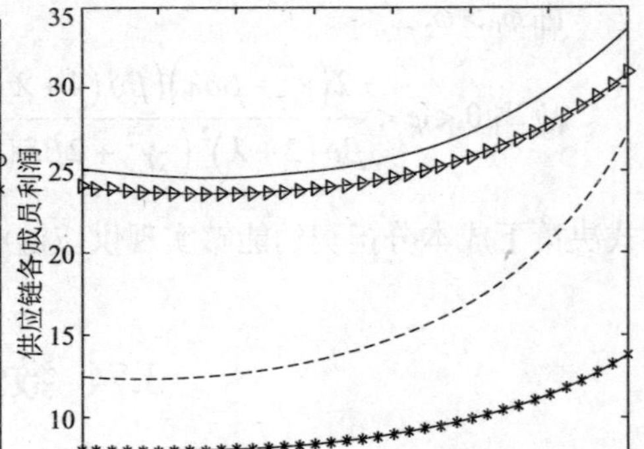

图3-4　消费者环保意识对各成员利润的影响

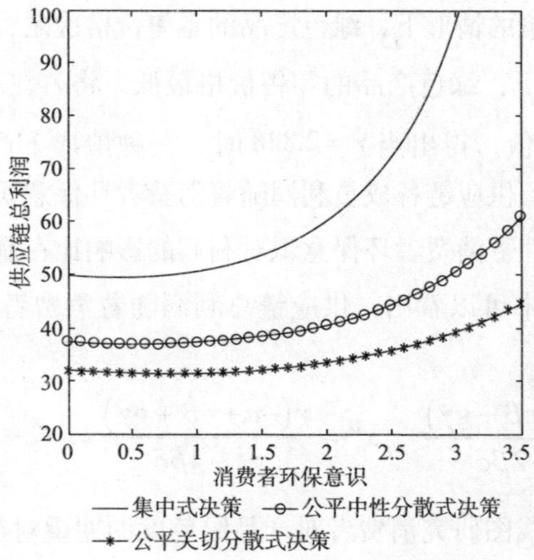

图3-5 消费者环保意识对供应链总利润的影响

图 3-1 可以进一步验证命题 3.1 的结论：$\frac{\partial x^*}{\partial \gamma}>0$，$\frac{\partial x_D^*}{\partial \gamma}>0$，$\frac{\partial x_\lambda^*}{\partial \gamma}>0$，说明制造商为了迎合消费者的绿色偏好而提高自身产品的绿色度。从图中还可以看出，集中式决策下绿色供应链的绿色度水平大于分散式决策下绿色供应链的绿色度水平，且在制造商具有公平关切特性的情况下，绿色度水平进一步降低。并且随着消费者环保意识的增强，产品的绿色度也呈现逐渐增加的趋势，三种决策情形下产品绿色度水平的差距也进一步增大，即集中式决策下绿色度水平增长速度 > 制造商公平中性分散式决策下绿色度水平增长速度 > 制造商公平关切分散式决策下绿色度水平增长速度。从图 3-2 可以看出，批发价格随着消费者环保意识的增强而升高，且制造商公平中性下的批发价格低于制造商公平关切下的批发价格。从图 3-3 可以看出，最初的情况是在制造商公平关切分散式决策的情形下，绿色产品的零售价格最高；在制造商公平中性分散式决策的情形下，绿色产品的零售价格次之；集中式决策下绿色产品的零售价格最低。随着消费者环保意识的增强，三种决策情形下产品价格有微小但是引起质变的变化：当γ 取（2.6，2.9）中的某个数时，三种决策情形下产品零售价格相等；当γ 超过这个数时，集中式决策下绿色产品的零售价格最高，在制造商

公平中性分散式决策的情形下，绿色产品的零售价格次之，在制造商公平关切分散式决策的情形下，绿色产品的零售价格最低。将γ在（2.6，2.9）区间内多次运用二分法取值，得出当$\gamma = 2.828$时，三种情形下产品零售价格相等。从图 3-4 可以看出，供应链各成员利润随着消费者环保意识的增强而提高，并且在制造商公平中性下消费者环保意识对利润的影响比在制造商公平关切情形下要大。从图 3-5 中可以看出，供应链总利润随着消费者环保意识的增强而提高。

将 $x^* = \dfrac{\gamma\left(-a+c\beta+g\gamma\right)}{\gamma^2-2\beta\delta}$，$x^{\mathrm{D}} = \dfrac{\gamma\left(-a+c\beta+g\gamma\right)}{\gamma^2-4\beta\delta}$，$x^{\lambda} = \dfrac{\gamma\left(-a+c\beta+g\gamma\right)}{\gamma^2-\left(4+\lambda\right)\beta\delta}$ 赋值计算，通过二维线图研究消费者对产品绿色度的期望对产品绿色度的影响。此时，令$a=120$，$c=10$，$\beta=8$，$\delta=1$，$\lambda=1$，$\gamma=1$，由于$a-c\beta-g\gamma>0$，所以必有$g<40$，故令消费者对产品绿色度的期望的取值范围为（0，40），可以作出产品绿色度随着消费者对产品绿色度的期望变化的二维线图，如图 3-6 ～图 3-9 所示。

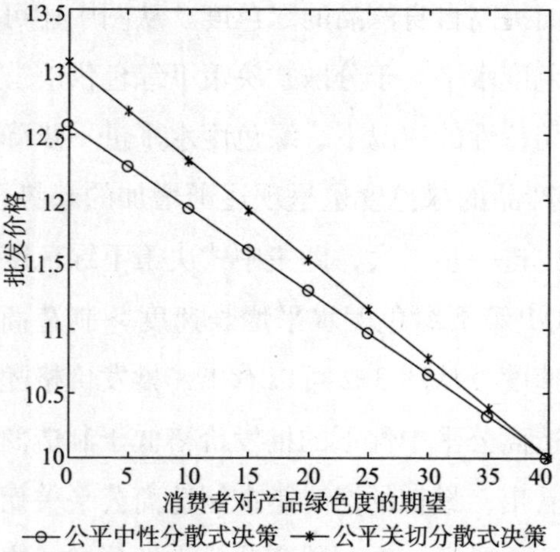

图3-6　产品绿色度的期望对批发价格的影响

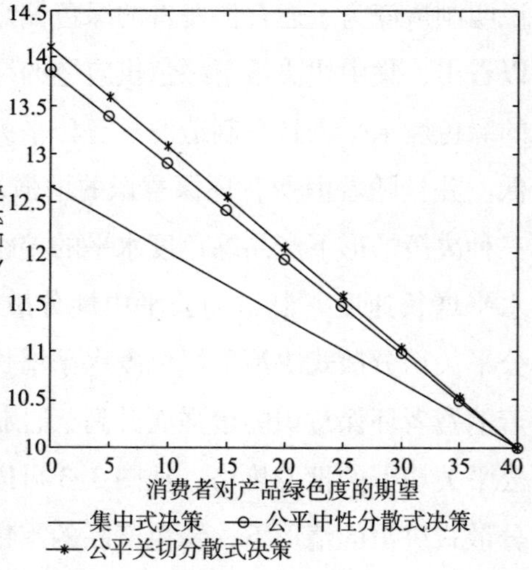

图3-7　产品绿色度的期望对零售价格的影响

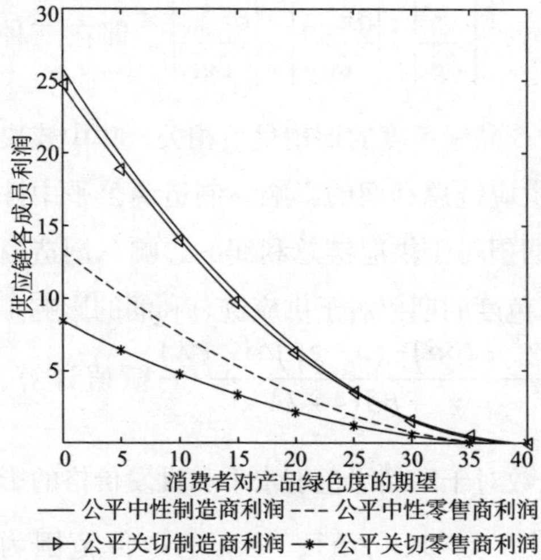

图3-8　产品绿色度的期望对供应链各成员利润的影响

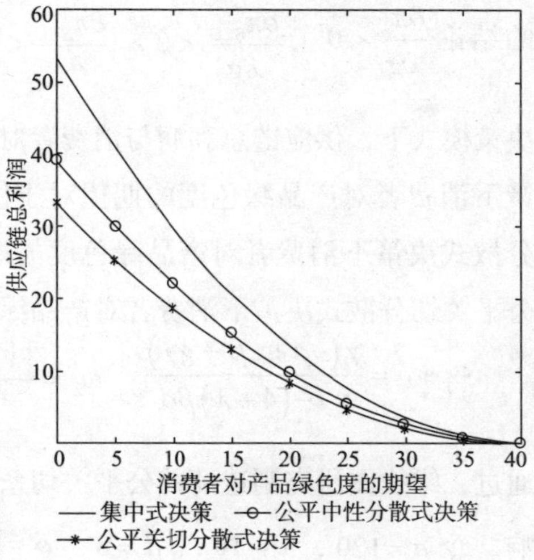

图3-9　产品绿色度的期望对绿色供应链总利润的影响

由图 3-6 可以验证命题 3.2 中提出的结论：$\frac{\partial\omega_{\mathrm{D}}^*}{\partial g}<0$，$\frac{\partial\omega_{\lambda}^*}{\partial g}<0$。同理，根据对图中直线斜率绝对值的比较可以得出，制造商公平关切分散式决策下消费者对产品绿色度的期望对于产品批发价格的影响 > 制造商公平中性分散式决策下消费者对产品绿色度的期望对于产品批发价格的影响。由图 3-7 可以验证命题 3.2 提出的结论 $\frac{\partial p^*}{\partial g}<0$，$\frac{\partial p_{\mathrm{D}}^*}{\partial g}<0$，$\frac{\partial p_{\lambda}^*}{\partial g}<0$，并且还能根据对图中直线斜率绝对值的比较得出，制造商公平关切分散式决策下消费者对产品绿色度的期望对于产品零售价格的影响 > 制造商公平中性分散式决策下消费者对产品绿色度的期望对于产品零售价格的影响 > 集中式决策下消费者对产品绿色度的期望对于产品零售价格的影响。显然，图 3-8 验证了命题 3.2 提出的结论 $\frac{\partial\pi_{\mathrm{mD}}^*}{\partial g}<0$，$\frac{\partial\pi_{\mathrm{m\lambda}}^*}{\partial g}<0$，$\left|\frac{\partial\pi_{\mathrm{mD}}^*}{\partial g}\right|>\left|\frac{\partial\pi_{\mathrm{m\lambda}}^*}{\partial g}\right|$，$\frac{\partial\pi_{\mathrm{rD}}^*}{\partial g}<0$，$\frac{\partial\pi_{\mathrm{r\lambda}}^*}{\partial g}<0$，$\left|\frac{\partial\pi_{\mathrm{rD}}^*}{\partial g}\right|>\left|\frac{\partial\pi_{\mathrm{r\lambda}}^*}{\partial g}\right|$，即在分散式决策模式下，制造商和零售商的利润与消费者对产品绿色度的期望呈负相关，并且制造商公平中性情形下，消费者对产品绿色度的期望对于供应链成员利润的影响比制造商公平关切情形下要大。图 3-9 验证了命题 3.2 提出

的结论 $\frac{\partial\pi^*}{\partial g}<0$，$\frac{\partial\pi_{SCD}^*}{\partial g}<0$，$\frac{\partial\pi_{SC\lambda}^*}{\partial g}<0$，$\left|\frac{\partial\pi^*}{\partial g}\right|>\left|\frac{\partial\pi_{SCD}^*}{\partial g}\right|>\left|\frac{\partial\pi_{SC\lambda}^*}{\partial g}\right|$，即在三种决策模式下，供应链总利润与消费者对产品绿色度的期望呈负相关，集中式决策下消费者对产品绿色度的期望对于供应链总利润的影响 > 制造商公平中性分散式决策下消费者对产品绿色度的期望对于供应链总利润的影响 > 制造商公平关切分散式决策下消费者对产品绿色度的期望对于供应链总利润的影响。

将 $x^{\lambda*}=\frac{\gamma\left(-a+c\beta+g\gamma\right)}{\gamma^2-\left(4+\lambda\right)\beta\delta}$，$\omega_\lambda^*=\frac{c\left(\gamma^2-2\beta\delta\right)-\left(a-g\gamma\right)\delta\left(2+\lambda\right)}{\gamma^2-\beta\delta\left(4+\lambda\right)}$ 赋值计算，通过二维线图研究制造商的公平关切系数对于产品绿色度水平和批发价格的影响，令 $a=120$，$c=10$，$\beta=8$，$\delta=1$，$g=1$，$\gamma=1$，令 λ 的取值范围为（0，10），如图 3-10 与图 3-11 所示。

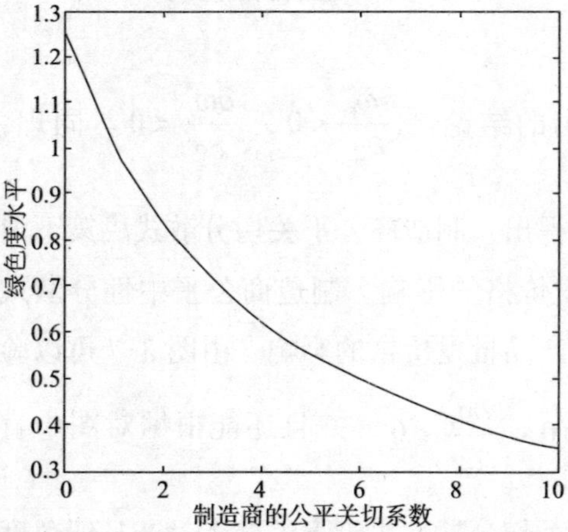

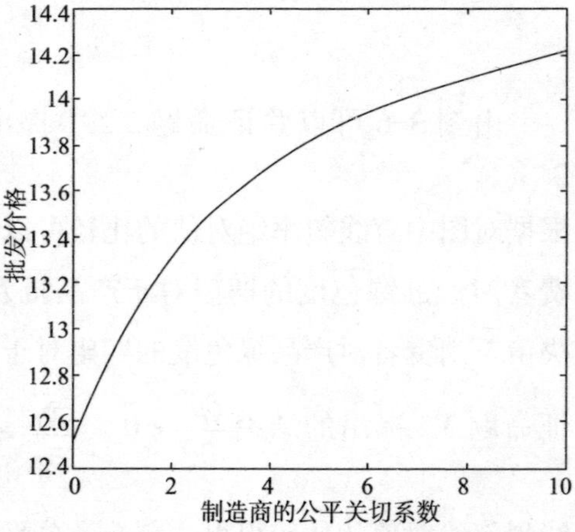

图3-10　公平关切系数对产品绿色度水平的影响　图3-11　公平关切系数对批发价格的影响

图 3-10 和图 3-11 验证了命题 3.3 提出的结论，即 $\frac{\partial x_\lambda^*}{\partial\lambda}<0$，$\frac{\partial\omega_\lambda^*}{\partial\lambda}<0$，产品绿色度水平随着制造商公平关切系数的增大而减小，产品批发价格随着制造商公平关切系数的增大而增大。

取 γ=2 和 γ=3，制造商的公平关切系数对产品零售价格的影响如图 3-12 所示。

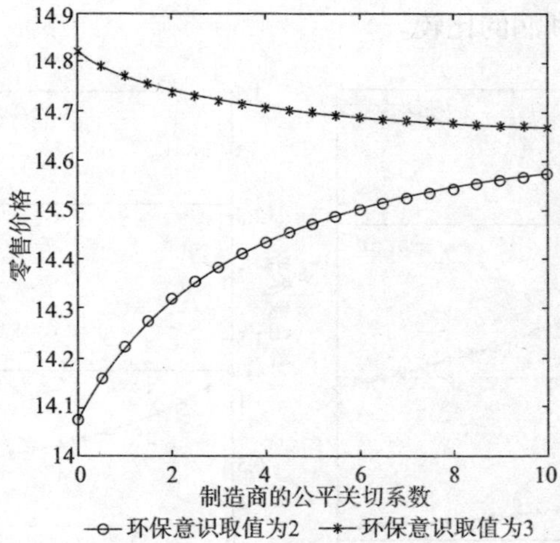

图3-12　公平关切系数对零售价格的影响

当$\gamma=2$时，产品的零售价格随着制造商公平关切系数的增大而增大，当$\gamma=3$时，产品的零售价格随着制造商公平关切系数的减小而增大。此时刚好有$2^2<\beta\delta$，$\beta\delta<3^2<2\beta\delta$，验证了命题3.3中的结论：当$\gamma^2<\beta\delta$时，$\frac{\partial p_{\lambda}^*}{\partial\lambda}>0$，当$\beta\delta<\gamma^2<2\beta\delta$时，$\frac{\partial p_{\lambda}^*}{\partial\lambda}<0$，即当消费者的环保意识较弱时，产品的零售价格随着制造商公平关切系数的的增大而提高，当消费者的环保意识较强时，产品的零售价格随着制造商公平关切系数的的增大而降低。

其他参数不变，令$\gamma=1$，绘制制造商公平关切系数对绿色供应链各成员利润的影响函数线图，如图3-13所示。

图3-13可以验证命题3.3提出的结论：$\frac{\partial\pi_{m\lambda}^*}{\partial\lambda}<0$，$\frac{\partial\pi_{r\lambda}^*}{\partial\lambda}<0$，即在制造商公平关切分散式决策下，绿色供应链总利润随着公平关切系数的增大而减小。另外还可以验证命题3.4提出的结论：$\pi_{mD}^*>\pi_{m\lambda}^*$，$\pi_{rD}^*>\pi_{r\lambda}^*$，在制造商具有公平关切的属性时，制造商和零售商的利润均小于制造商公平中性时制造商和零售商的利润。

图3-14～图3-18是三种决策情形下绿色度水平、产品批发价格、产品零

售价格、供应链总利润的比较。

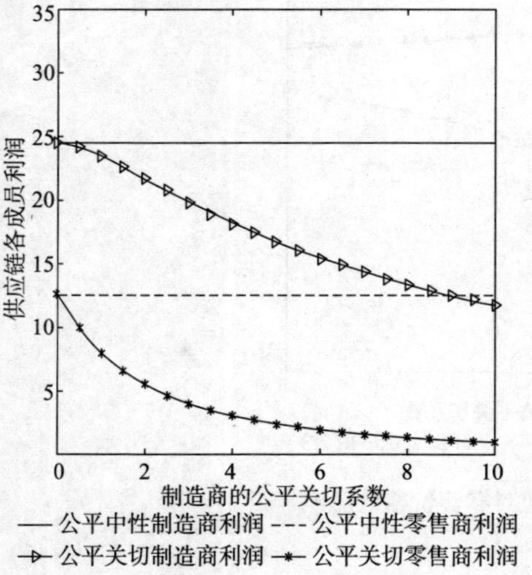

图3-13　公平关切系数对利润的影响

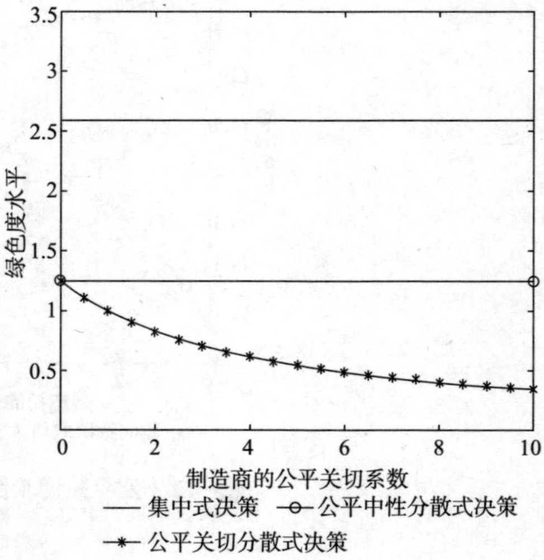

图3-14　比较产品绿色度水平

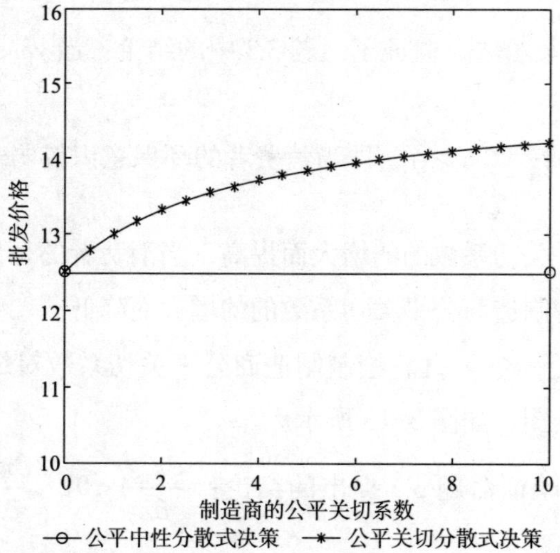

图3-15　比较产品批发价格

图 3-14 验证了命题 3.4 提出的结论：$x^* > x_D^* > x_\lambda^*$。图 3-15 验证了命题 3.4 提出的结论：$\omega_D^* < \omega_\lambda^*$。图 3-16、3-17 验证了命题 3.4 提出的结论：当

$\gamma^2 < \beta\delta$ 时，$p^* < p_D^* < p_\lambda^*$；当 $\gamma^2 > \beta\delta$ 时，$p^* > p_D^* > p_\lambda^*$。图 3.18 验证了命题 3.4 提出的结论：$\pi^* > \pi_{SCD}^* > \pi_{SC\lambda}^*$。

图 3-19 和图 3-20 为制造商公平中性和公平关切时，制造商和零售商不实施成本分担契约的利润与实施成本分担契约的情况下，成本分担系数对制造商和零售商利润的影响，其他参数不变，令 $\gamma = 1$，$\lambda = 1$。

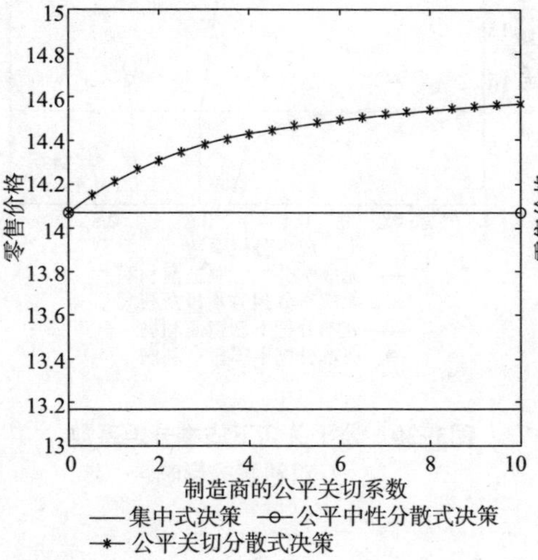

图3-16　当 $\gamma^2 < \beta\delta$ 时零售价格的变化情况

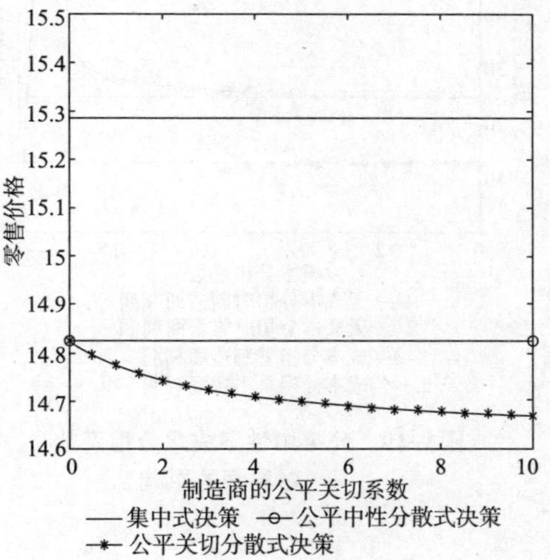

图3-17　当 $\beta\delta < \gamma^2 < 2\beta\delta$ 时零售价格的变化情况

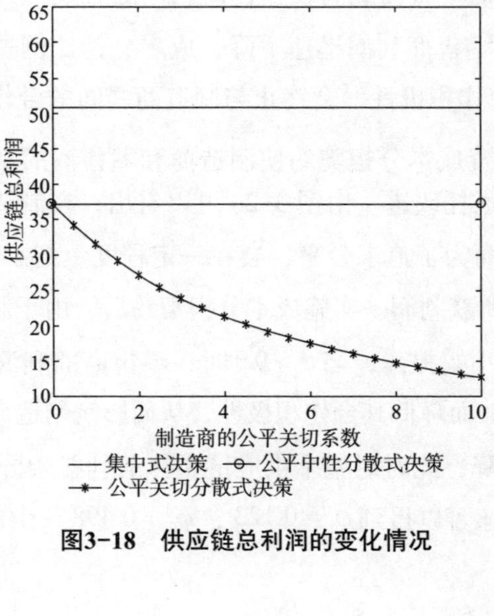

图3-18　供应链总利润的变化情况

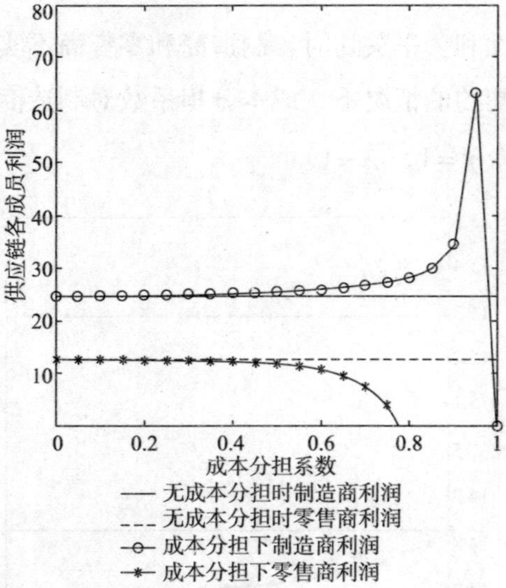

图3-19 公平中性下成本分担系数对利润的影响

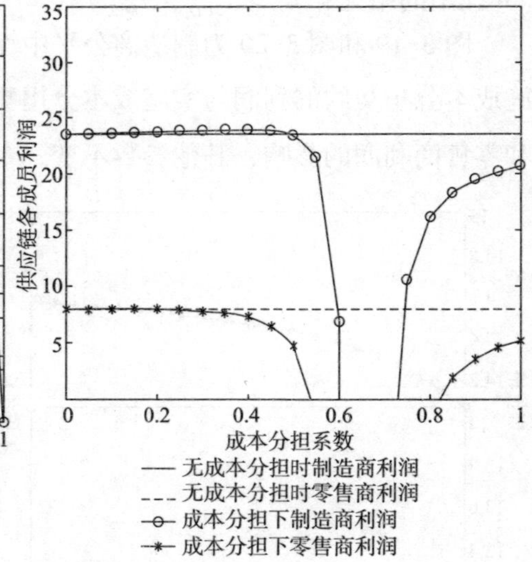

图3-20 公平关切下成本分担系数对利润的影响

由图 3-19 可以看出，近似有 $\varphi < 0.3$ 时，制造商和零售商实行成本分担契约和不实行成本分担契约时的利润近乎相等；当 $\varphi > 0.3$ 时，制造商利润随着成本分担系数的增大而提高，零售商利润随着成本分担系数的增大而降低；当 $\varphi > 0.6$ 时，零售商利润迅速下降，成本分担比例过大时零售商“入不敷出”，完全失去合作积极性，会终止与制造商之间的合作。另外还可以得到 $\varphi \in (0, 0.06)$ 时，投资成本分担契约使制造商和零售商的利润都增大，从而实现供应链成员的帕累托改进。由图 3-20 可以看出，在制造商具有公平关切属性的情形下，制造商为了追求公平，会在一定程度上抑制零售商利润的增长，同时牺牲部分自身所获利润。实施成本分担契约后，由于制造商生产积极性的提高，其利润也有小幅提高，当 $\varphi > 0.3$ 时，零售商的利润大幅下降，零售商成本分担系数的增加而降低其合作积极性，从而影响制造商的利润，制造商的利润出现断崖式下降，此时对整个供应链整体的利益十分不利；$\varphi > 0.6$ 后不具分析价值。另外还可以得到 $\varphi_1 = 0.123$，$\varphi_2 = 0.498$，由命题 3.6 可知 φ 需满

足 $0<\varphi<\min\left(\varphi_1,\ \varphi_2\right)$，$\varphi_1<\varphi_2$，故 $\varphi\in\left(0,\ 0.123\right)$ 时能够实现供应链成员的帕累托改进。因此成本分担契约能够提高供应链的效率，通过调节成本分担系数可以加强供应链成员之间的合作，从而提高供应链成员和供应链整体的效益。

3.8　本章小结

近些年来，消费者的环保意识逐渐增强及绿色环保观念的盛行都促使各企业主动承担社会和环境责任，积极采取措施投入绿色行动中，生产对环境友好的绿色产品。本章考虑由制造商和供应商组成的两级绿色供应链，引入消费者的环保意识和消费者对产品绿色度的期望这两个因素，分别在集中式决策、制造商公平中性分散式决策、制造商公平关切分散式决策这三种决策模式下研究消费者的环保意识和消费者对产品绿色度的期望对于产品的绿色度、零售价格和供应链各成员利润的影响，并且分析了制造商的公平关切系数对上述因素的影响。另外，还构建了成本分担契约对绿色供应链进行协调和优化。由此得出以下结论：

（1）消费者绿色消费理念与环保意识的增强会促使绿色企业提高自身产品的绿色度，更多的绿色投入和产品的绿色环保特性也让制造商和零售商有一定的空间去提升产品的批发价格和零售价格，从而相对来说提高绿色供应链的总利润。但是当消费者对产品绿色度的期望增大时，却产生了与消费者环保意识的增强完全相反的结果，即绿色企业为了扭转由于消费者高环保需求造成的销量下降，不惜降低批发价格和零售价格，但总利润仍旧处于下降状态。当制造商具有公平关切属性时，随着公平关切程度的增加，制造商愈加关注渠道利润分配的公平性，所以产品的绿色度水平不断减小，批发价格不断提高；同时，当消费者的环保意识较弱时，零售价格呈上升状态，当消费者的环保意识较强时，零售价格呈下降状态。制造商越关注公平，零售商的利润下降得越多，并且制造商会为了追求公平放弃部分自身所获利润，所以制造商的利润也呈下降状态，而且制造商具有公平关切属性时制造商和零售商的利润均小于制造商公平中性时制造商和零售商的利润。

（2）成本分担契约可以加强制造商和零售商之间的深度合作，提高制造商的绿色投入积极性，使其更好地参与绿色供应链中，调节成本分担契约参数还可以同时提高制造商和零售商的利润，实现供应链成员利润的帕累托改进，提升绿色供应链管理绩效。

第4章　考虑政府补贴和风险规避的绿色供应链定价决策

4.1　引言

企业要做到节能环保并有效开展绿色供应链往往受制于资金短缺，技术不成熟，设备不完善等多重问题，为了鼓励企业响应绿色环保的倡导，减轻企业的资金压力，多国政府都出台了补贴政策，旨在促进企业开展绿色发展。例如挪威和瑞典等北欧国家采取了一系列税收抵免方案，以向绿色消费者提供奖励金的形式促进消费，刺激销量，提升企业绿色投入的动力。2022 年 2 月 10 日，在《关于完善能源绿色低碳转型体制机制和政策措施的意见》(发改能源〔2022〕206 号) 中，国家发展改革委、国家能源局提出了一系列的绿色生产补助政策，以促进形成一套完整的能源绿色低碳发展的基础制度。政府向企业提供绿色补贴能够提升供应链成员进行绿色努力的积极性，帮助企业更有效地实施绿色供应链管理，加快社会绿色发展的进程。

本章在考虑产品绿色属性和消费者心态的绿色供应链的基础上进一步研究了在零售商风险中性和风险规避的情形下政府补贴对供应链成员绿色决策和供应链效益的影响。考虑不同的政府补贴策略对供应链企业绿色决策和供应链总效益的影响，以及在政府补贴策略下消费者心态和政府单位补贴数额对供应链决策和效益影响的动态变化过程。

4.2　问题与符号描述

本章构建了由一个制造商和一个零售商组成的二级绿色供应链，考虑供应链成员增加产品的影响力和畅销度的需要而引入产品的宣传水平变量（τ），也可以称其为零售商的宣传努力水平，作为决策变量参与供应链成员的决策过程，零售商为产品绿色宣传和产品推广付出的努力成本为$\frac{1}{2}k\tau^2$，其中k表示零售商的宣传努力成本系数，在这一过程中，制造商作为领导者，首先需要根据市场供求情况及竞争情况来确定产品的批发价格和绿色度水平，再根据消费者的偏好来决定产品的零售价格和宣传水平，并且还需要考虑其他因素，如销售渠道、客户群体、品牌形象等，以确保消费者能够以最合理的价格购买到质量良好、安全可靠的产品并达到自身利益的最大化。本模型中的产品需求函数是关于产品价格、绿色度水平和零售商宣传努力水平的函数：$D=a-\beta p+\gamma(x-g)+\alpha\tau$。其中$\gamma$为消费者对产品绿色度水平的敏感系数，即消费者的环保意识，g为消费者对产品绿色度的期望，消费者对产品绿色度的感知和期望之间的差距为$x-g$。$x-g$为产品能作用在市场中的实际绿色度水平，是真正能影响市场需求的部分，当$x-g>0$时，产品所体现出的绿色属性对其需求为正面影响，反之为负面影响。α为消费者对产品宣传水平的敏感系数，即消费者对产品宣传影响力的敏感度。当产品的宣传水平τ与消费者对产品宣传水平的敏感度α的综合作用越强时，产品的销量便越高。由于产品的绿色度水平x和宣传水平τ均为制造商和零售商为提升绿色供应链总绩效而努力的结果，可将产品的绿色度水平x等价于制造商付出的绿色研发努力水平，将宣传水平τ等价为零售商付出的宣传努力水平，其均可称为供应链成员的绿色努力水平。

为了一定程度上解决企业在开展绿色生产工程中面临的资金短缺、技术不成熟等问题，激励供应链成员进行绿色努力的积极性并促使消费者购买绿色产品，政府补贴作为外部力量介入供应链，引导供应链成员和消费者的行为，使绿色供应链能够高效运转。政府的补贴策略主要包括两种：一是政府对制造商的补贴策略，通过补贴制造商激励其提高绿色研发努力水平从而提升产品的绿色度，政府对制造商的单位补贴数额通过产品的绿色度确定，政府根据产品的绿色度水平对绿色产品的单位补贴数额为s^{M}；二是政府对消费者的补贴策略。第二种补贴直接作用在产品价格上，以提升消费者购买绿色产品的意愿，政府根据产品价格对绿色产品的单位补贴为s^{T}。

企业的风险规避行为也是影响供应链决策至关重要的因素。零售商与消费者直接接触，能够更明显地感知市场的动向，零售商考虑风险因素时会根据市场的实际情况调整自身的行动，其此时会做出较为保守的决策，其行为决策往往会牵一发而动全身，影响着供应链整体的绿色决策与效益决策，因此零售商的风险规避行为也是本章研究的重点。本章的相关符号及其含义如表 4-1 所示。

表 4-1　相关符号及其含义

类型	符号	含义
决策变量	ω	产品的批发价格
	x	产品的绿色度水平
	p	产品的零售价格
	τ	产品的宣传水平
参数和其他符号	c	单位产品的生产成本
	β	消费者对产品价格的敏感系数
	a	消费者对产品宣传水平的敏感系数
	δ	研发成本系数
	k	零售商的宣传努力成本系数
	g	消费者对产品绿色度的期望
	γ	消费者自身的环保意识
	s^{M}	政府根据绿色水平对单位绿色产品的补贴
	s^{T}	政府根据产品价格对单位绿色产品的补贴
	ε	零售商对风险的规避程度
	σ^2	市场的波动程度
	π_{m}	制造商的利润
	π_{r}	零售商的利润
	π_{sc}	供应链整体的利润

本章以零售商风险规避特征作为分类标准，分成两部分进行分析，分别为零售商风险中性时政府的补贴策略对供应链决策的影响和零售商风险规避时政府的补贴策略对供应链决策的影响。在每部分中，将政府不实行补贴时供应链的最优决策作为参照，而后建立政府分别对制造商和消费者的补贴策略模型，比较分析政府对制造商和消费者进行补贴时供应链成员的决策和供应链的运作

效率，研究企业行为对供应链决策动态演化过程的影响，以期为应对绿色供应链可能存在的现实问题提供决策参考。

4.3 政府在零售商风险中性下针对绿色产品的补贴策略

4.3.1 无补贴策略

在政府不提供任何补贴时，仅考虑制造商和零售商的绿色努力水平与消费者环保心态，制造商和零售商的利润函数为：

$$\pi_{\mathrm{m}}=(\omega-c)\big(a-\beta p+\gamma(x-g)+a\tau\big)-\frac{1}{2}\delta x^{2} \tag{4.1}$$

$$\pi_{\mathrm{r}}=(p-\omega)\big(a-\beta p+\gamma(x-g)+a\tau\big)-\frac{1}{2}k\tau^{2} \tag{4.2}$$

在上述模型中，制造商作为决策领导者，对产品绿色度水平与批发价格作决策，零售商作为跟随者，对产品绿色努力水平和零售价格作决策，用逆向归纳法计算最终可得：

$$\omega^{*}=\frac{ck\beta\gamma^{2}+\left(a^{2}-2k\beta\right)(a+c\beta-g\gamma)\delta}{\beta\left(k\gamma^{2}+2a^{2}\delta-4k\beta\delta\right)} \tag{4.3}$$

$$x^{*}=\frac{k\gamma(-a+c\beta+g\gamma)}{2a^{2}\delta+k\left(\gamma^{2}-4\beta\delta\right)} \tag{4.4}$$

$$p^{*}=\frac{-\left(a^{2}-3k\beta\right)(a-g\gamma)\delta+c\beta\left(-k\gamma^{2}-a^{2}\delta+k\beta\delta\right)}{\beta\left(-k\gamma^{2}-2a^{2}\delta+4k\beta\delta\right)} \tag{4.5}$$

$$\tau^{*}=\frac{a(-a+c\beta+g\gamma)\delta}{2a^{2}\delta+k\left(\gamma^{2}-4\beta\delta\right)} \tag{4.6}$$

$$\pi_{\mathrm{m}}^{*}=\frac{k(-a+c\beta+g\gamma)^{2}\delta}{-2k\gamma^{2}-4a^{2}\delta+8k\beta\delta} \tag{4.7}$$

$$\pi_{\mathrm{r}}^{*}=\frac{k\left(-a^{2}+2k\beta\right)(-a+c\beta+g\gamma)^{2}\delta^{2}}{2\left(2a^{2}\delta+k\left(\gamma^{2}-4\beta\delta\right)\right)^{2}} \tag{4.8}$$

$$\pi_{\mathrm{sc}}^{*}=\frac{k\left(-a+c\beta+g\gamma\right)^{2}\delta\left(-k\gamma^{2}-3a^{2}\delta+6k\beta\delta\right)}{2\left(2a^{2}\delta+k\left(\gamma^{2}-4\beta\delta\right)\right)^{2}} \tag{4.9}$$

从政府不补贴情形下绿色供应链的最优决策可以看出，最优决策和消费者对产品价格的敏感系数β、消费者对产品宣传水平的敏感系数a、研发成本系数δ、零售商的宣传努力成本系数k、消费者对产品绿色度的期望g、消费者自身的环保意识γ有关，其最优决策随着上述参数的变化而变化，可通过比较和分析等一系列方法研究其动态演化过程。

4.3.2　制造商补贴策略

由于制造商负责绿色产品的研发与生产，政府对制造商的补贴有利于激励制造商的绿色投入积极性。为了达到最优效果，政府会根据产品的绿色度水平对制造商实施补贴，$s^{\mathrm{M}}x$为政府对制造商绿色产品的单位补贴数额，制造商生产绿色产品的单位利润为$\omega-c+s^{\mathrm{M}}x$，产品的绿色度水平越高，政府为其提供的补贴越多，产品的绿色度水平与政府补贴的数额呈正相关。政府对制造商补贴情形下制造商和零售商的利润分别为：

$$\pi_{\mathrm{m}}=\left(\omega-c+s^{\mathrm{M}}x\right)\left(a-\beta p+\gamma\left(x-g\right)+a\tau\right)-\frac{1}{2}\delta x^{2} \tag{4.10}$$

$$\pi_{\mathrm{r}}=\left(p-\omega\right)\left(a-\beta p+\gamma\left(x-g\right)+a\tau\right)-\frac{1}{2}k\tau^{2} \tag{4.11}$$

通过计算可得供应链的最优绿色决策：

$$\omega^{\mathrm{M}*}=\frac{k\beta\left(s^{\mathrm{M}}\beta+\gamma\right)\left(as^{\mathrm{M}}+\left(c-gs^{\mathrm{M}}\right)\gamma\right)+\left(a^{2}-2k\beta\right)\left(a+c\beta-g\gamma\right)\delta}{2a^{2}\beta\delta+k\beta\left(\left(s^{\mathrm{M}}\beta+\gamma\right)^{2}-4\beta\delta\right)} \tag{4.12}$$

$$x^{\mathrm{M}*}=\frac{k\left(s^{\mathrm{M}}\beta+\gamma\right)\left(-a+c\beta+g\gamma\right)}{2a^{2}\delta+k\left(\left(s^{\mathrm{M}}\beta+\gamma\right)^{2}-4\beta\delta\right)} \tag{4.13}$$

$$p^{\mathrm{M}*}=\frac{k\beta\left(s^{\mathrm{M}}\beta+\gamma\right)\left(as^{\mathrm{M}}+\left(c-gs^{\mathrm{M}}\right)\gamma\right)+\begin{pmatrix}a\left(a^{2}-3k\beta\right)+c\beta\left(a^{2}-k\beta\right)\\-g\left(a^{2}-3k\beta\right)\gamma\end{pmatrix}\delta}{2a^{2}\beta\delta+k\beta\left(\left(s^{\mathrm{M}}\beta+\gamma\right)^{2}-4\beta\delta\right)} \tag{4.14}$$

$$\tau^{M*}=\frac{a\left(-a+c\beta+g\gamma\right)\delta}{2a^2\delta+k\left(\left(s^M\beta+\gamma\right)^2-4\beta\delta\right)} \tag{4.15}$$

$$\pi_m^{M*}=\frac{k\left(-a+c\beta+g\gamma\right)^2\delta}{-4a^2\delta+2k\left(4\beta\delta-\left(s^M\beta+\gamma\right)^2\right)} \tag{4.16}$$

$$\pi_r^{M*}=\frac{k\left(-a^2+2k\beta\right)\left(-a+c\beta+g\gamma\right)^2\delta^2}{2\left(2a^2\delta+k\left(\left(s^M\beta+\gamma\right)^2-4\beta\delta\right)\right)^2} \tag{4.17}$$

$$\pi_{sc}^{M*}=\frac{k\left(-a+c\beta+g\gamma\right)^2\delta\left(-3a^2\delta+k\left(6\beta\delta-\left(s^M\beta+\gamma\right)^2\right)\right)}{2\left(2a^2\delta+k\left(\left(s^M\beta+\gamma\right)^2-4\beta\delta\right)\right)^2} \tag{4.18}$$

推论 4.1 在政府对于制造商的补贴策略下，其补贴对供应链成员绿色努力的影响为 $\frac{\partial x^{M*}}{\partial s^M}>0$，$\frac{\partial \tau^{M*}}{\partial s^M}>0$。

证明过程如下。

$$\frac{\partial x^{M*}}{\partial s^M}=\frac{k\beta\left(a-c\beta-g\gamma\right)\left(-2a^2\delta+k\left(\left(s^M\beta+\gamma\right)^2+4\beta\delta\right)\right)}{\left(2a^2\delta+k\left(\left(s^M\beta+\gamma\right)^2-4\beta\delta\right)\right)^2}>0$$

$$\frac{\partial \tau^{M*}}{\partial s^M}=\frac{2ka\beta\left(s^M\beta+\gamma\right)\left(a-c\beta-g\gamma\right)\delta}{\left(2a^2\delta+k\left(\left(s^M\beta+\gamma\right)^2-4\beta\delta\right)\right)^2}>0$$

由推论 4.1 可知，政府的补贴策略对产品的绿色度水平和零售商对产品的宣传努力水平均具有正向的促进作用。政府对单位产品补贴力度越大，制造商越有意愿提升绿色投入努力水平，产品的绿色度水平随着制造商努力水平的提高而提升。产品更环保、更具备绿色属性，其更能迎合环保意识较强的消费者的喜好，也就意味此时的绿色产品具有更大的市场潜力与更广阔的前景，这时零售商也更愿意提升宣传投入努力水平，以与产品的环保属性和市场潜力相辅相成，产品宣传水平的提高可使其更具有市场影响力，从而更加畅销。说明政府对制造商的补贴可同时激发制造商与零售商的努力水平对供应链整体的绿色发展与效益提升具有激励作用，政府可以通过对制造商实施补贴策略既实现对生态的保护又实现供应链系统运营绩效的提升。

推论 4.2 在政府采取对制造商的补贴策略下，比较其补贴策略对供应链最优决策的影响：

（1）$\frac{\partial \omega^{M*}}{\partial s^{M}} < \frac{\partial p^{M*}}{\partial s^{M}}$。

（2）当 $k\left(\left(s^{M}\beta+\gamma\right)^{2}+4\beta\delta\right) > 2a\left(a+s^{M}\beta+\gamma\right)\delta$ 时，$\frac{\partial x^{M*}}{\partial s^{M}} > \frac{\partial \tau^{M*}}{\partial s^{M}}$；当 $k\left(\left(s^{M}\beta+\gamma\right)^{2}+4\beta\delta\right) < 2a\left(a+s^{M}\beta+\gamma\right)\delta$ 时，$\frac{\partial x^{M*}}{\partial s^{M}} < \frac{\partial \tau^{M*}}{\partial s^{M}}$。

证明过程如下。

$$\begin{aligned}\frac{\partial \omega^{M*}}{\partial s^{M}}-\frac{\partial p^{M*}}{\partial s^{M}} &= \frac{k\left(a-c\beta-g\gamma\right)\left(k\gamma\left(s^{M}+\beta+\gamma\right)^{2}+2s^{M}\beta\left(a^{2}-2k\beta\right)\delta\right)}{\left(2a^{2}\delta+k\left(\left(s^{M}\beta+\gamma\right)^{2}-4\beta\delta\right)\right)^{2}} \\ &\quad -\frac{k\left(-a+c\beta+g\gamma\right)\left(-k\gamma\left(s^{M}\beta+\gamma\right)^{2}+2\beta\left(-s^{M}a^{2}+ks^{M}\beta-k\gamma\right)\delta\right)}{\left(2a^{2}\delta+k\left(\left(s^{M}\beta+\gamma\right)^{2}-4\beta\delta\right)\right)^{2}} \\ &= \frac{2k^{2}\beta\left(s^{M}\beta+\gamma\right)\left(-a+c\beta+g\gamma\right)\delta}{\left(2a^{2}\delta+k\left(\left(s^{M}\beta+\gamma\right)^{2}-4\beta\delta\right)\right)^{2}} < 0\end{aligned}$$

故有 $\frac{\partial \omega^{M*}}{\partial s^{M}} < \frac{\partial p^{M*}}{\partial s^{M}}$。

$$\begin{aligned}\frac{\partial x^{M*}}{\partial s^{M}}-\frac{\partial \tau^{M*}}{\partial s^{M}} &= \frac{k\beta\left(a-c\beta-g\gamma\right)\left(-2a^{2}\delta+k\left(\left(s^{M}\beta+\gamma\right)^{2}+4\beta\delta\right)\right)}{\left(2a^{2}\delta+k\left(\left(s^{M}\beta+\gamma\right)^{2}-4\beta\delta\right)\right)^{2}}. \\ &\quad -\frac{2ka\beta\left(s^{M}\beta+\gamma\right)\left(a-c\beta-g\gamma\right)\delta}{\left(2a^{2}\delta+k\left(\left(s^{M}\beta+\gamma\right)^{2}-4\beta\delta\right)\right)^{2}} \\ &= \frac{k\beta\left(a-c\beta-g\gamma\right)\left(-2a\left(a+s^{M}\beta+\gamma\right)\delta+k\left(\left(s^{M}\beta+\gamma\right)^{2}+4\beta\delta\right)\right)}{\left(2a^{2}\delta+k\left(\left(s^{M}\beta+\gamma\right)^{2}-4\beta\delta\right)\right)^{2}}\end{aligned}$$

当 $k\left(\left(s^{M}\beta+\gamma\right)^{2}+4\beta\delta\right) > 2a\left(a+s^{M}\beta+\gamma\right)\delta$ 时，有 $\frac{\partial x^{M*}}{\partial s^{M}} > \frac{\partial \tau^{M*}}{\partial s^{M}}$；

当 $k\left(\left(s^{M}\beta+\gamma\right)^{2}+4\beta\delta\right) < 2a\left(a+s^{M}\beta+\gamma\right)\delta$ 时，$\frac{\partial x^{M*}}{\partial s^{M}} < \frac{\partial \tau^{M*}}{\partial s^{M}}$。

由推论 4.2 可知，政府对于制造商的补贴策略对于制造商和零售商的决策产生不同影响，且影响强弱程度不同。在价格方面，政府的补贴策略对零售商定价决策的影响比对制造商定价决策的影响大，即当政府对绿色产品的每一单位补贴数额产生变化时，由零售商决策的销售价格的变化幅度要比由制造商决策的批发价格的变化幅度大。在绿色努力水平方面，当满足条件 $k\left(\left(s^{\mathrm{M}}\beta+\gamma\right)^{2}+4\beta\delta\right)>2a\left(a+s^{\mathrm{M}}\beta+\gamma\right)\delta$ 时，政府的补贴策略对制造商绿色决策的影响要大于对零售商宣传决策的影响；当满足条件 $k\left(\left(s^{\mathrm{M}}\beta+\gamma\right)^{2}+4\beta\delta\right)<2a\left(a+s^{\mathrm{M}}\beta+\gamma\right)\delta$ 时，政府的补贴策略对零售商宣传决策的影响要大于对制造商绿色决策的影响。政府对制造商和零售商定价决策的影响是确定的，但对制造商绿色决策的影响要根据单位补贴数额的大小、零售商的宣传努力成本系数、消费者对产品宣传水平的敏感系数、消费者对产品价格的敏感系数、消费者自身的环保意识、研发成本系数等参数而定，因此政府可以通过调整补贴策略及对绿色产品的单位补贴数额来协调制造商和零售商之间的定价决策，通过调整补贴策略，根据消费者环保意识、其他敏感系数与成本系数来协调制造商与零售商之间的绿色决策。

命题 4.1 比较无补贴策略和政府对制造商采取补贴策略两种情形可得：$x^{\mathrm{M}*}>x^{*}$，$\tau^{\mathrm{M}*}>\tau^{*}$，$\pi_{\mathrm{m}}^{\mathrm{M}*}>\pi_{\mathrm{m}}^{*}$，$\pi_{\mathrm{r}}^{\mathrm{M}*}>\pi_{\gamma}^{*}$。

证明过程如下。

$$x^{\mathrm{M}*}-x^{*}=\frac{k\left(s^{\mathrm{M}}\beta+\gamma\right)(-a+c\beta+g\gamma)}{2a^{2}\delta+k\left(\left(s^{\mathrm{M}}\beta+\gamma\right)^{2}-4\beta\delta\right)}-\frac{k\gamma\left(-a+c\beta+g\gamma\right)}{2a^{2}\delta+k\left(\gamma^{2}-4\beta\delta\right)}$$

$$=k\left(-a+c\beta+g\gamma\right)\left(\frac{\gamma}{-2a^{2}\delta-k\left(\gamma^{2}-4\beta\delta\right)}-\frac{s^{\mathrm{M}}\beta+\gamma}{-2a^{2}\delta-k\left(\left(s^{\mathrm{M}}\beta+\gamma\right)^{2}-4\beta\delta\right)}\right)>0$$

$$\tau^{\mathrm{M}*}-\tau^{*}=\frac{a\left(-a+c\beta+g\gamma\right)\delta}{2a^{2}\delta+k\left(\left(s^{\mathrm{M}}\beta+\gamma\right)^{2}-4\beta\delta\right)}-\frac{a\left(-a+c\beta+g\gamma\right)\delta}{2a^{2}\delta+k\left(\gamma^{2}-4\beta\delta\right)}$$

$$=a\left(-a+c\beta+g\gamma\right)\delta\left(\frac{1}{-k\gamma^{2}-2a^{2}\delta+4k\beta\delta}-\frac{1}{-2a^{2}\delta-k\left(\left(s^{\mathrm{M}}\beta+\gamma\right)^{2}-4\beta\delta\right)}\right)>0$$

$$\pi_{\mathrm{m}}^{\mathrm{M}*}-\pi_{\mathrm{m}}^{*}=\frac{k\left(-a+c\beta+g\gamma\right)^{2}\delta}{-4a^{2}\delta+2k\left(4\beta\delta-\left(s^{\mathrm{M}}\beta+\gamma\right)^{2}\right)}-\frac{k\left(-a+c\beta+g\gamma\right)^{2}\delta}{-2k\gamma^{2}-4a^{2}\delta+8k\beta\delta}$$

$$=k\left(-a+c\beta+g\gamma\right)^{2}\delta\left(\frac{1}{-2k\left(s^{\mathrm{M}}\beta+\gamma\right)^{2}-4a^{2}\delta+8k\beta\delta}-\frac{1}{-4a^{2}\delta-2k\left(\gamma^{2}-4\beta\delta\right)}\right)>0$$

$$\pi_{\mathrm{r}}^{\mathrm{M}*}-\pi_{\mathrm{r}}^{*}=\frac{k\left(-a^{2}+2k\beta\right)\left(-a+c\beta+g\gamma\right)^{2}\delta^{2}}{2\left(2a^{2}\delta+k\left(\left(s^{\mathrm{M}}\beta+\gamma\right)^{2}-4\beta\delta\right)\right)^{2}}-\frac{k\left(-a^{2}+2k\beta\right)\left(-a+c\beta+g\gamma\right)^{2}\delta^{2}}{2\left(2a^{2}\delta+k\left(\gamma^{2}-4\beta\delta\right)\right)^{2}}$$

$$=\frac{1}{2}k(-a^{2}+2k\beta)(-a+c\beta+g\gamma)^{2}\delta^{2}\left(\frac{1}{\left(-2a^{2}\delta-k\left(\left(s^{\mathrm{M}}\beta+\gamma\right)^{2}-4\beta\delta\right)\right)^{2}}-\frac{1}{\left(-2a^{2}\delta-k\left(\gamma^{2}-4\beta\delta\right)\right)^{2}}\right)>0$$

命题 4.1 表明，政府对制造商采取补贴策略时，产品的绿色水平、宣传水平、制造商利润和零售商利润均比无补贴策略时要高。一方面，政府对制造商的补贴策略不仅对制造商的决策产生影响，也对零售商的决策产生影响，说明政府对制造商的补贴策略不仅作用于制造商，还通过其连带作用，波及市场，并作用于零售商。供应链系统成员并不是彼此独立的，而是通过一整条联结市场与消费者的供应链形成一个整体，休戚与共，息息相关，政府对供应链成员中一方的补贴行为会推动供应链系统的动态演化并对供应链的所有成员都产生不可小觑的影响，影响供应链成员的绿色决策、定价决策与最终的利润。另一方面，政府对制造商的补贴策略会提升供应链成员的绿色投入水平，当产品的环保属性增加、市场影响力和品牌效应增大时，具有绿色偏好的消费者便倾向于购买绿色产品，产品销量的增加也就意味着制造商和零售商能够获得更多的利润。这表明政府实行零售商补贴策略会影响绿色企业的行为决策，提高其实施绿色努力的积极性，增加绿色企业的绿色投入水平，进而提升供应链各成员利润，促进供应链的绿色生产，保证绿色供应链运营的可持续性。

4.3.3 消费者补贴策略

一系列环境问题的出现与环保理念的倡导使众多消费者在购买产品的同时会考虑产品是否环保、无污染，是否具有较强的绿色属性。前文分析了政府通过补贴制造商来提升产品的绿色度水平，达到迎合消费者环保心态的效果，但绿色产品由于其绿色研发成本与宣传成本的投入使其比普通产品的价格更高昂，价格是阻碍消费者选择绿色产品的一大原因，为了扩大绿色产品的市场需求，政府从市场终端——消费者入手，考虑消费者购物时的心态因素，通过对消费者进行补贴来降低消费者购买绿色产品的成本，促进其绿色消费者的积极性。本小节分析政府对购买绿色产品的消费者进行补贴的情况，政府对消费者的补贴直接作用在零售价格上，使消费者减少其在购买绿色产品时实际支付的成本，在补贴策略下消费者的购买价格为 $p-s^{\mathrm{T}}$，其中 s^{T} 为单位产品价格补贴，此时消费者的需求函数为 $D=a-\beta\left(p-s^{\mathrm{T}}\right)+\gamma\left(x-g\right)+a\tau$，从需求函数中可得政府对消费者的补贴可以直接对产品的市场需求产生影响，表明补贴可以增加消费者的绿色产品购买意愿，进而增加产品的市场需求。政府对消费者补贴情形下制造商和零售商的利润分别为：

$$\pi_{\mathrm{m}}=(\omega-c)\left(a-\beta\left(p-s^{\mathrm{T}}\right)+\gamma\left(x-g\right)+a\tau\right)-\frac{1}{2}\delta x^2 \tag{4.19}$$

$$\pi_{\mathrm{r}}=\left(p-\omega\right)\left(a-\beta\left(p-s^{\mathrm{T}}\right)+\gamma\left(x-g\right)+a\tau\right)-\frac{1}{2}k\tau^2 \tag{4.20}$$

通过计算可得供应链最优决策为：

$$\omega^{\mathrm{T}*}=\frac{ck\beta\gamma^2+\left(a^2-2k\beta\right)\left(a+\left(c+s^{\mathrm{T}}\right)\beta-g\gamma\right)\delta}{\beta\left(k\gamma^2+2a^2\delta-4k\beta\delta\right)} \tag{4.21}$$

$$x^{\mathrm{T}*}=\frac{k\gamma\left(-a+c\beta-s^{\mathrm{T}}\beta+g\gamma\right)}{2a^2\delta+k\left(\gamma^2-4\beta\delta\right)} \tag{4.22}$$

$$p^{\mathrm{T}*}=\frac{-\left(a^2-3k\beta\right)\left(a+s^{\mathrm{T}}\beta-g\gamma\right)\delta+c\beta\left(-k\gamma^2-a^2\delta+k\beta\delta\right)}{\beta\left(-k\gamma^2-2a^2\delta+4k\beta\delta\right)} \tag{4.23}$$

$$\tau^{\mathrm{T}*}=\frac{a\left(-a+c\beta-s^{\mathrm{T}}\beta+g\gamma\right)\delta}{2a^2\delta+k\left(\gamma^2-4\beta\delta\right)} \tag{4.24}$$

$$\pi_{\mathrm{m}}^{\mathrm{T*}}=\frac{k\left(a-c\beta+s^{\mathrm{T}}\beta-g\gamma\right)^{2}\delta}{-2k\gamma^{2}-4a^{2}\delta+8k\beta\delta} \tag{4.25}$$

$$\pi_{\mathrm{r}}^{\mathrm{T*}}=\frac{k\left(2k\beta-a^{2}\right)\left(a-c\beta+s^{\mathrm{T}}\beta-g\gamma\right)^{2}\delta^{2}}{2\left(2a^{2}\delta+k\left(\gamma^{2}-4\beta\delta\right)\right)^{2}} \tag{4.26}$$

$$\pi_{\mathrm{sc}}^{\mathrm{T*}}=\frac{k\left(a-c\beta+s^{\mathrm{T}}\beta-g\gamma\right)^{2}\delta\left(-k\gamma^{2}-3a^{2}\delta+6k\beta\delta\right)}{2\left(2a^{2}\delta+k\left(\gamma^{2}-4\beta\delta\right)\right)^{2}} \tag{4.27}$$

推论 4.3　在政府对消费者的补贴策略下，政府补贴策略对供应链成员绿色决策与定价决策的影响为：$\frac{\partial x^{\mathrm{T*}}}{\partial s^{\mathrm{T}}}>0$，$\frac{\partial \tau^{\mathrm{T*}}}{\partial s^{\mathrm{T}}}>0$，$\frac{\partial p^{\mathrm{T*}}}{\partial s^{\mathrm{T}}}>0$，$\frac{\partial \omega^{\mathrm{T*}}}{\partial s^{\mathrm{T}}}>0$。

证明过程如下。

$$\frac{\partial x^{\mathrm{T*}}}{\partial s^{\mathrm{T}}}=-\frac{k\beta\gamma}{2a^{2}\delta+k\left(\gamma^{2}-4\beta\delta\right)}>0$$

$$\frac{\partial \tau^{\mathrm{T*}}}{\partial s^{\mathrm{T}}}=\frac{a\beta\delta}{2a^{2}\delta+k\left(\gamma^{2}-4\beta\delta\right)}>0$$

$$\frac{\partial p^{\mathrm{T*}}}{\partial s^{\mathrm{T}}}=\frac{\left(-a^{2}+3k\beta\right)\delta}{-k\gamma^{2}-2a^{2}\delta+4k\beta\delta}>0$$

$$\frac{\partial \omega^{\mathrm{T*}}}{\partial s^{\mathrm{T}}}=\frac{\left(a^{2}-2k\beta\right)\delta}{k\gamma^{2}+2a^{2}\delta-4k\beta\delta}>0$$

由推论 4.3 可知，产品的绿色水平、宣传水平、零售价格和批发价格均与政府对每单位绿色产品的补贴数额呈正相关，随着政府补贴力度的加大而提高，表明政府对消费者实施补贴会同时影响企业的绿色行为决策与定价决策。消费者是整个供应链系统中至关重要的终端环节，消费者行为会反向使供应链系统的动态演化博弈决策产生变化，影响供应链始端制造商的决策与供应链中段零售商的决策，政府对消费者的补贴策略会大大影响消费者的行为，促使消费者倾向于购买绿色产品及购买更多的绿色产品。绿色产品市场销量的提高会促进零售商提高宣传投入努力的积极性，激励零售商投入更多的宣传努力来提升绿色产品的市场影响力。销量的提高与宣传成本的提升使零售商设置更高的零售价格来填补投入的成本及增加自身利润。产品销量的提升增加了零售商的批发量，促进了制造商提升产品绿色度水平的积极性，并由于需求与成本的上升，制造商也会相应地提升产品的批发价格。综上，政府对消费者的补贴会激励制造商和零售商付出更多的绿色努力和宣传努力，也会使制造商和零售商设置更高的批发价格和零售价格。

推论 4.4 在消费者补贴策略下，比较补贴对最优决策的影响可知：

（1）$\frac{\partial p^{T*}}{\partial s^{T*}} > \frac{\partial w^{T*}}{\partial s^{T*}}$。

（2）当满足 $k\gamma > a\delta$ 条件时，有 $\frac{\partial x^{T*}}{\partial s^{T*}} > \frac{\partial \tau^{T*}}{\partial s^{T*}}$；当满足 $k\gamma < a\delta$ 条件时，有 $\frac{\partial x^{T*}}{\partial s^{T*}} < \frac{\partial \tau^{T*}}{\partial s^{T*}}$。

证明过程如下。

$$\frac{\partial p^{T*}}{\partial s^{T*}} - \frac{\partial \omega^{T*}}{\partial s^{T*}} = \frac{\left(-a^2 + 3k\beta\right)\delta}{-k\gamma^2 - 2a^2\delta + 4k\beta\delta} - \frac{\left(a^2 - 2k\beta\right)\delta}{k\gamma^2 + 2a^2\delta - 4k\beta\delta}$$

$$= \frac{k\beta\delta}{-k\gamma^2 - 2a^2\delta + 4k\beta\delta} > 0$$

$$\frac{\partial x^{T*}}{\partial s^{T*}} - \frac{\partial \tau^{T*}}{\partial s^{T*}} = \frac{a\beta\delta}{2a^2\delta + k\left(\gamma^2 - 4\beta\delta\right)} - \frac{k\beta\gamma}{2a^2\delta + k\left(\gamma^2 - 4\beta\delta\right)}$$

$$= \frac{k\beta\gamma - a\beta\delta}{-2a^2\delta - k\left(\gamma^2 - 4\beta\delta\right)}$$

因此，当 $k\gamma > a\delta$ 时，$\frac{\partial x^{T*}}{\partial s^{T*}} > \frac{\partial \tau^{T*}}{\partial s^{T*}}$；当 $k\gamma > a\delta$ 时，$\frac{\partial x^{T*}}{\partial s^{T*}} < \frac{\partial \tau^{T*}}{\partial s^{T*}}$。

由推论 4.4 中（1）可知当政府对消费者进行补贴时，补贴造成的零售价格变化幅度大于其造成的批发价格变化幅度，即政府对每单位产品的补贴数额对零售商决策的影响大于其对制造商决策的影响，因为在供应链系统中消费者与零售商相邻，存在直接接触的关系，消费者行为的变化直接作用于零售商，间接作用于制造商。消费者与制造商、零售商之间较为确定的是消费者行为对价格因素的影响，当消费者由于政府补贴策略倾向于购买绿色产品，此时绿色产品销量的提升会使制造商和零售商适应市场变化而设置更高的批发价格和零售价格，且由于消费者对零售商的直接作用，使政府对消费者的补贴策略对于零售商定价决策的影响大于其对制造商定价决策的影响。由推论 4.4 中（2）可知，政府补贴策略对制造商和零售商的绿色努力决策的影响不是确定的，需要分情况讨论。零售商的宣传努力成本系数、消费者自身的环保意识、消费者对产品宣传水平的敏感系数、研发成本系数共同决定政府补贴策略对制造商和零售商绿色努力决策的影响。当零售商的宣传努力成本系数与消费者自身环保意识的乘积大于消费者对产品宣传水平的敏感系数与研发成本系数的乘积时，政府补贴对制造商在绿色研发努力方面决策的影响大于对零售商在宣传努力水平方面决策的影响，即政府补贴策略对产品绿色度水平的影响较大，对产品宣传水平的影响较小。反之，当零售商的宣传努力成本系数与消费者自身环保意识的乘积小于消费者对产品宣传水平的敏感系数与研发成本系数的乘积时，政府补贴策略对产品宣传水平的影响较大，对产品绿色度水平的影响较小。

命题 4.2　比较无补贴策略与政府对消费者采取补贴策略两种情形可知：$x^{\mathrm{T}*}>x^{*}$，$\tau^{\mathrm{T}*}>\tau^{*}$，$\pi_{\mathrm{m}}^{\mathrm{T}*}>\pi_{\mathrm{m}}^{*}$，$\pi_{\mathrm{r}}^{\mathrm{T}*}>\pi_{\mathrm{r}}^{*}$。

证明过程如下。

$$x^{\mathrm{T}*}-x^{*}=\frac{k\gamma\left(-a+c\beta-s^{\mathrm{T}}\beta+g\gamma\right)}{2a^{2}\delta+k\left(\gamma^{2}-4\beta\delta\right)}-\frac{k\gamma\left(-a+c\beta+g\gamma\right)}{2a^{2}\delta+k\left(\gamma^{2}-4\beta\delta\right)}$$

$$=\frac{ks^{\mathrm{T}}\beta\gamma}{-k\gamma^{2}-2a^{2}\delta+4k\beta\delta}>0$$

$$\tau^{\mathrm{T}*}-\tau^{*}=\frac{a\left(-a+c\beta-s^{\mathrm{T}}\beta+g\gamma\right)\delta}{2a^{2}\delta+k\left(\gamma^{2}-4\beta\delta\right)}-\frac{a\left(-a+c\beta+g\gamma\right)\delta}{2a^{2}\delta+k\left(\gamma^{2}-4\beta\delta\right)}$$

$$=\frac{s^{\mathrm{T}}a\beta\delta}{k\left(4\beta\delta-\gamma^{2}\right)-2a^{2}\delta}>0$$

$$\pi_{\mathrm{m}}^{\mathrm{T}*}-\pi_{m}^{*}=\frac{k\left(a-c\beta+s^{\mathrm{T}}\beta-g\gamma\right)^{2}\delta}{-2k\gamma^{2}-4a^{2}\delta+8k\beta\delta}-\frac{k\left(-a+c\beta+g\gamma\right)^{2}\delta}{-2k\gamma^{2}-4a^{2}\delta+8k\beta\delta}$$

$$=\frac{ks^{\mathrm{T}}\beta\left(2a-2c\beta+s^{\mathrm{T}}\beta-2g\gamma\right)\delta}{-2k\gamma^{2}-4a^{2}\delta+8k\beta\delta}$$

$$\pi_{\mathrm{r}}^{\mathrm{T}*}-\pi_{\mathrm{r}}^{*}=\frac{k\left(2k\beta-a^{2}\right)\left(a-c\beta+s^{\mathrm{T}}\beta-g\gamma\right)^{2}\delta^{2}}{2\left(2a^{2}\delta+k\left(\gamma^{2}-4\beta\delta\right)\right)^{2}}$$

$$
\frac{k\left(-a^2+2k\beta\right)\left(-a+c\beta+g\gamma\right)^2\delta^2}{2\left(2a^2\delta+k\left(\gamma^2-4\beta\delta\right)\right)^2}
$$

$$
=\frac{ks^{\mathrm{T}}\beta\left(2k\beta-a^2\right)\left(2a-2c\beta+s^{\mathrm{T}}\beta-2g\gamma\right)\delta^2}{2\left(2a^2\delta+k\left(\gamma^2-4\beta\delta\right)\right)^2}>0
$$

从命题 4.2 可知，补贴消费者可以提高制造商的绿色研发努力程度和零售商的宣传努力程度，从而提高产品的绿色度水平和宣传水平，同时可以提高两者的利润，政府对消费者补贴可以降低消费者购买绿色产品需要支付的成本，提高消费者购买绿色产品的积极性，激励和引导消费者的绿色消费行为。消费者、制造商和零售商构成一条完整的供应链，消费者的行为会通过供应链直接影响零售商的决策，间接影响制造商的决策。政府对消费者提供的每单位产品的补贴数额不仅影响消费者的购买决策，增加产品销量，还会激励制造商和零售商的绿色努力积极性，提升产品的绿色度水平和宣传水平。因此，政府对消费者进行补贴对供应链的绿色发展和供应链成员的效益优化均是有利的。

4.4　政府在零售商风险规避下针对绿色产品的补贴策略

本节考虑企业的绿色行为决策、消费者的环保心态，以及政府的补贴策略对供应链最优决策的影响，结合供应链成员行为、消费者行为偏好及外部介入力量——政府行为综合分析绿色供应链每个环节的重要因素。供应链成员会受到市场积极反馈的激励，从而提升自身开展绿色生产的积极性，也会考虑市场的波动和不可预见因素而作出保守的决策，即企业的风险规避行为。假设 $\varepsilon\in[0,\ 1]$ 为零售商对风险的规避程度，ε 越大说明零售商越倾向于作出保守的决策，在零售商存在风险偏好的情况下，其在决策时考虑的风险成本为 $\varepsilon\left(p-\omega\right)^2\sigma^2$，其中 σ^2 表示市场波动的程度。在零售商风险规避的情形下，制造商和零售商的利润分别为：

$$
\pi_{\mathrm{m}}^{\mathrm{V}}=\left(\omega-c\right)\left(a-\beta p+\gamma\left(x-g\right)+a\tau\right)-\frac{1}{2}\delta x^2 \qquad (4.28)
$$

$$\pi_{\mathrm{r}}^{\mathrm{V}}=(p-\omega)\big(a-\beta p+\gamma(x-g)+\alpha\tau\big)-\frac{1}{2}k\tau^{2}-\varepsilon(p-\omega)^{2}\sigma^{2} \tag{4.29}$$

4.4.1　无补贴策略

在考虑零售商风险规避的情况下，若不存在政府补贴，供应链的最优决策为:

$$\omega^{\mathrm{V}*}=\frac{c\left(a^{2}\beta\delta+k\beta\left(\gamma^{2}-2\beta\delta\right)+2k\left(\gamma^{2}-\beta\delta\right)\varepsilon\sigma^{2}\right)+(a-g\gamma)\delta\left(a^{2}-2k\left(\beta+\sigma^{2}\right)\right)}{2a^{2}\beta\delta+k\beta\left(\gamma^{2}-4\beta\delta\right)+2k\left(\gamma^{2}-2\beta\delta\right)\varepsilon\sigma^{2}} \tag{4.30}$$

$$x^{\mathrm{V}*}=\frac{k\gamma(-a+c\beta+g\gamma)\left(\beta+2\varepsilon\sigma^{2}\right)}{2a^{2}\beta\delta+k\beta\left(\gamma^{2}-4\beta\delta\right)+2k\left(\gamma^{2}-2\beta\delta\right)\varepsilon\sigma^{2}} \tag{4.31}$$

$$p^{\mathrm{V}*}=\frac{ca^{2}\beta\delta+ck\left(\gamma^{2}-\beta\delta\right)\left(\beta+2\varepsilon\sigma^{2}\right)+(a-g\gamma)\delta\left(a^{2}-3k\beta-2k\varepsilon\sigma^{2}\right)}{2a^{2}\beta\delta+k\beta\left(\gamma^{2}-4\beta\delta\right)+2k\left(\gamma^{2}-2\beta\delta\right)\varepsilon\sigma^{2}} \tag{4.32}$$

$$\tau^{\mathrm{V}*}=\frac{a\beta(-a+c\beta+g\gamma)\delta}{2a^{2}\beta\delta+k\beta\left(\gamma^{2}-4\beta\delta\right)+2k\left(\gamma^{2}-2\beta\delta\right)\varepsilon\sigma^{2}} \tag{4.33}$$

$$\pi_{\mathrm{m}}^{\mathrm{V}*}=\frac{k(-a+c\beta+g\gamma)^{2}\delta\left(\beta+2\varepsilon\sigma^{2}\right)}{-4a^{2}\beta\delta+2k\beta\left(-\gamma^{2}+4\beta\delta\right)-4k\left(\gamma^{2}-2\beta\delta\right)\varepsilon\sigma^{2}} \tag{4.34}$$

$$\pi_{\mathrm{r}}^{\mathrm{V}*}=\frac{k\beta^{2}(-a+c\beta+g\gamma)^{2}\delta^{2}\left(-a^{2}+2k\left(\beta+\varepsilon\sigma^{2}\right)\right)}{2\left(2a^{2}\beta\delta+k\beta\left(\gamma^{2}-4\beta\delta\right)+2k\left(\gamma^{2}-2\beta\delta\right)\varepsilon\sigma^{2}\right)^{2}} \tag{4.35}$$

$$\pi_{\mathrm{sc}}^{\mathrm{V}*}=\frac{k(-a+c\beta+g\gamma)^{2}\delta\begin{pmatrix}\beta^{2}\left(-k\gamma^{2}-3a^{2}\delta+6k\beta\delta\right)\\+2\beta\left(-2k\gamma^{2}-2a^{2}\delta+7k\beta\delta\right)\varepsilon\sigma^{2}-4k\left(\gamma^{2}-2\beta\delta\right)\varepsilon^{2}\sigma^{2}\end{pmatrix}}{2\left(2a^{2}\beta\delta+k\beta\left(\gamma^{2}-4\beta\delta\right)+2k\left(\gamma^{2}-2\beta\delta\right)\varepsilon\sigma^{2}\right)^{2}} \tag{4.36}$$

4.4.2　制造商补贴策略

在考虑零售商的风险规避的情况下，在政府采取制造商补贴策略时，制造商和零售商的利润分别为:

$$\pi_{\mathrm{m}}^{\mathrm{V}}=\left(\omega-c+s^{\mathrm{M}}x\right)\big(a-\beta p+\gamma(x-g)+\alpha\tau\big)-\frac{1}{2}\delta x^{2} \tag{4.37}$$

$$\pi_{\mathrm{r}}^{\mathrm{V}}=(p-\omega)\big(a-\beta p+\gamma(x-g)+a\tau\big)-\frac{1}{2}k\tau^{2}-\varepsilon(p-\omega)^{2}\sigma^{2} \tag{4.38}$$

供应链的最优决策为：

$$\omega^{\mathrm{VM}*}=\frac{\begin{array}{l}c\beta\Big(k\gamma\left(s^{\mathrm{M}}\beta+\gamma\right)+\left(a^{2}-2k\beta\right)\delta\Big)+2ck\left(s^{\mathrm{M}}\beta\gamma+\gamma^{2}-\beta\delta\right)\varepsilon\sigma^{2}\\+g\gamma\Big(-a^{2}\delta+k\beta\Big(-s^{\mathrm{M}}\left(s^{\mathrm{M}}\beta+\gamma\right)+2\delta\Big)-2k\Big(s^{\mathrm{M}}\left(s^{\mathrm{M}}\beta+\gamma\right)-\delta\Big)\varepsilon\sigma^{2}\Big)\\+a\Big(k\beta\Big(s^{\mathrm{M}}\left(s^{\mathrm{M}}\beta+\gamma\right)-2\delta\Big)+a^{2}\delta+2k\Big(s^{\mathrm{M}}\left(s^{\mathrm{M}}\beta+\gamma\right)-\delta\Big)\varepsilon\sigma^{2}\Big)\end{array}}{2a^{2}\beta\delta+k\beta\Big(\left(s^{\mathrm{M}}\beta+\gamma\right)^{2}-4\beta\delta\Big)+2k\Big(\left(s^{\mathrm{M}}\beta+\gamma\right)^{2}-2\beta\delta\Big)\varepsilon\sigma^{2}} \tag{4.39}$$

$$x^{\mathrm{VM}*}=\frac{k\left(s^{\mathrm{M}}\beta+\gamma\right)(-a+c\beta+g\gamma)\left(\beta+2\varepsilon\sigma^{2}\right)}{2a^{2}\beta\delta+k\beta\Big(\left(s^{\mathrm{M}}\beta+\gamma\right)^{2}-4\beta\delta\Big)+2k\Big(\left(s^{\mathrm{M}}\beta+\gamma\right)^{2}-2\beta\delta\Big)\varepsilon\sigma^{2}} \tag{4.40}$$

$$p^{\mathrm{VM}*}=\frac{\begin{array}{l}c\beta\Big(k\gamma\left(s^{\mathrm{M}}\beta+\gamma\right)+\left(a^{2}-k\beta\right)\delta\Big)+2ck\left(s^{\mathrm{M}}\beta\gamma+\gamma^{2}-\beta\delta\right)\varepsilon\sigma^{2}\\+g\gamma\Big(-a^{2}\delta+k\beta\Big(-s^{\mathrm{M}}\left(s^{\mathrm{M}}\beta+\gamma\right)+3\delta\Big)-2k\Big(s^{\mathrm{M}}\left(s^{\mathrm{M}}\beta+\gamma\right)-\delta\Big)\varepsilon\sigma^{2}\Big)\\+a\Big(k\beta\Big(s^{\mathrm{M}}\left(s^{\mathrm{M}}\beta+\gamma\right)-3\delta\Big)+a^{2}\delta+2k\Big(s^{\mathrm{M}}\left(s^{\mathrm{M}}\beta+\gamma\right)-\delta\Big)\varepsilon\sigma^{2}\Big)\end{array}}{2a^{2}\beta\delta+k\beta\Big(\left(s^{\mathrm{M}}\beta+\gamma\right)^{2}-4\beta\delta\Big)+2k\Big(\left(s^{\mathrm{M}}\beta+\gamma\right)^{2}-2\beta\delta\Big)\varepsilon\sigma^{2}} \tag{4.41}$$

$$\tau^{\mathrm{VM}*}=\frac{a\beta(-a+c\beta+g\gamma)\delta}{2a^{2}\beta\delta+k\beta\Big(\left(s^{\mathrm{M}}\beta+\gamma\right)^{2}-4\beta\delta\Big)+2k\Big(\left(s^{\mathrm{M}}\beta+\gamma\right)^{2}-2\beta\delta\Big)\varepsilon\sigma^{2}} \tag{4.42}$$

$$\pi_{\mathrm{m}}^{\mathrm{VM}*}=\frac{k(-a+c\beta+g\gamma)^{2}\delta\left(\beta+2\varepsilon\sigma^{2}\right)}{-4a^{2}\beta\delta+2k\beta\Big(4\beta\delta-\left(s^{\mathrm{M}}\beta+\gamma\right)^{2}\Big)+4k\Big(2\beta\delta-\left(s^{\mathrm{M}}\beta+\gamma\right)^{2}\Big)\varepsilon\sigma^{2}} \tag{4.43}$$

$$\pi_{\gamma}^{\mathrm{VM}*}=\frac{k\beta^{2}(-a+c\beta+g\gamma)^{2}\delta^{2}\Big(-a^{2}+2k\left(\beta+\varepsilon\sigma^{2}\right)\Big)}{2\Big(2a^{2}\beta\delta+k\beta\Big(\left(s^{\mathrm{M}}\beta+\gamma\right)^{2}-4\beta\delta\Big)+2k\Big(\left(s^{\mathrm{M}}\beta+\gamma\right)^{2}-2\beta\delta\Big)\varepsilon\sigma^{2}\Big)^{2}} \tag{4.44}$$

$$\pi_{\mathrm{sc}}^{\mathrm{VM}*}=\frac{1}{2}k(-a+c\beta+g\gamma)^{2}\delta\left(-\frac{2\left(\beta+2\varepsilon\sigma^{2}\right)}{4a^{2}\beta\delta+2k\beta\Big(\left(s^{\mathrm{M}}\beta+\gamma\right)^{2}-4\beta\delta\Big)}\right.$$

$$+4k\left(\left(s^{\mathrm{M}}\beta+\gamma\right)^{2}-2\beta\delta\right)\varepsilon\sigma^{2}+\frac{\beta^{2}\delta\left(-a^{2}+2k\left(\beta+\varepsilon\sigma^{2}\right)\right)}{\left(\begin{array}{c}2a^{2}\beta\delta+k\beta\left(\left(s^{\mathrm{M}}\beta+\gamma\right)^{2}-4\beta\delta\right)\\+2k\left(\left(s^{\mathrm{M}}\beta+\gamma\right)^{2}-2\beta\delta\right)\varepsilon\sigma^{2}\end{array}\right)^{2}}\Bigg) \tag{4.45}$$

推论 4.5　在考虑零售商风险规避的情形下，当政府对制造商进行补贴时，补贴对绿色努力的影响为 $\frac{\partial x^{\mathrm{VM}*}}{\partial s^{\mathrm{M}}}>0$，$\frac{\partial \tau^{\mathrm{VM}*}}{\partial s^{\mathrm{M}}}>0$。

证明过程如下。

$$\frac{\partial x^{\mathrm{VM}*}}{\partial s^{\mathrm{M}}}=\frac{k\beta\left(a-c\beta-g\gamma\right)\left(\beta+2\varepsilon\sigma^{2}\right)\left(\begin{array}{c}-2a^{2}\beta\delta+k\beta\left(\left(s^{\mathrm{M}}\beta+\gamma\right)^{2}+4\beta\delta\right)\\+2k\left(\left(s^{\mathrm{M}}\beta+\gamma\right)^{2}+2\beta\delta\right)\varepsilon\sigma^{2}\end{array}\right)}{\left(2a^{2}\beta\delta+k\beta\left(\left(s^{\mathrm{M}}\beta+\gamma\right)^{2}-4\beta\delta\right)+2k\left(\left(s^{\mathrm{M}}\beta+\gamma\right)^{2}-2\beta\delta\right)\varepsilon\sigma^{2}\right)^{2}}>0$$

$$\frac{\partial \tau^{\mathrm{VM}*}}{\partial s^{\mathrm{M}}}=\frac{2ka\beta^{2}\left(s^{\mathrm{M}}\beta+\gamma\right)\left(a-c\beta-g\gamma\right)\delta\left(\beta+2\varepsilon\sigma^{2}\right)}{\left(2a^{2}\beta\delta+k\beta\left(\left(s^{\mathrm{M}}\beta+\gamma\right)^{2}-4\beta\delta\right)+2k\left(\left(s^{\mathrm{M}}\beta+\gamma\right)^{2}-2\beta\delta\right)\varepsilon\sigma^{2}\right)^{2}}>0$$

在考虑零售商风险规避的情形下，政府补贴策略对制造商和零售商绿色努力的影响与零售商风险中性时一致，制造商投入的绿色研发努力水平和零售商投入的宣传努力水平随着政府对每单位产品补贴力度的增大而提高。制造商与零售商为供应链中的“命运共同体”，政府对制造商的补贴策略不仅影响制造商的决策，也影响供应链中另一成员——零售商的决策。在零售商具有风险规避行为时，虽然其行为决策趋于保守，但政府对制造商采取的补贴策略会激励制造商提升产品的绿色度水平与环保属性，产品更加畅销时，零售商的风险规避特征便不能约束其成本投入行为，零售商仍然会增加宣传投入以达到销量与利益的最大化。政府补贴策略有助于提升制造商和零售商的绿色研发努力水平和宣传努力水平，因此可以通过加大政府补贴力度来提升产品的绿色度水平和影响力。

推论 4.6　在考虑零售商风险规避的情况下，给制造商以补贴，比较补贴策略对最优决策的影响：

（1）$\frac{\partial p^{\mathrm{VM*}}}{\partial s^{\mathrm{M*}}} > \frac{\partial \omega^{\mathrm{VM*}}}{\partial s^{\mathrm{M*}}}$。

（2）当$-2a\beta\left(a+s^{\mathrm{M}}\beta+\gamma\right)\delta+k\beta\left(\left(s^{\mathrm{M}}\beta+\gamma\right)^2+4\beta\delta\right)+2k\left(\left(s^{\mathrm{M}}\beta+\gamma\right)^2+2\beta\delta\right)$ $\varepsilon\sigma^2>0$时，有$\frac{\partial x^{\mathrm{VM*}}}{\partial s^{\mathrm{M*}}} > \frac{\partial \tau^{\mathrm{VM*}}}{\partial s^{\mathrm{M*}}}$；当$-2a\beta\left(a+s^{\mathrm{M}}\beta+\gamma\right)\delta+k\beta\left(\left(s^{\mathrm{M}}\beta+\gamma\right)^2+4\beta\delta\right)$ $+2k\left(\left(s^{\mathrm{M}}\beta+\gamma\right)^2+2\beta\delta\right)\varepsilon\sigma^2<0$时，有$\frac{\partial x^{\mathrm{VM*}}}{\partial s^{\mathrm{M*}}} < \frac{\partial \tau^{\mathrm{VM*}}}{\partial s^{\mathrm{M*}}}$。

证明过程如下。

$$\frac{\partial p^{\mathrm{VM*}}}{\partial s^{\mathrm{M*}}}-\frac{\partial \omega^{\mathrm{VM*}}}{\partial s^{\mathrm{M*}}}$$

$$=\frac{k\left(a-c\beta-g\gamma\right)\left(\beta+2\varepsilon\sigma^2\right)\begin{pmatrix}\beta\left(k\gamma\left(s^{\mathrm{M}}\beta+\gamma\right)^2+2\beta\left(s^{\mathrm{M}}\left(a^2-k\beta\right)+k\gamma\right)\delta\right)\\+2k\left(\gamma\left(s^{\mathrm{M}}\beta+\gamma\right)^2-2s^{\mathrm{M}}\beta^2\delta\right)\varepsilon\sigma^2\end{pmatrix}}{\left(2a^2\beta\delta+k\beta\left(\left(s^{\mathrm{M}}\beta+\gamma\right)^2-4\beta\delta\right)+2k\left(\left(s^{\mathrm{M}}\beta+\gamma\right)^2-2\beta\delta\right)\varepsilon\sigma^2\right)^2}$$

$$-\frac{k\left(a-c\beta-g\gamma\right)\left(\beta+2\varepsilon\sigma^2\right)\begin{pmatrix}\beta\left(ky\left(s^{\mathrm{M}}\beta+\gamma\right)^2+2s^{\mathrm{M}}\beta\left(a^2-2k\beta\right)\delta\right)\\+2k\left(\gamma\left(s^{\mathrm{M}}\beta+\gamma\right)^2-2s^{\mathrm{M}}\beta^2\delta\right)\varepsilon\sigma^2\end{pmatrix}}{\left(2a^2\beta\delta+k\beta\left(\left(s^{\mathrm{M}}\beta+\gamma\right)^2-4\beta\delta\right)+2k\left(\left(s^{\mathrm{M}}\beta+\gamma\right)^2-2\beta\delta\right)\varepsilon\sigma^2\right)^2}$$

$$=\frac{2k^2\beta^2\left(s^{\mathrm{M}}\beta+\gamma\right)\left(a-c\beta-g\gamma\right)\delta\left(\beta+2\varepsilon\sigma^2\right)}{\left(2a^2\beta\delta+k\beta\left(\left(s^{\mathrm{M}}\beta+\gamma\right)^2-4\beta\delta\right)+2k\left(\left(s^{\mathrm{M}}\beta+\gamma\right)^2-2\beta\delta\right)\varepsilon\sigma^2\right)^2}>0$$

$$\frac{\partial x^{\mathrm{VM}*}}{\partial s^{\mathrm{M}*}}-\frac{\partial \tau^{\mathrm{VM}*}}{\partial s^{\mathrm{M}*}}=\frac{k\beta\left(a-c\beta-g\gamma\right)\left(\beta+2\varepsilon\sigma^2\right)\left(\begin{array}{l}-2a^2\beta\delta+k\beta\left(\left(s^{\mathrm{M}}\beta+\gamma\right)^2+4\beta\delta\right)\\+2k\left(\left(s^{\mathrm{M}}\beta+\gamma\right)^2+2\beta\delta\right)\varepsilon\sigma^2\end{array}\right)}{\left(2a^2\beta\delta+k\beta\left(\left(s^{\mathrm{M}}\beta+\gamma\right)^2-4\beta\delta\right)+2k\left(\left(s^{\mathrm{M}}\beta+\gamma\right)^2-2\beta\delta\right)\varepsilon\sigma^2\right)^2}$$

$$-\frac{2ka\beta^2\left(s^{\mathrm{M}}\beta+\gamma\right)\left(a-c\beta-g\gamma\right)\delta\left(\beta+2\varepsilon\sigma^2\right)}{\left(2a^2\beta\delta+k\beta\left(\left(s^{\mathrm{M}}\beta+\gamma\right)^2-4\beta\delta\right)+2k\left(\left(s^{\mathrm{M}}\beta+\gamma\right)^2-2\beta\delta\right)\varepsilon\sigma^2\right)^2}$$

$$=\frac{k\beta\left(a-c\beta-g\gamma\right)\left(\beta+2\varepsilon\sigma^2\right)\left(\begin{array}{l}-2a\beta\left(a+s^{\mathrm{M}}\beta+\gamma\right)\delta+k\beta\left(\left(s^{\mathrm{M}}\beta+\gamma\right)^2+4\beta\delta\right)\\+2k\left(\left(s^{\mathrm{M}}\beta+\gamma\right)^2+2\beta\delta\right)\varepsilon\sigma^2\end{array}\right)}{\left(2a^2\beta\delta+k\beta\left(\left(s^{\mathrm{M}}\beta+\gamma\right)^2-4\beta\delta\right)+2k\left(\left(s^{\mathrm{M}}\beta+\gamma\right)^2-2\beta\delta\right)\varepsilon\sigma^2\right)^2}$$

分析可得：当 $-2a\beta\left(a+s^{\mathrm{M}}\beta+\gamma\right)\delta+k\beta\left(\left(s^{\mathrm{M}}\beta+\gamma\right)^2+4\beta\delta\right)+2k\left(\left(s^{\mathrm{M}}\beta+\gamma\right)^2+2\beta\delta\right)\varepsilon\sigma^2>0$ 时，有 $\frac{\partial x^{\mathrm{VM}*}}{\partial s^{\mathrm{M}*}}>\frac{\partial \tau^{\mathrm{VM}*}}{\partial s^{\mathrm{M}*}}$；当 $-2a\beta\left(a+s^{\mathrm{M}}\beta+\gamma\right)\delta+k\beta\left(\left(s^{\mathrm{M}}\beta+\gamma\right)^2+4\beta\delta\right)+2k\left(\left(s^{\mathrm{M}}\beta+\gamma\right)^2+2\beta\delta\right)\varepsilon\sigma^2<0$ 时，有 $\frac{\partial x^{\mathrm{VM}*}}{\partial s^{\mathrm{M}*}}<\frac{\partial \tau^{\mathrm{VM}*}}{\partial s^{\mathrm{M}*}}$。

由推论 4.6（1）可以得出，在零售商具有风险规避特征的情形下，政府对制造商的补贴策略对供应链成员的决策具有不同的影响。政府对每单位产品补贴造成的零售价格波动大于造成的批发价格波动，即制造商补贴策略对零售商制定的零售价格的影响程度大于对制造商制定的批发价格的影响程度。由推论 4.6（2）可以得出，政府补贴策略对产品绿色度和产品宣传水平影响的程度和多个参数的大小相关，例如与消费者对产品价格的敏感系数、零售商的宣传努力成本系数、消费者自身的环保意识、消费者对产品宣传水平的敏感系数、研发成本系数、零售商对风险的规避程度、市场的波动程度具有相关性。当 $-2a\beta\left(a+s^{\mathrm{M}}\beta+\gamma\right)\delta+k\beta\left(\left(s^{\mathrm{M}}\beta+\gamma\right)^2+4\beta\delta\right)+2k\left(\left(s^{\mathrm{M}}\beta+\gamma\right)^2+2\beta\delta\right)\varepsilon\sigma^2>0$ 时，政府补贴策略对产品绿色度水平的影响程度大于政府补贴策略对产品宣传水平的影响程度；反之，政府补贴策略对产品绿色度水平的影响程度小于政府补贴策略对于产品宣传水平的影响程度。因此可以通过调整各参数的大小来控制每单位绿色产品的政府补贴数额对制造商和零售商绿色决策与定价决策的影响。

命题 4.3 在考虑零售商风险规避的情况下，比较政府采取无补贴策略和制造商补贴策略两种情形可得：$x^{\mathrm{VM}*} > x^{\mathrm{V}*}$，$\tau^{\mathrm{VM}*} > \tau^{\mathrm{V}*}$，$\pi_{\mathrm{m}}^{\mathrm{VM}*} > \pi_{\mathrm{m}}^{\mathrm{V}*}$；当$-a^2 + 2k\left(\beta + \varepsilon\sigma^2\right) > 0$时，$\pi_{\mathrm{r}}^{\mathrm{VM}*} > \pi_{\mathrm{r}}^{\mathrm{V}*}$；当$-a^2 + 2k\left(\beta + \varepsilon\sigma^2\right) < 0$时，$\pi_{\gamma}^{\mathrm{VM}*} < \pi_{\mathrm{r}}^{\mathrm{V}*}$。

证明过程如下。

$$x^{\mathrm{VM}*} - x^{\mathrm{V}*} = \frac{k\left(s^{\mathrm{M}}\beta + \gamma\right)\left(-a + c\beta + g\gamma\right)\left(\beta + 2\varepsilon\sigma^2\right)}{2a^2\beta\delta + k\beta\left(\left(s^{\mathrm{M}}\beta + \gamma\right)^2 - 4\beta\delta\right) + 2k\left(\left(s^{\mathrm{M}}\beta + \gamma\right)^2 - 2\beta\delta\right)\varepsilon\sigma^2} - \frac{ky\left(-a + c\beta + g\gamma\right)\left(\beta + 2\varepsilon\sigma^2\right)}{2a^2\beta\delta + k\beta\left(\gamma^2 - 4\beta\delta\right) + 2k\left(\gamma^2 - 2\beta\delta\right)\varepsilon\sigma^2}$$

$$= k\left(-a + c\beta + g\gamma\right)\left(\beta + 2\varepsilon\sigma^2\right)\left(\frac{\gamma}{-2a^2\beta\delta - k\beta\left(\gamma^2 - 4\beta\delta\right) - 2k\left(\gamma^2 - 2\beta\delta\right)\varepsilon\sigma^2} - \frac{s^{\mathrm{M}}\beta + \gamma}{-2a^2\beta\delta - k\beta\left(\left(s^{\mathrm{M}}\beta + \gamma\right)^2 - 4\beta\delta\right) - 2k\left(\left(s^{\mathrm{M}}\beta + \gamma\right)^2 - 2\beta\delta\right)\varepsilon\sigma^2}\right) > 0$$

$$\tau^{\mathrm{VM}*} - \tau^{\mathrm{V}*} = \frac{a\beta\left(-a + c\beta + g\gamma\right)\delta}{2a^2\beta\delta + k\beta\left(\left(s^{\mathrm{M}}\beta + \gamma\right)^2 - 4\beta\delta\right) + 2k\left(\left(s^{\mathrm{M}}\beta + \gamma\right)^2 - 2\beta\delta\right)\varepsilon\sigma^2} - \frac{a\beta\left(-a + c\beta + g\gamma\right)\delta}{2a^2\beta\delta + k\beta\left(\gamma^2 - 4\beta\delta\right) + 2k\left(\gamma^2 - 2\beta\delta\right)\varepsilon\sigma^2}$$

$$= a\beta\left(-a + c\beta + g\gamma\right)\delta\left(\frac{1}{-2a^2\beta\delta - k\beta\left(\gamma^2 - 4\beta\delta\right) - 2k\left(\gamma^2 - 2\beta\delta\right)\varepsilon\sigma^2} - \frac{1}{-2a^2\beta\delta - k\beta\left(\left(s^{\mathrm{M}}\beta + \gamma\right)^2 - 4\beta\delta\right) - 2k\left(\left(s^{\mathrm{M}}\beta + \gamma\right)^2 - 2\beta\delta\right)\varepsilon\sigma^2}\right) > 0$$

$$\pi_{\mathrm{m}}^{\mathrm{VM*}}-\pi_{\mathrm{m}}^{\mathrm{V*}}=\frac{k\left(-a+c\beta+g\gamma\right)^{2}\delta\left(\beta+2\varepsilon\sigma^{2}\right)}{-4a^{2}\beta\delta+2k\beta\left(4\beta\delta-\left(s^{\mathrm{M}}\beta+\gamma\right)^{2}\right)+4k\left(2\beta\delta-\left(s^{\mathrm{M}}\beta+\gamma\right)^{2}\right)\varepsilon\sigma^{2}}$$

$$-\frac{k\left(-a+c\beta+g\gamma\right)^{2}\delta\left(\beta+2\varepsilon\sigma^{2}\right)}{-4a^{2}\beta\delta+2k\beta\left(-\gamma^{2}+4\beta\delta\right)-4k\left(\gamma^{2}-2\beta\delta\right)\varepsilon\sigma^{2}}$$

$$=k\left(-a-c\beta+g\gamma\right)^{2}\delta\left(\beta+2\varepsilon\sigma^{2}\right)$$

$$\left(\frac{1}{-4a^{2}\beta\delta-2k\beta\begin{pmatrix}\left(s^{\mathrm{M}}\beta+\gamma\right)^{2}\\-4\beta\delta\end{pmatrix}-4k\begin{pmatrix}\left(s^{\mathrm{M}}\beta+\gamma\right)^{2}\\-2\beta\delta\end{pmatrix}\varepsilon\sigma^{2}}-\frac{1}{-4a^{2}\beta\delta-2k\beta\left(\gamma^{2}-4\beta\delta\right)-4k\left(\gamma^{2}-2\beta\delta\right)\varepsilon\sigma^{2}}\right)>0$$

$$\pi_{\mathrm{r}}^{\mathrm{VM*}}-\pi_{\mathrm{r}}^{\mathrm{V*}}=\frac{k\beta^{2}\left(-a+c\beta+g\gamma\right)^{2}\delta^{2}\left(-a^{2}+2k\left(\beta+\varepsilon\sigma^{2}\right)\right)}{2\left(2a^{2}\beta\delta+k\beta\begin{pmatrix}\left(s^{\mathrm{M}}\beta+\gamma\right)^{2}\\-4\beta\delta\end{pmatrix}+2k\begin{pmatrix}\left(s^{\mathrm{M}}\beta+\gamma\right)^{2}\\-2\beta\delta\end{pmatrix}\varepsilon\sigma^{2}\right)^{2}}-$$

$$-\frac{k\beta^{2}\left(-a+c\beta+g\gamma\right)^{2}\delta^{2}\left(-a^{2}+2k\left(\beta+\varepsilon\sigma^{2}\right)\right)}{2\left(2a^{2}\beta\delta+k\beta\left(\gamma^{2}-4\beta\delta\right)+2k\left(\gamma^{2}-2\beta\delta\right)\varepsilon\sigma^{2}\right)^{2}}$$

$$=\frac{1}{2}k\beta^{2}\left(-a+c\beta+g\gamma\right)^{2}\delta^{2}\left(-a^{2}+2k\left(\beta+\varepsilon\sigma^{2}\right)\right)$$

$$\left(-\frac{1}{\begin{pmatrix}2a^{2}\beta\delta+k\beta\left(\gamma^{2}-4\beta\delta\right)\\+2k\left(\gamma^{2}-2\beta\delta\right)\varepsilon\sigma^{2}\end{pmatrix}^{2}}+\frac{1}{\begin{pmatrix}2a^{2}\beta\delta+k\beta\left(\left(s^{\mathrm{M}}\beta+\gamma\right)^{2}-4\beta\delta\right)\\+2k\left(\left(s^{\mathrm{M}}\beta+\gamma\right)^{2}-2\beta\delta\right)\varepsilon\sigma^{2}\end{pmatrix}^{2}}\right)$$

可以得出：当$-a^{2}+2k\left(\beta+\varepsilon\sigma^{2}\right)>0$时，$\pi_{\mathrm{r}}^{\mathrm{VM*}}>\pi_{\mathrm{r}}^{\mathrm{V*}}$；当$-a^{2}+2k\left(\beta+\varepsilon\sigma^{2}\right)<0$时，$\pi_{\mathrm{r}}^{\mathrm{VM*}}<\pi_{\mathrm{r}}^{\mathrm{V*}}$。

由命题 4.3 可知，在零售商存在风险规避行为时，政府实施对制造商的补贴策略不仅可以提高制造商进行绿色研发努力的积极性，提升产品的绿色度水平，并使制造商的利润得到提升，还能够激励零售商提高自身的宣传努力水平。这是由于虽然零售商此时会考虑风险成本，但产品环保属性的提升使其具有较大的市场潜力，零售商仍会增加宣传成本的投入，提高产品的市场影响力，从而获取最大的利益。命题 4.3 表明，政府的补贴策略对制造商的绿色研发投入和利润提升具有正向促进作用，但政府补贴策略下零售商利润与无补贴下零售商利润的大小关系与其他多个参数的大小相关，例如与消费者对产品宣传水平的敏感系数、零售商的宣传努力成本系数、消费者对产品价格的敏感系数、零售商对风险的规避程度、市场的波动程度具有相关性。当 $-a^2+2k\left(\beta+\varepsilon\sigma^2\right)>0$ 时，制造商补贴策略下零售商的利润大于无补贴策略下零售商的利润；当 $-a^2+2k\left(\beta+\varepsilon\sigma^2\right)<0$ 时，制造商补贴策略下零售商的利润小于无补贴策略下零售商的利润。因此可以根据消费者对产品宣传水平的敏感度、零售商的宣传努力成本系数、消费者对产品价格的敏感度、零售商对风险的规避程度、市场的波动程度预测市场走向和供应链动态博弈过程对供应链成员决策的影响，通过补贴策略提升产品环保属性和供应链成员的利润。

4.4.3 消费者补贴策略

在考虑零售商的风险规避的情况下，政府实行消费者补贴策略，制造商和零售商的利润分别为：

$$\pi_{\mathrm{m}}^{\mathrm{V}}=(\omega-c)\left(a-\beta\left(p-s^{\mathrm{T}}\right)+\gamma(x-g)+a\tau\right)-\frac{1}{2}\delta x^2 \tag{4.46}$$

$$\pi_{\mathrm{r}}^{\mathrm{V}}=(p-\omega)\left(a-\beta\left(p-s^{\mathrm{T}}\right)+\gamma(x-g)+a\tau\right)-\frac{1}{2}k\tau^2-\varepsilon(p-\omega)^2\sigma^2 \tag{4.47}$$

供应链的最优决策为：

$$\omega^{\mathrm{VT}*}=\frac{\begin{pmatrix}c\left(a^2\beta\delta+k\beta\left(\gamma^2-2\beta\delta\right)+2k\left(\gamma^2-\beta\delta\right)\varepsilon\sigma^2\right)\\+\left(a+s^{\mathrm{T}}\beta-g\gamma\right)\delta\left(a^2-2k\left(\beta+\varepsilon\sigma^2\right)\right)\end{pmatrix}}{2a^2\beta\delta+k\beta\left(\gamma^2-4\beta\delta\right)+2k\left(\gamma^2-2\beta\delta\right)\varepsilon\sigma^2} \tag{4.48}$$

$$x^{\mathrm{VT}*}=\frac{k\gamma\left(-a+c\beta-s^{\mathrm{T}}\beta+g\gamma\right)\left(\beta+2\varepsilon\sigma^2\right)}{2a^2\beta\delta+k\beta\left(\gamma^2-4\beta\delta\right)+2k\left(\gamma^2-2\beta\delta\right)\varepsilon\sigma^2} \tag{4.49}$$

$$p^{\mathrm{VT}*}=\frac{ca^2\beta\delta+ck\left(\gamma^2-\beta\delta\right)\left(\beta+2\varepsilon\sigma^2\right)+\left(a+s^{\mathrm{T}}\beta-g\gamma\right)\delta\left(a^2-3k\beta-2k\varepsilon\sigma^2\right)}{2a^2\beta\delta+k\beta\left(\gamma^2-4\beta\delta\right)+2k\left(\gamma^2-2\beta\delta\right)\varepsilon\sigma^2} \tag{4.50}$$

$$\tau^{\mathrm{VT}*}=\frac{a\beta\left(-a+c\beta-s^{\mathrm{T}}\beta+g\gamma\right)\delta}{2a^2\beta\delta+k\beta\left(\gamma^2-4\beta\delta\right)+2k\left(\gamma^2-2\beta\delta\right)\varepsilon\sigma^2} \tag{4.51}$$

$$\pi_{\mathrm{m}}^{\mathrm{VT}*}=\frac{k\left(a-c\beta+s^{\mathrm{T}}\beta-g\gamma\right)^2\delta\left(\beta+2\varepsilon\sigma^2\right)}{-4a^2\beta\delta+2k\beta\left(-\gamma^2+4\beta\delta\right)-4k\left(\gamma^2-2\beta\delta\right)\varepsilon\sigma^2} \tag{4.52}$$

$$\pi_{\mathrm{r}}^{\mathrm{VT}*}=\frac{k\beta^2\left(a-c\beta+s^{\mathrm{T}}\beta-g\gamma\right)^2\delta^2\left(-a^2+2k\left(\beta+\varepsilon\sigma^2\right)\right)}{2\left(2a^2\beta\delta+k\beta\left(\gamma^2-4\beta\delta\right)+2k\left(\gamma^2-2\beta\delta\right)\varepsilon\sigma^2\right)^2} \tag{4.53}$$

$$\pi_{\mathrm{sc}}^{\mathrm{VT}*}=\frac{k\left(a-c\beta+s^{\mathrm{T}}\beta-g\gamma\right)^2\delta\left(\begin{array}{l}\beta^2\left(-k\gamma^2-3a^2\delta+6k\beta\delta\right)-4k\left(\gamma^2-2\beta\delta\right)\varepsilon^2\sigma^4\\+2\beta\left(-2k\gamma^2-2a^2\delta+7k\beta\delta\right)\varepsilon\sigma^2\end{array}\right)}{2\left(2a^2\beta\delta+k\beta\left(\gamma^2-4\beta\delta\right)+2k\left(\gamma^2-2\beta\delta\right)\varepsilon\sigma^2\right)^2} \tag{4.54}$$

推论 4.7　在考虑零售商风险规避的情况下，政府的消费者补贴策略对供应链成员绿色决策与定价决策的影响为：$\frac{\partial x^{\mathrm{VM}*}}{\partial s^{\mathrm{M}}}>0$，$\frac{\partial \tau^{\mathrm{VM}*}}{\partial s^{\mathrm{M}}}>0$，$\frac{\partial p^{\mathrm{VT}*}}{\partial s^{\mathrm{T}}}>0$，当 $a^2-2k\left(\beta+\varepsilon\sigma^2\right)<0$ 时，有 $\frac{\partial \omega^{\mathrm{VT}*}}{\partial s^{\mathrm{T}}}>0$；当 $a^2-2k\left(\beta+\varepsilon\sigma^2\right)>0$ 时，有 $\frac{\partial \omega^{\mathrm{VT}*}}{\partial s^{\mathrm{T}}}<0$。

证明过程如下。

$$\frac{\partial x^{\mathrm{VM}*}}{\partial s^{\mathrm{M}}}=\frac{k\beta\gamma\left(\beta+2\varepsilon\sigma^2\right)}{-2a^2\beta\delta-k\beta\left(\gamma^2-4\beta\delta\right)-2k\left(\gamma^2-2\beta\delta\right)\varepsilon\sigma^2}>0$$

$$\frac{\partial \tau^{\mathrm{VM}*}}{\partial s^{\mathrm{M}}}=\frac{a\beta^2\delta}{-2a^2\beta\delta-k\beta\left(\gamma^2-4\beta\delta\right)-2k\left(\gamma^2-2\beta\delta\right)\varepsilon\sigma^2}>0$$

$$\frac{\partial p^{\mathrm{VT}*}}{\partial s^{\mathrm{T}}}=\frac{\beta\delta\left(a^2-3k\beta-2k\varepsilon\sigma^2\right)}{2a^2\beta\delta+k\beta\left(\gamma^2-4\beta\delta\right)+2k\left(\gamma^2-2\beta\delta\right)\varepsilon\sigma^2}>0$$

$$\frac{\partial\omega^{\mathrm{VT}*}}{\partial s^{\mathrm{T}}}=\frac{\beta\delta\left(a^2-2k\left(\beta+\varepsilon\sigma^2\right)\right)}{2a^2\beta\delta+k\beta\left(\gamma^2-4\beta\delta\right)+2k\left(\gamma^2-2\beta\delta\right)\varepsilon\sigma^2}$$

分析可得：当$a^2-2k\left(\beta+\varepsilon\sigma^2\right)<0$时，有$\frac{\partial\omega^{\mathrm{VT}*}}{\partial s^{\mathrm{T}}}>0$；当$a^2-2k\left(\beta+\varepsilon\sigma^2\right)>0$时，有$\frac{\partial\omega^{\mathrm{VT}*}}{\partial s^{\mathrm{T}}}<0$。

由推论 4.7 可知，政府的消费者补贴策略会引导消费者的行为决策，消费者的行为同时也会对制造商和零售商的决策产生影响。当政府对消费者的补贴力度增大时，产品的零售价格、绿色度水平、宣传水平随之提升。政府给予消费者补贴时，消费者会由于绿色消费的支付成本降低而倾向于购买绿色产品，此时零售商将会设置更高的零售价格，同时销量的增加也会激励制造商和零售商提高绿色研发努力水平和宣传努力水平。但政府补贴策略对产品批发价格的影响不是确定的，补贴策略对批发价格的影响与其他参数的大小相关，即与消费者对产品宣传水平的敏感度、零售商的宣传努力成本系数、消费者对产品价格的敏感度、零售商对风险的规避程度、市场的波动程度息息相关。当$a^2-2k\left(\beta+\varepsilon\sigma^2\right)<0$时，批发价格与政府对消费者的补贴力度呈正相关；当$a^2-2k\left(\beta+\varepsilon\sigma^2\right)>0$时，批发价格与政府对消费者的补贴力度呈负相关。因此可通过调整政府对单位绿色产品的补贴数额来调控供应链成员的绿色决策与定价决策。

推论 4.8 在零售商考虑风险规避的情况下，政府给予消费者补贴时，比较政府补贴策略对供应链成员最优决策的影响：

（1）$\frac{\partial p^{\mathrm{VT}*}}{\partial s^{\mathrm{T}*}}>\frac{\partial\omega^{\mathrm{VT}*}}{\partial s^{\mathrm{T}*}}$。

（2）当$-ab\delta+k\gamma\left(\beta+2\varepsilon\sigma^2\right)>0$时，$\frac{\partial x^{\mathrm{VT}*}}{\partial s^{\mathrm{T}*}}>\frac{\partial\tau^{\mathrm{VT}*}}{\partial s^{\mathrm{T}*}}$；

当$-ab\delta+k\gamma\left(\beta+2\varepsilon\sigma^2\right)<0$时，$\frac{\partial x^{\mathrm{VT}*}}{\partial s^{\mathrm{T}*}}<\frac{\partial\tau^{\mathrm{VT}*}}{\partial s^{\mathrm{T}*}}$。

证明过程如下。

$$\frac{\partial p^{\mathrm{VT}*}}{\partial s^{\mathrm{T}*}}-\frac{\partial\omega^{\mathrm{VT}*}}{\partial s^{\mathrm{T}*}}=\frac{\beta\delta\left(a^2-3k\beta-2k\varepsilon\sigma^2\right)}{2a^2\beta\delta+k\beta\left(\gamma^2-4\beta\delta\right)+2k\left(\gamma^2-2\beta\delta\right)\varepsilon\sigma^2}$$

$$-\frac{\beta\delta\left(a^2-2k\left(\beta+\varepsilon\sigma^2\right)\right)}{2a^2\beta\delta+k\beta\left(\gamma^2-4\beta\delta\right)+2k\left(\gamma^2-2\beta\delta\right)\varepsilon\sigma^2}$$

$$=\frac{k\beta^2\delta}{-2a^2\beta\delta+k\beta\left(-\gamma^2+4\beta\delta\right)-2k\left(\gamma^2-2\beta\delta\right)\varepsilon\sigma^2}>0\text{。}$$

$$\frac{\partial x^{\mathrm{VT}*}}{\partial s^{\mathrm{T}*}}-\frac{\partial \tau^{\mathrm{VT}*}}{\partial s^{\mathrm{T}*}}=\frac{k\beta\gamma\left(\beta+2\varepsilon\sigma^2\right)}{-2a^2\beta\delta-k\beta\left(\gamma^2-4\beta\delta\right)-2k\left(\gamma^2-2\beta\delta\right)\varepsilon\sigma^2}$$

$$-\frac{a\beta^2\delta}{-2a^2\beta\delta-k\beta\left(\gamma^2-4\beta\delta\right)-2k\left(\gamma^2-2\beta\delta\right)\varepsilon\sigma^2}$$

$$=\frac{\beta\left(-a\beta\delta+k\gamma\left(\beta+2\varepsilon\sigma^2\right)\right)}{-2a^2\beta\delta+k\beta\left(-\gamma^2+4\beta\delta\right)-2k\left(\gamma^2-2\beta\delta\right)\varepsilon\sigma^2},$$

故当$-a\beta\delta+k\gamma\left(\beta+2\varepsilon\sigma^2\right)>0$时，$\frac{\partial x^{\mathrm{VT}*}}{\partial s^{\mathrm{T}*}}>\frac{\partial \tau^{\mathrm{VT}*}}{\partial s^{\mathrm{T}*}}$；当$-a\beta\delta+k\gamma\left(\beta+2\varepsilon\sigma^2\right)<0$时，有$\frac{\partial x^{\mathrm{VT}*}}{\partial s^{\mathrm{T}*}}<\frac{\partial \tau^{\mathrm{VT}*}}{\partial s^{\mathrm{T}*}}$。

由推论 4.8（1）可以得出，政府对消费者的补贴策略不光作用于制造商，也会间接作用于其他供应链成员。政府补贴策略对供应链成员的定价决策具有不同的影响，政府对消费者关于每单位绿色产品的补贴引起的零售价格的变化幅度大于其引起的批发价格的变化幅度。这是因为，在供应链系统中，零售商直接接触消费者，而价格又是两者之间实现交易的最为关键的因素，政府补贴策略下消费者的行为会对零售商的定价决策产生更大的影响。由推论 4.8（2）可以得出，政府补贴策略对产品绿色度水平与产品宣传水平的影响程度和消费者对产品宣传水平的敏感度、零售商的宣传努力成本系数、消费者对产品价格的敏感度、零售商对风险的规避程度、市场的波动程度等多个参数相关。当$-a\beta\delta+k\gamma\left(\beta+2\varepsilon\sigma^2\right)>0$时，政府补贴策略对产品绿色度水平的影响程度大于政府补贴策略对产品宣传水平的影响程度；反之，则政府补贴策略对产品绿色度水平的影响程度小于政府补贴策略对产品宣传水平的影响程度。因此，可以通过调整以上参数的大小来控制政府补贴策略对供应链成员最优决策的影响程度。

命题 4.4　在考虑零售商风险规避的情况下，比较无补贴策略和政府对消费者采取补贴策略两种情形可得：$x^{\mathrm{VT}*} > x^{\mathrm{V}*}$，$\tau^{\mathrm{VT}*} > \tau^{\mathrm{V}*}$，$\pi_{\mathrm{m}}^{\mathrm{VT}*} > \pi_{\mathrm{m}}^{\mathrm{V}*}$；当$-a^2+2k\left(\beta+\varepsilon\sigma^2\right)>0$时，$\pi_{\mathrm{r}}^{\mathrm{VT}*} > \pi_{\mathrm{r}}^{\mathrm{V}*}$；当$-a^2+2k\left(\beta+\varepsilon\sigma^2\right)<0$时，$\pi_{\mathrm{r}}^{\mathrm{VT}*} < \pi_{\mathrm{r}}^{\mathrm{V}*}$。

证明过程如下。

$$x^{\mathrm{VT}*}-x^{\mathrm{V}*}=\frac{k\gamma\left(-a+c\beta-s^{\mathrm{T}}\beta+g\gamma\right)\left(\beta+2\varepsilon\sigma^2\right)}{2a^2\beta\delta+k\beta\left(\gamma^2-4\beta\delta\right)+2k\left(\gamma^2-2\beta\delta\right)\varepsilon\sigma^2}-\frac{k\gamma\left(-a+c\beta+g\gamma\right)\left(\beta+2\varepsilon\sigma^2\right)}{2a^2\beta\delta+k\beta\left(\gamma^2-4\beta\delta\right)+2k\left(\gamma^2-2\beta\delta\right)\varepsilon\sigma^2}$$

$$=\frac{ks^{\mathrm{T}}\beta\gamma\left(\beta+2\varepsilon\sigma^2\right)}{-2a^2\beta\delta+k\beta\left(-\gamma^2+4\beta\delta\right)-2k\left(\gamma^2-2\beta\delta\right)\varepsilon\sigma^2}>0$$

$$\tau^{\mathrm{VT}*}-\tau^{\mathrm{V}*}=\frac{a\beta\left(-a+c\beta-s^{\mathrm{T}}\beta+g\gamma\right)\delta}{2a^2\beta\delta+k\beta\left(\gamma^2-4\beta\delta\right)+2k\left(\gamma^2-2\beta\delta\right)\varepsilon\sigma^2}-\frac{a\beta\left(-a+c\beta+g\gamma\right)\delta}{2a^2\beta\delta+k\beta\left(\gamma^2-4\beta\delta\right)+2k\left(\gamma^2-2\beta\delta\right)\varepsilon\sigma^2}$$

$$=\frac{s^{\mathrm{T}}a\beta^2\delta}{k\beta\left(4\beta\delta-\gamma^2\right)+2k\left(2\beta\delta-\gamma^2\right)\varepsilon\sigma^2-2a^2\beta\delta}>0$$

$$\pi_{\mathrm{m}}^{\mathrm{VT}*}-\pi_{\mathrm{m}}^{\mathrm{V}*}=\frac{k\left(a-c\beta+s^{\mathrm{T}}\beta+g\gamma\right)^2\delta\left(\beta+2\varepsilon\sigma^2\right)}{-4a^2\beta\delta+2k\beta\left(-\gamma^2+4\beta\delta\right)-4k\left(\gamma^2-2\beta\delta\right)\varepsilon\sigma^2}-\frac{k\left(-a+c\beta+g\gamma\right)^2\delta\left(\beta+2\varepsilon\sigma^2\right)}{-4a^2\beta\delta+2k\beta\left(-\gamma^2+4\beta\delta\right)-4k\left(\gamma^2-2\beta\delta\right)\varepsilon\sigma^2}$$

$$=\frac{ks^{\mathrm{T}}\beta\left(2a-2c\beta+s^{\mathrm{T}}\beta-2g\gamma\right)\delta\left(\beta+2\varepsilon\sigma^2\right)}{-4a^2\beta\delta+2k\beta\left(-\gamma^2+4\beta\delta\right)-4k\left(\gamma^2-2\beta\delta\right)\varepsilon\sigma^2}>0$$

$$\pi_{\mathrm{r}}^{\mathrm{VT}*}-\pi_{\mathrm{r}}^{\mathrm{V}*}=\frac{k\beta^2\left(a-c\beta+s^{\mathrm{T}}\beta-g\gamma\right)^2\delta^2\left(-a^2+2k\left(\beta+\varepsilon\sigma^2\right)\right)}{2\left(2a^2\beta\delta+k\beta\left(\gamma^2-4\beta\delta\right)+2k\left(\gamma^2-2\beta\delta\right)\varepsilon\sigma^2\right)^2}-\frac{k\beta^2\left(-a+c\beta+g\gamma\right)^2\delta^2\left(-a^2+2k\left(\beta+\varepsilon\sigma^2\right)\right)}{2\left(2a^2\beta\delta+k\beta\left(\gamma^2-4\beta\delta\right)+2k\left(\gamma^2-2\beta\delta\right)\varepsilon\sigma^2\right)^2}$$

$$=\frac{ks^{\mathrm{T}}\beta^3\left(2a-2c\beta+s^{\mathrm{T}}\beta-2g\gamma\right)\delta^2\left(-a^2+2k\left(\beta+\varepsilon\sigma^2\right)\right)}{2\left(2a^2\beta\delta+k\beta\left(\gamma^2-4\beta\delta\right)+2k\left(\gamma^2-2\beta\delta\right)\varepsilon\sigma^2\right)^2}$$

分析可得：当$-a^2+2k\left(\beta+\varepsilon\sigma^2\right)>0$时，$\pi_{\mathrm{r}}^{\mathrm{VT}*}>\pi_{\mathrm{r}}^{\mathrm{V}*}$；当$-a^2+2k\left(\beta+\varepsilon\sigma^2\right)<0$时，$\pi_{\mathrm{r}}^{\mathrm{VT}*}<\pi_{\mathrm{r}}^{\mathrm{V}*}$。

与命题4.3相似，政府实施对消费者的补贴策略可以提升消费者购买绿色产品的积极性，提升产品的市场销量，提升供应链成员投入绿色成本和宣传成本的积极性，进而提升产品的绿色度水平和宣传水平。在此过程中，制造商的利润情形是确定的，政府对消费者的补贴策略下制造商的利润比无补贴策略下要高，表明政府的补贴策略对制造商的绿色投入水平和对利润改进具有正向促进作用，但政府对消费者实施补贴策略下零售商利润与无补贴下零售商利润的大小与其他多个参数相关。当$-a^2+2k\left(\beta+\varepsilon\sigma^2\right)>0$时，政府对消费者实施补贴策略下零售商的利润大于无补贴策略下零售商的利润，这是由消费者对产品的需求水平决定的。但是政府对消费者实施补贴策略下零售商的利润也会小于无补贴策略下零售商的利润，这是因为政府对消费者实施补贴策略下，消费者购买产品时也会考虑更多的因素。因此，可以通过调整各个参数大小来实现零售商利润的改进。

4.5　数值分析

前文建立了关于政府补贴的绿色供应链模型，分析了在考虑零售商风险规避和零售商风险中性时不同的政府补贴策略下绿色供应链的最优决策，接下来可以通过数值仿真进一步得出风险规避因素、政府针对不同对象的补贴策略、政府对单位绿色产品的补贴数额、产品的绿色度水平、消费者环保意识、消费者对产品绿色度的期望、零售商的宣传水平、消费者对零售商绿色宣传水平的敏感系数、绿色供应链成员利润和总利润之间的关系。根据前文为达到最优合理解的前提条件，可设置参数如下：$a=120$，$c=10$，$\beta=3$，$\delta=2$，$k=2$。在零售商风险规避情形下$\sigma=2$，$\varepsilon=0.5$，分别分析零售商风险中性和零售商风险规避下关于无补贴策略、制造商补贴策略、消费者补贴策略下的情形。

令$s^{\mathrm{M}}=1$，$s^{\mathrm{T}}=1$，可得出图4-1～图4-3。

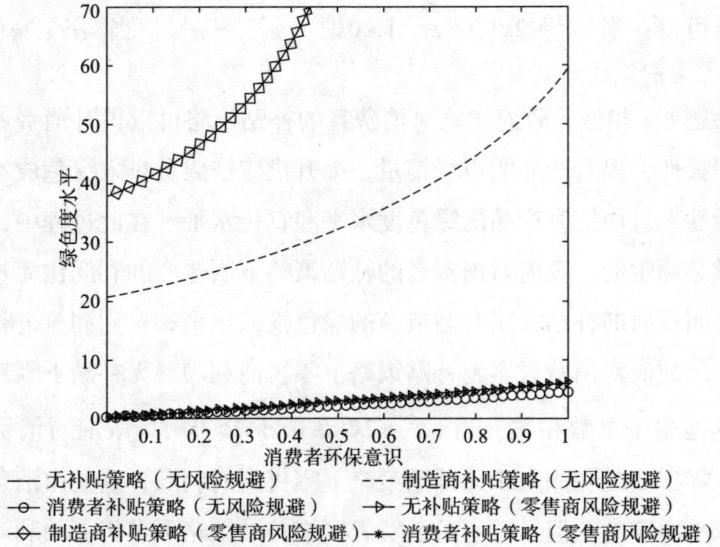

图4-1　消费者环保意识对产品绿色度水平的影响

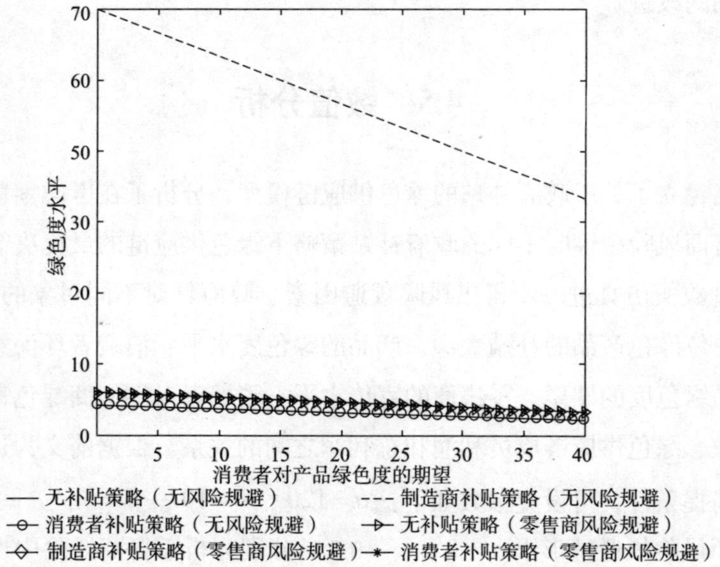

图4-2　消费者对产品绿色度的期望对产品绿色度水平的影响

图 4-1 表示消费者自身的环保意识 γ 对产品绿色度水平 x 的影响。在上述不同情形下，产品绿色度水平均随着消费者环保意识的增强而提升，即消费者

的环保偏好会使制造商出于迎合消费者的绿色偏好而提高绿色研发努力水平，进而提升产品的绿色度水平。同时发现，对于同种补贴策略，零售商风险规避情形下的绿色度水平高于风险中性下的绿色度水平，即零售商的行为决策越保守，产品的绿色度水平越高。因为当零售商的风险规避程度提高时，其会减少采购和绿色努力，此时制造商为了维持市场需求的稳定而加大绿色投入，提升产品的绿色度水平。不管是在零售商风险中性还是零售商风险规避的情况下，无补贴策略和消费者补贴策略下消费者环保意识对产品绿色度的影响极为接近，政府对制造商补贴策略下产品的绿色度水平高于消费者补贴策略和无补贴策略下产品的绿色度水平，表明政府对制造商的补贴策略可以更有效地激励其提高绿色研发努力水平，因此政府可以通过直接补贴制造商来实现快速提升产品绿色度水平的效果。

图 4–2 说明产品绿色度水平随着消费者对产品绿色度的期望 g 的增大而减小，当消费者对产品绿色度的期望越大时，产品真正能影响市场需求部分的绿色度水平（ $x-g$ ）就越小，从而影响制造商进行绿色研发的积极性，使产品的绿色度水平降低。另外，在相同的补贴策略下，零售商越保守，制造商投入的绿色研发成本就越多，产品的绿色度水平越高。同样，政府对消费者无补贴策略和实施补贴策略下，消费者对产品绿色度的期望对产品绿色度的影响极为接近，在零售商具有风险规避特征时政府对制造商采取补贴策略，则产品的绿色度水平为 [0，700]，由于数值太大，在图 4–2 中并未体现出来。结合零售商风险中性下政府对制造商采取补贴策略情形，可以得出政府补贴制造商可实现绿色改进的效果最优。

图 4–3 表明了消费者对零售商宣传水平的敏感系数对零售商的宣传水平的影响。消费者对零售商宣传水平敏感系数越高，零售商的宣传水平也随之提高，即消费者对零售商的敏感程度越高，越能激发零售商提高宣传投资努力水平。在政府对消费者无补贴策略和采取补贴策略下，零售商越保守，其越会为了规避市场风险而减少对产品的宣传投资，即降低产品的宣传水平。在政府对制造商采取补贴策略下，由于产品的绿色度水平会显著提升，零售商的风险规避程度越高，其越会衡量利益进而加大产品的宣传投入。同样，政府对消费者无补贴策略和采取补贴策略下，消费者对零售商宣传水平的敏感系数对产品绿

色度的影响极为接近。政府对制造商采取补贴策略下，零售商的宣传水平显著高于政府对消费者无补贴策略和采取补贴策略的情形，通过补贴制造商可以同时提升制造商的绿色研发努力水平和零售商的宣传努力水平，从而有效地提高产品的绿色度水平及市场影响，实现双赢。

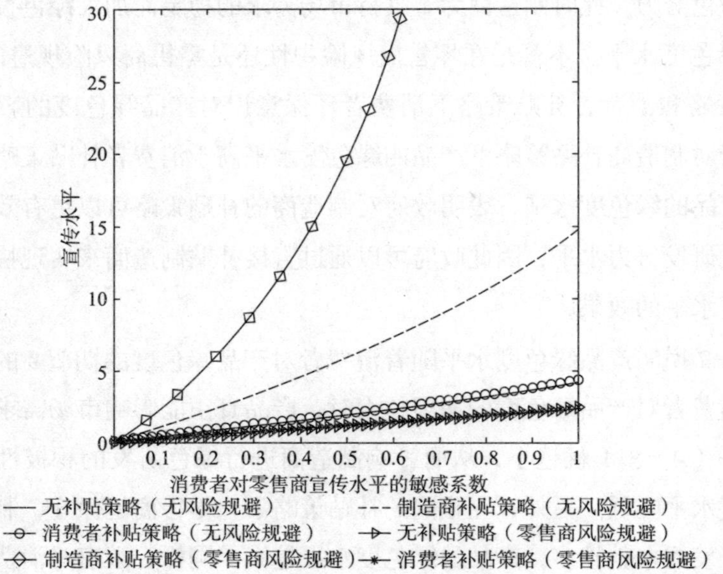

图4-3　消费者对零售商宣传水平的敏感系数对零售商宣传水平的影响

为保持模型的可行性与最优解合理性，必须划定政府对绿色产品单位补贴的取值范围，本章在单位补贴为 [0，1] 的取值范围内进行比较与分析，得出图 4-4 与图 4-5。

由图 4-4 可知，随着政府对单位绿色产品补贴数额的增大，产品的绿色度水平基本保持不变，而且消费者补贴策略下的产品的绿色度水平和无补贴策略下产品的绿色度水平基本持平，因为在政府对消费者的补贴在合理取值范围内，对产品购买量的增多不足以激发制造商提升其绿色研发努力水平。在相同的补贴策略下，与风险中性情形相比，零售商风险规避下产品的绿色度水平更高，这是由于零售商较保守时其会降低宣传努力水平，而制造商为了维持市场销量的恒定而提升产品的绿色度水平。政府对制造商采取补贴策略下，产品的绿色度水平显著高于无补贴策略和政府对消费者采取补贴策略下产品的绿色度水平，且绿色度水平随着政府对单位绿色产品补贴数额的增大而提高，即政府对单位绿色产品补贴越多，越能够激发制造商的绿色研发努力，促进产品的绿色改进。

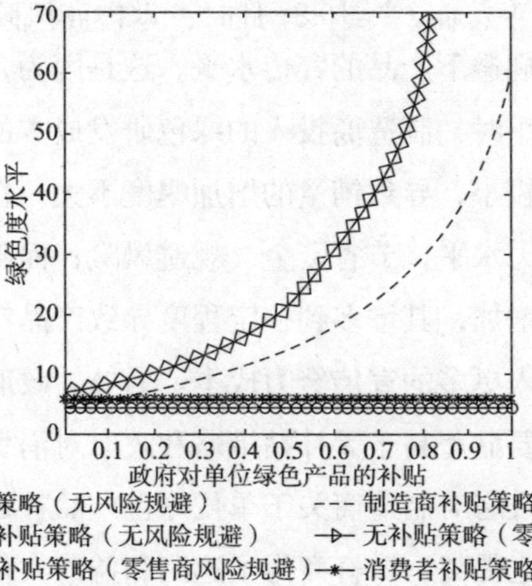

图4-4　政府对单位绿色产品的补贴对产品绿色度水平的影响

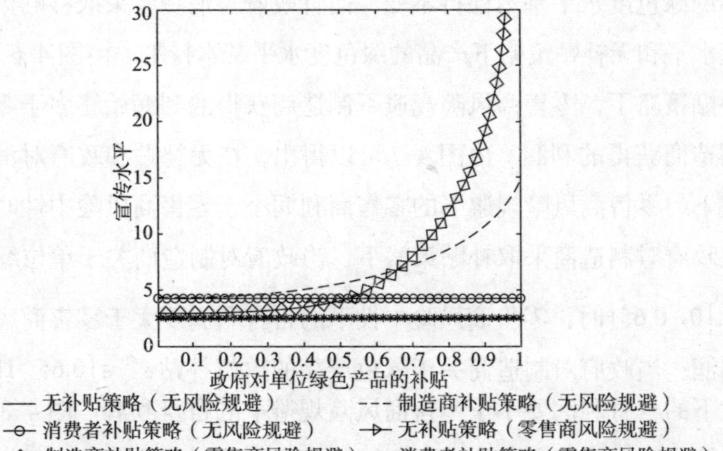

图4-5　政府对单位绿色产品的补贴对产品宣传水平的影响

在图 4-5 中，与图 4-4 相似，零售商的宣传水平在政府加大对消费者补贴的情形下仍基本保持不变，并与无补贴策略下的宣传水平基本相等。在无补贴策略和政府对消费者采取补贴策略下，零售商的风险规避程度越高，产品的宣传水平越低。在政府对制造商采取补贴策略下，政府对制造商关于单位绿色产品的补贴 $s^{M} \in [0, 0.8]$ 时，零售商风险中性下产品的宣传水平要大于零售商风险规避下产品的宣传水平；而 $s^{M} \in [0.8, 1]$ 时，零售商风险中性下产品的宣传水平要小于零售商风险规避下产品的宣传水平。这是因为，当政府对制造商的单位绿色产品的补贴较小时，制造商投入的绿色研发成本的增加幅度较小，产品绿色度的提高幅度也较小，导致销量的增加幅度不大，在零售商考虑风险规避时其便会降低宣传努力水平，节省资金，规避风险；而随着政府对制造商的单位绿色产品的补贴的增加，其增多到一定程度导致产品销量的大幅增长，使零售商在风险规避下投入更多的宣传努力成本。另外，政府对制造商采取补贴策略下产品的宣传水平要显著高于无补贴策略和政府对消费者采取补贴策略下产品的宣传水平，随着政府对制造商关于单位绿色产品补贴数额的增大，可以推测产品的绿色度也随之提高，零售商为了达到利益最大化也会随之加大宣传努力，提高产品的宣传水平。

图 4-6 ～图 4-8 均可以表明随着政府对消费者单位绿色产品补贴数额的增大，产品的绿色度水平基本保持不变，而且政府对消费者采取补贴策略下产品的绿色度水平和无补贴策略下产品的绿色度水平基本持平。由图 4-6 可以得出，在同种补贴策略下，零售商风险规避下制造商获得的利润始终多于零售商风险中性时制造商获得的利润。由图 4-7 可以得出，在无补贴和政府对消费者采取补贴策略下，零售商风险规避下的零售商利润小于零售商风险中性时的零售商利润。在政府对制造商采取补贴策略下，当政府对制造商关于单位绿色产品的补贴 $s^{M} \in [0, 0.65]$ 时，零售商风险中性下的自身利润要大于零售商风险规避下的自身利润；当政府对制造商关于绿色产品的单位补贴 $s^{M} \in [0.65, 1]$，零售商风险中性下的自身利润要小于零售商风险规避下的自身利润。图 4-8 表明，在同种补贴策略下，零售商风险规避下绿色供应链总利润始终大于零售商风险中性时的供应链总利润。由图 4-6 ～图 4-8 可以得出，由于政府对制造商的补贴策略会激励制造商提高绿色努力水平，进而提升产品的销量，政府对制造商采取补贴策略下供应链成员利润和供应链总利润要显著高于无补贴策略和政府对消费者采取补贴策略下的供应链成员利润和供应链总利润。因此，可以通过控制零售商的风险规避程度来调整供应链成员之间的利润和供应链总利润，通过

提高对制造商单位绿色产品的补贴数额来提升供应链的成员收益和总收益。

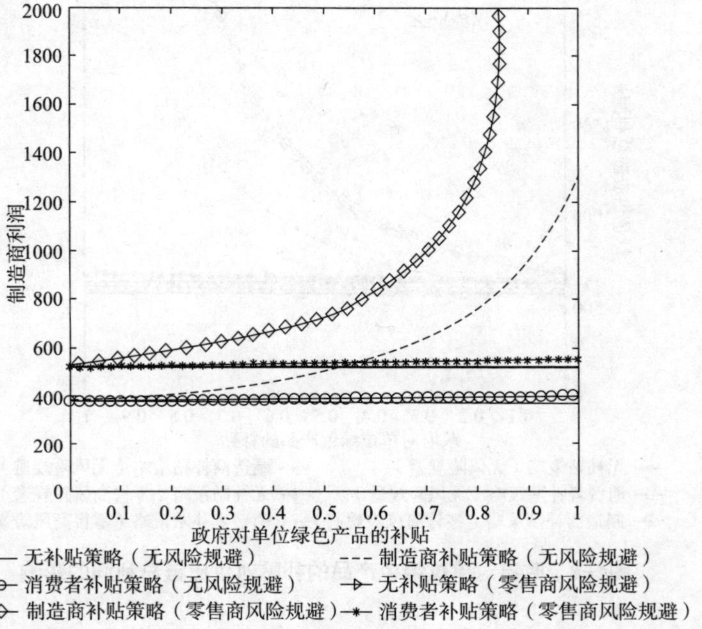

图4-6　政府对单位绿色产品的补贴对制造商利润的影响

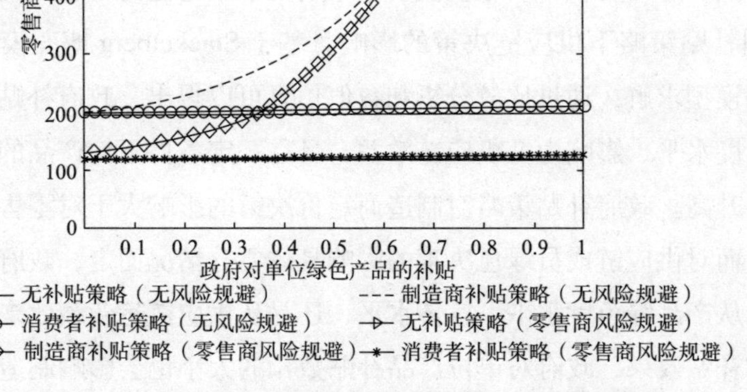

图4-7　政府对单位绿色产品的补贴对零售商利润的影响

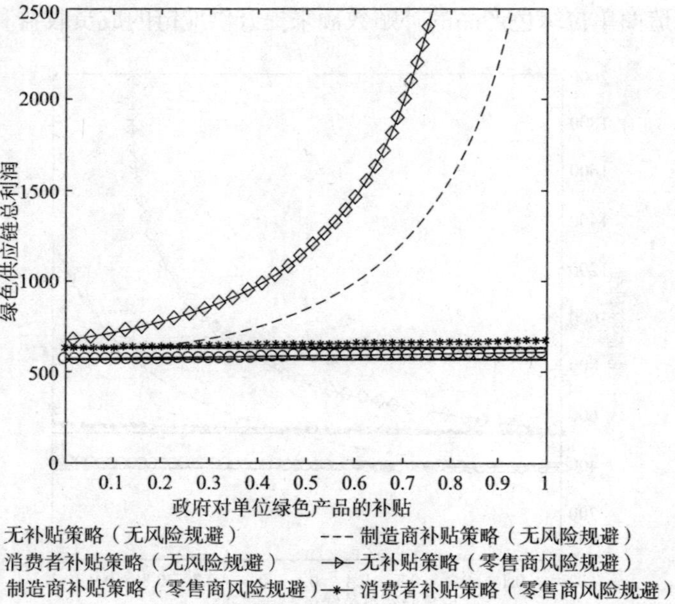

图4-8　政府对单位绿色产品的补贴对供应链总利润的影响

4.6　本章小结

本章在由一个制造商和一个零售商构成的绿色供应链的基础上，加入产品的宣传水平这个决策变量，即零售商付出的宣传努力水平，比较政府在无补贴策略、对制造商补贴、对消费者补贴情形下对供应链成员最优绿色决策和定价决策的影响，并考虑在市场存在波动、市场需求不稳定时零售商的风险规避特征对不同补贴策略下供应链决策的影响。基于 Stackelberg 博弈模型，经过模型构建和模型求解，通过比较分析和数值仿真可以得出，政府补贴可以提升产品的绿色度水平、影响力及供应链效益，且在一定条件下使产品的批发价格和零售价格升高。政府补贴策略对制造商定价决策的影响大于对零售商定价决策的影响，而对供应链成员绿色决策的影响具体要分情况而定，政府对制造商的补贴不论从产品绿色度水平、宣传水平，还是从供应链运营绩效来看，都能达到最优的补贴效果，政府对单位产品补贴数额的大小也会影响制造商和零售商的绿色投资努力水平及供应链利润。零售商的风险规避特征会使零售商的决策趋于保守而降低自身的宣传努力水平，但会反过来刺激制造商提高产品的绿色度水平，并提升供应链成员效益和总效益。

第5章　政府补贴下考虑产品绿色度和销售努力的绿色供应链定价决策

5.1　引言

21世纪以来，在经济迅速发展的同时，全球变暖、雾霾天气等环境问题日益突出，在此背景下，一种考虑资源消耗和环境影响的绿色供应链管理模式应运而生，现已成为国内外学术界和企业界关注的热点。在绿色环保政策频频出台和消费者绿色环保意识不断增强的双重驱动下，绿色产品日益受到消费者的青睐，制造企业纷纷开始研发和生产绿色产品，这不仅可以提升企业环保形象，也可以让企业获得市场竞争优势。例如，格力、美的等企业研发无氟变频空调；比亚迪、上海汽车集团等企业生产新能源汽车。

随着消费者环保意识的不断提升，绿色消费理念逐步树立，更多消费者倾向于购买绿色度较高的产品。产品绿色度是指产品对人和自然友好的程度，例如产品有害物质含量、能耗水平、可回收性等，已成为影响消费者购买决策的重要因素。产品绿色度是影响市场需求的一个重要因素，绿色度的提高不仅有利于刺激消费者的需求，还可以减少资源浪费和环境污染，树立良好的企业形象，提高企业竞争力。同时，环保意识的提升改变了消费者的行为，有报告显示，51%的美国消费者愿意为绿色程度高的产品支付更多费用，即环境溢价（environmental premium），67%的美国消费者在购买过程中认为产品的环保性能很重要。经济合作与发展组织（以下简称经合组织）指出，经合组织国家中，27%的消费者是绿色消费者，他们有强烈环保意识并且愿意为绿色产品埋单，因此很多企业通过提高产品绿色度应对这种市场变化。

广告投入、销售人员讲解和演示等企业销售努力行为同样是影响市场需求的重要因素。销售努力作为提高顾客满意度、增加市场份额的重要手段被广大零售商所采用，可增加产品市场需求、抢占市场份额。很多情况下，零售商的销售努力行为可以影响需求，比如把产品放在醒目的货架上、培训销售人员、增加广告投入等，销售努力带来的需求增加不仅使零售商获益，也使制造商获益。对于制造商而言，当然是零售商的努力水平越高越好，但如果只由零售商承担努力所付出的成本，那么其只会选择对自己最有利的努力水平，而这个选择往往不会实现供应链的最优决策。事实上，绿色供应链中的销售努力本质在于推广绿色产品（沃尔玛实施绿色供应链的策略之一），所需销售努力角度和程度都会有所不同，倘若政府能够给予一定比例的销售补贴，供应链策略和各成员收益或将不同。

在绿色供应链中负责生产绿色产品的制造商及进行绿色销售努力的零售商往往面临资金短缺或技术匮乏等局面。由于目前我国中小型制造企业数量居多，进行绿色生产会导致生产成本增加，包括学习绿色技术、购买绿色设备等，从而降低了制造企业进行绿色生产的积极性。为破除绿色生产的发展障碍，促进绿色供应链的良性发展，政府的财政补贴不可或缺。为此，政府会制定相应的补贴政策，补贴绿色供应链中的主体（制造商和零售商），目的是对制造商在绿色产品的技术研发及环保零部件采购等方面，以及零售商绿色销售努力的投入进行一定的补贴。对政府来说，为更有效地激励制造商研发和生产绿色度更高的产品，以及激励零售商付出更多销售努力以增加市场需求，政府应制定合理有效的财政补贴政策。然而供应链的主导模式、补贴对象及补贴方式的不同均会影响绿色供应链的最优决策，分析这些不同情形下补贴政策的效果是重要问题。本章意在探究以下问题：

（1）不同的政府补贴策略对制造商的批发价格、产品绿色度及零售商的销售价格、绿色销售努力水平决策有什么影响？

（2）消费者对绿色度敏感系数及对绿色销售努力敏感系数对政府补贴效果及供应链定价决策有何影响？

（3）不同政府补贴策略下的补贴效果如何？

本章考虑由政府、绿色产品制造商和绿色产品零售商组成的绿色供应链，制造商为主导者，零售商为跟随者，政府为了鼓励绿色供应链的发展，会对制造商的产品绿色度、绿色研发创新成本和零售商的绿色销售努力成本进行补贴，分析政府补贴对供应链定价决策、成员利润及社会福利的影响。

5.2　模型构建与假设说明

5.2.1　模型构建

考虑由政府、一个绿色产品制造商和一个绿色产品零售商组成的绿色供应链模型，制造商与零售商进行 Stackelberg 博弈，制造商为主导者，零售商为跟随者。供应链的决策顺序为：政府首先选择补贴模式和补贴水平，制造商随后根据政府的决策确定产品的批发价格 w 和绿色度 g，零售商最后根据制造商的决策确定产品的零售价格 p 和绿色销售努力水平 e。政府为了鼓励绿色供应链的发展，会对制造商的产品绿色度、绿色研发创新成本和零售商的绿色销售努力成本进行补贴，从而分析政府补贴制造商（绿色度补贴和绿色研发创新成本补贴）、补贴零售商（绿色销售努力成本补贴）情形下对供应链定价决策、成员利润及社会福利的影响。

5.2.2　假设说明

假设 5.1　参考 Hong 等（2019）的做法，市场需求随零售价格 p 递减，随绿色度 $g(g>0)$ 递增，随销售努力水平 $e(e>0)$ 递增，市场需求函数为 $D=a-bp+kg+qe$。其中，$a-bp>0$ 表明不管价格多少，总有消费者愿意购买该产品，$a(a>0)$ 表示潜在市场规模，$b(0<b<1)$ 为产品的价格弹性系数，$k(0<k<1)$ 为消费者对绿色度敏感系数，$q(0<q<1)$ 为消费者对绿色销售努力敏感系数。

假设 5.2　制造商的单位产品生产成本为 c_{m}，零售商的单位产品销售成本为 c_{r}，为简化计算，在不影响最终结论的前提下，我们均假设其为 0。

假设 5.3　遵循 Chen 等（2019）相关文献的做法，制造商通过引入新设备、新技术等方式进行绿色研发创新所产生的额外成本为 $\frac{1}{2}zg^2$。其中，

$z(z>0)$ 为绿色研发创新成本系数，零售商通过进行销售努力 e 进而提高产品销量以及利润而产生的成本为 $\frac{1}{2}he^2$。其中，$h(h>0)$ 为绿色销售努力成本系数。

假设 5.4 政府对制造商的产品绿色度、绿色研发创新成本和零售商绿色销售努力成本进行补贴，其决策目标是社会福利最大化，社会总福利（SW）由消费者剩余（CS）、制造商利润（$\prod_m$）、零售商利润（$\prod_r$）及政府补贴（GS）共同决定，即 $SW=\prod_m+\prod_r+CS-GS$。制造商和零售商均为“完全理性的经济人”且风险中性，各自追求自身利益最大化。

假设 5.5 根据 Panda 等（2017）的定义，消费者剩余是权衡消费者福利的重要指标，为消费一定数量的产品消费者愿意支付的最高价格与实际价格的差值，可表示为 $CS=\int_p^{p_{max}}D\mathrm{d}p=\frac{D^2}{2b}$。其中，$p_{max}$ 表示需求为 0 时的价格，令 $D=0$，即 $p_{max}=\frac{a+kg+qe}{b}$，$p$ 为产品实际价格。

假设 5.6 政府的补贴策略有三种：①根据产品绿色度对制造商进行补贴。以 θ 表示绿色度补贴系数，则政府总补贴支出为 θg；②根据绿色研发创新成本对制造商进行补贴。以 $\varepsilon(0<\varepsilon<1)$ 表示基于研发成本的政府补贴系数，则政府补贴支出为 $\frac{1}{2}\varepsilon zg^2$；③根据绿色销售努力成本对零售商进行补贴。以 $\tau(0<\tau<1)$ 表示基于绿色销售努力成本的补贴系数，则政府补贴支出为 $\frac{1}{2}\tau he^2$。

假设 5.7 下标 m 为制造商，下标 r 为零售商，用上标 M_1、M_2、R 分别表示政府对制造商进行绿色度补贴、绿色研发创新成本补贴和对零售商进行绿色销售努力成本补贴。

为清晰描述问题，相关符号及其含义说明见表 5-1。

表5-1 相关符号及其含义

类型	符号	含义
决策变量	w	批发价格
	g	绿色度

续表

类型	符号	含义
决策变量	p	零售价格
	e	绿色销售努力水平
	θ	绿色度补贴系数
	ε	研发成本补贴系数
	τ	销售努力成本补贴系数
参数及其他符号	a	潜在市场规模
	b	价格弹性系数
	k	消费者对绿色度敏感系数
	q	消费者对绿色销售努力敏感系数
	c_{m}	制造商单位产品生产成本
	c_{r}	零售商单位产品销售成本
	z	制造商绿色研发创新成本系数
	h	零售商绿色销售努力成本系数
	SW	社会福利
	Π_{m}	制造商利润
	Π_{r}	零售商利润

博弈顺序：第一阶段，政府以社会福利最大化为目标决定基于绿色度的补贴系数、基于研发成本的补贴系数、基于绿色销售努力成本的补贴系数；第二阶段，制造商再根据政府的决策决定批发价格和产品绿色度；第三阶段，零售商再根据制造商上一阶段的决策决定零售价格和绿色销售努力水平。

5.3 模型均衡解

5.3.1 绿色度补贴（M1策略）

政府为鼓励制造商生产更加绿色的产品，推动节能减排工作，往往对绿色度超过某个标准的产品给予直接补贴，现实中政府对产品补贴的多少往往与绿色度有关。M1 策略下的供应链结构图见图 5-1。

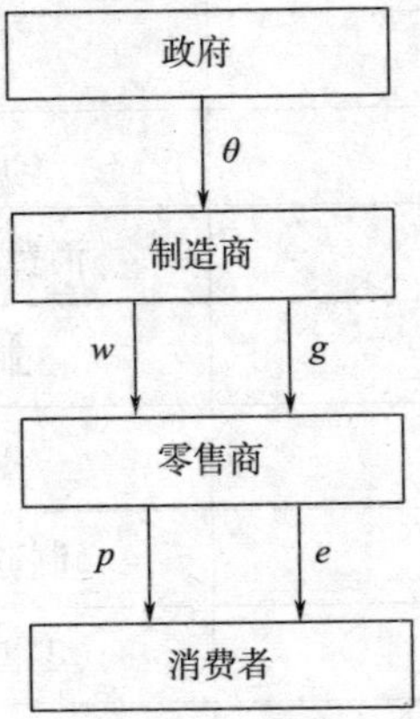

图5-1 M1策略下的供应链结构图

此时，制造商和零售商利润及社会福利函数分别为：

$$\text{Max}\prod_{m}{}^{M1}=w\left(a-bp+kg+qe\right)+\theta g-\frac{1}{2}zg^{2} \tag{5.1}$$

$$\text{Max}\prod_{r}{}^{M1}=\left(p-w\right)\left(a-bp+kg+qe\right)-\frac{1}{2}he^{2} \tag{5.2}$$

$$\text{Max}SW_{\theta}^{M1}=\prod_{m}^{M1}+\prod_{r}^{M1}+CS^{M1}-GS^{M1} \tag{5.3}$$

经计算可得，此模型下各均衡解及利润函数分别如表 5-2 所示：

表5-2 M1模型下的均衡解和利润

符号	结果
w^{M1}	$w^{M1}=\frac{(2bh-q^2)(az+k\theta)}{b(-hk^2+4bhz-2q^2z)}$
g^{M1}	$g^{M1}=\frac{ahk+4bh\theta-2q^2\theta}{-hk^2+4bhz-2q^2z}$
p^{M1}	$p^{M1}=\frac{(3bh-q^2)(az+k\theta)}{b(-hk^2+4bhz-2q^2z)}$
e^{M1}	$e^{M1}=\frac{q(az+k\theta)}{-hk^2+4bhz-2q^2z}$
θ^{M1}	$\theta^{M1}=-\frac{ahk(3bh-q^2)z}{7bh^2k^2-3hk^2q^2-16b^2h^2z+16bhq^2z-4q^4z}$
Π_{m}^{M1}	$\Pi_{\mathrm{m}}^{M1}=-\frac{ah^2z+2ahk\theta+2(2bh-q^2)\theta^2}{-2hk^2+8bhz-4q^2z}$
Π_{r}^{M1}	$\Pi_{\mathrm{r}}^{M1}=\frac{h(2bh-q^2)(az+k\theta)^2}{2(2q^2z+h(k^2-4bz))^2}$
SW^{M1}	$SW^{M1}=\frac{a^2h(7bh-3q^2)z}{2hk^2(-7bh+3q^2)+8(-2bh+q^2)^2z}$

证明过程见附录。

5.3.2 绿色研发创新成本补贴（M2策略）

绿色研发创新成本补贴是针对制造商生产绿色产品需要加大研发投入所进行的补贴，是提高制造商生产绿色产品积极性最直接有效的补贴策略。M2 策略下的供应链结构图见图 5-2。

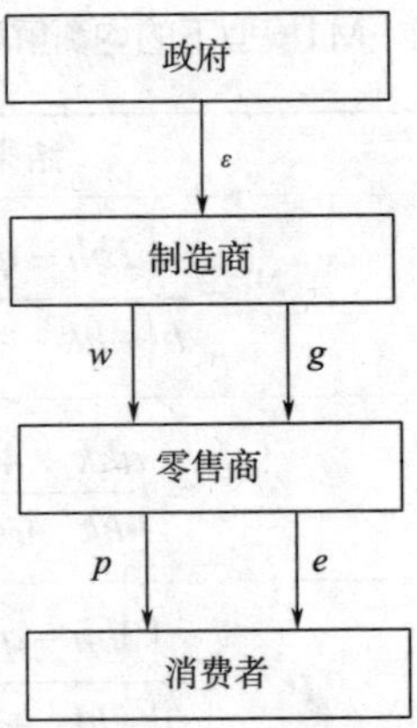

图5-2　M2策略下的供应链结构图

此时，制造商和零售商利润及社会福利函数分别为：

$$\mathrm{Max}\prod\nolimits_{\mathrm{m}}^{\mathrm{M2}}=w\left(a-bp+kg+qe\right)-\frac{1}{2}\left(1-\varepsilon\right)zg^{2} \tag{5.4}$$

$$\mathrm{Max}\prod\nolimits_{\mathrm{r}}^{\mathrm{M2}}=\left(p-w\right)\left(a-bp+kg+qe\right)-\frac{1}{2}he^{2} \tag{5.5}$$

$$\mathrm{Max}SW_{\varepsilon}^{\mathrm{M2}}=\prod\nolimits_{\mathrm{m}}^{\mathrm{M2}}+\prod\nolimits_{\mathrm{r}}^{\mathrm{M2}}+CS^{\mathrm{M2}}-GS^{\mathrm{M2}} \tag{5.6}$$

经计算可得，此模型下各均衡解及利润函数分别如表 5-3 所示：

表5-3　M2模型下的符号及相应均衡解和利润

符号	结果
w^{M2}	$w^{\mathrm{M2}}=\dfrac{a\left(2bh-q^{2}\right)\left(-z+z\varepsilon\right)}{b\left(hk^{2}-4bhz+2q^{2}z+4bhz\varepsilon-2q^{2}z\varepsilon\right)}$
g^{M2}	$g^{\mathrm{M2}}=-\dfrac{ahk}{hk^{2}-4bhz+2q^{2}z+4bhz\varepsilon-2q^{2}z\varepsilon}$
p^{M2}	$p^{\mathrm{M2}}=\dfrac{az\left(3bh-q^{2}\right)\left(-1+\varepsilon\right)}{b\left(h\left(k^{2}+4bz\left(-1+\varepsilon\right)\right)-2q^{2}z\left(-1+\varepsilon\right)\right)}$
e^{M2}	$e^{\mathrm{M2}}=\dfrac{aqz\left(-1+\varepsilon\right)}{h\left(k^{2}+4bz\left(-1+\varepsilon\right)\right)-2q^{2}z\left(-1+\varepsilon\right)}$

续表

符号	结果
$\varepsilon^{\mathrm{M2}}$	$\varepsilon^{\mathrm{M2}}=\dfrac{3bh-q^2}{7bh-3q^2}$
$\prod_{\mathrm{m}}^{\mathrm{M2}}$	$\prod_{\mathrm{m}}^{\mathrm{M2}}=\dfrac{a^2hz(-1+\varepsilon)}{2h\left(k^2+4bz(-1+\varepsilon)\right)-4q^2z(-1+\varepsilon)}$
$\prod_{\mathrm{r}}^{\mathrm{M2}}$	$\prod_{\mathrm{r}}^{\mathrm{M2}}=\dfrac{a^2h\left(2bh-q^2\right)z^2(-1+\varepsilon)^2}{2\left(h\left(k^2+4bz(-1+\varepsilon)\right)-2q^2z(-1+\varepsilon)\right)^2}$
SW^{M2}	$SW^{\mathrm{M2}}=\dfrac{a^2h\left(7bh-3q^2\right)z}{2hk^2\left(-7bh+3q^2\right)+8\left(-2bh+q^2\right)^2z}$

证明过程与绿色度补贴策略下类似，这里不再给出。

5.3.3　绿色销售努力成本补贴（*R*策略）

绿色销售努力成本补贴是政府对零售商的绿色销售努力成本所进行的补贴。*R* 策略下的供应链结构图见图 5-3。

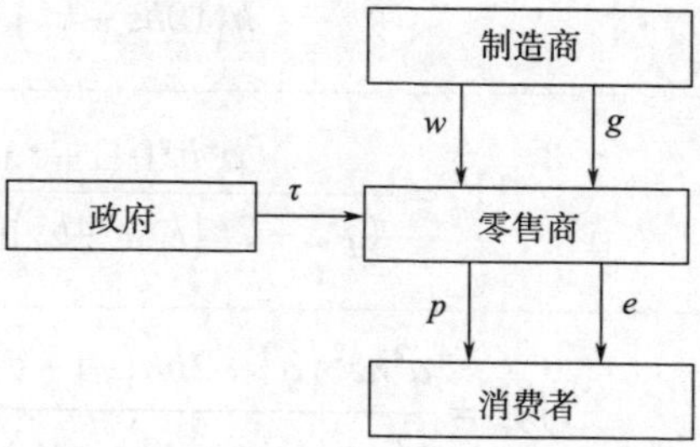

图5-3　*R* 策略下的供应链结构图

此时，制造商和零售商利润及社会福利函数分别为：

$$\mathrm{Max}\prod_{\mathrm{m}}^{\mathrm{R}}=w\left(a-bp+kg+qe\right)-\frac{1}{2}zg^2 \tag{5.7}$$

$$\mathrm{Max}\prod_{\mathrm{r}}^{\mathrm{R}}=(p-w)(a-bp+kg+qe)-\frac{1}{2}(1-\tau)he^{2} \tag{5.8}$$

$$\mathrm{Max}SW_{\tau}^{\mathrm{R}}=\prod_{\mathrm{m}}^{\mathrm{R}}+\prod_{\mathrm{r}}^{\mathrm{R}}+CS^{\mathrm{R}}-GS^{\mathrm{R}} \tag{5.9}$$

经计算可得，此模型下各均衡解及利润函数分别如表 5-4 所示：

表5-4 *R* 模型下的符号及相应均衡决策和利润

符号	结果
W^{R}	$W^{\mathrm{R}}=\dfrac{az\left(-2bh+q^{2}+2bh\tau\right)}{b\left(hk^{2}-4bhz+2q^{2}z-hk^{2}\tau+4bhz\tau\right)}$
g^{R}	$g^{\mathrm{R}}=\dfrac{ak\left(-h+h\tau\right)}{hk^{2}-4bhz+2q^{2}z-hk^{2}\tau+4bhz\tau}$
p^{R}	$p^{\mathrm{R}}=\dfrac{az\left(q^{2}+3bh(-1+\tau)\right)}{b\left(2q^{2}z-h\left(k^{2}-4bz\right)(-1+\tau)\right)}$
e^{R}	$e^{\mathrm{R}}=-\dfrac{aqz}{b\left(2q^{2}z-h\left(k^{2}-4bz\right)(-1+\tau)\right)}$
τ^{R}	$\tau^{\mathrm{R}}=\dfrac{2z\left(3bh-q^{2}\right)}{h\left(10bz-k^{2}\right)}$
$\prod_{\mathrm{m}}^{\mathrm{R}}$	$\prod_{\mathrm{m}}^{\mathrm{R}}=\dfrac{a^{2}hz(-1+\tau)}{4q^{2}z-2h\left(k^{2}-4bz\right)(-1+\tau)}$
$\prod_{\mathrm{r}}^{\mathrm{R}}$	$\prod_{\mathrm{r}}^{\mathrm{R}}=\dfrac{a^{2}hz^{2}\left(q^{2}+2bh(-1+\tau)\right)(-1+\tau)}{2\left(-2q^{2}z+h\left(k^{2}-4bz\right)(-1+\tau)\right)^{2}}$
SW^{R}	$SW^{\mathrm{R}}=\dfrac{a^{2}z\left(-hk^{2}+7bhz+q^{2}z\right)}{-24bq^{2}z^{2}+2h\left(k^{2}-4bz\right)^{2}}$

证明过程与绿色度补贴策略下类似，这里不再给出。

5.4　均衡结果分析

命题 5.1　政府根据产品绿色度补贴制造商时，$\frac{\partial w^{\mathrm{M1}}}{\partial\theta}>0$，$\frac{\partial g^{\mathrm{M1}}}{\partial\theta}>0$，$\frac{\partial p^{\mathrm{M1}}}{\partial\theta}>0$，$\frac{\partial e^{\mathrm{M1}}}{\partial\theta}>0$，$\frac{\partial\Pi_{\mathrm{m}}^{\mathrm{M1}}}{\partial\theta}>0$，$\frac{\partial\Pi_{\mathrm{r}}^{\mathrm{M1}}}{\partial\theta}>0$。

命题 5.1 表明，政府根据产品绿色度补贴制造商时，批发价格、绿色度、零售价格、绿色销售努力水平，以及制造商和零售商利润均随绿色度补贴系数的增大而增大。当政府以绿色度为标准补贴制造商时，产品绿色度越高，制造商得到的补贴就越多，事实上产品绿色度高意味着产品质量更好，高质量产品需要制造商付出更多成本和资源，制造商需要采购绿色原材料及引进先进绿色技术等，这些措施必然会增加投入成本，降低制造商生产的积极性，政府为提高其积极性，对其进行绿色度补贴。一定程度上，政府补贴能够调动制造商的积极性，使批发价格和产品绿色度提高，从而使零售价格上涨，进一步提高零售商绿色销售努力水平。对于具有绿色消费意识的消费者而言，其更加关注产品的绿色度，且具有一定的心理价格承受能力，并不会由于价格的上涨减少对绿色产品的购买，反而刺激了市场需求量，使制造商和零售商均受益。同时，当政府给予制造商绿色度补贴时，即使制造商处于主导地位且享受补贴，零售商收益也随政府补贴力度的增大而增加，也说明了绿色供应链成员有合作的可能性。

证明过程见附录。

命题 5.2　政府根据产品绿色度补贴制造商时，消费者对绿色度敏感系数对各决策变量的影响：

（1）$\frac{\partial w^{\mathrm{M_1}}}{\partial k}>0$，$\frac{\partial g^{\mathrm{M_1}}}{\partial k}>0$，$\frac{\partial \theta^{\mathrm{M_1}}}{\partial k}>0$，$\frac{\partial \Pi_{\mathrm{m}}^{\mathrm{M_1}}}{\partial k}>0$。

（2）当$0<\frac{-ahz+\sqrt{hz\left(a^2hz-4bh\theta^2+2q^2\theta^2\right)}}{h\theta}<1$时，若

$$0<k<\frac{-ahz+\sqrt{hz\left(a^2hz-4bh\theta^2+2q^2\theta^2\right)}}{h\theta}，则\frac{\partial p^{\mathrm{M1}}}{\partial k}<0,\frac{\partial e^{\mathrm{M1}}}{\partial k}<0,\frac{\partial \Pi_{\mathrm{r}}^{\mathrm{M1}}}{\partial k}<0；$$

若$\frac{-ahz+\sqrt{hz\left(a^2hz-4bh\theta^2+2q^2\theta^2\right)}}{h\theta}<k<1$，则$\frac{\partial p^{\mathrm{M1}}}{\partial k}>0,\frac{\partial e^{\mathrm{M1}}}{\partial k}>0,\frac{\partial \prod_{\mathrm{r}}^{\mathrm{M1}}}{\partial k}<0$。

当$\frac{-ahz+\sqrt{hz\left(a^2hz-4bh\theta^2+2q^2\theta^2\right)}}{h\theta}>1$时，$\frac{\partial p^{\mathrm{M1}}}{\partial k}<0,\frac{\partial e^{\mathrm{M1}}}{\partial k}<0,\frac{\partial \prod_{\mathrm{r}}^{\mathrm{M1}}}{\partial k}<0$。

命题 5.2 表明，政府根据绿色度补贴制造商时，批发价格、产品绿色度、绿色度补贴系数及制造商利润均随消费者对绿色度敏感系数的增加而增加。当$0<\frac{-ahz+\sqrt{hz\left(a^2hz-4bh\theta^2+2q^2\theta^2\right)}}{h\theta}<1$时，若消费者对绿色度敏感系数较小，零售价格、绿色销售努力水平及零售商利润均随消费者对绿色度敏感系数的增大而减小，反之均随消费者对绿色度敏感系数的增大而增大；当$\frac{-ahz+\sqrt{hz\left(a^2hz-4bh\theta^2+2q^2\theta^2\right)}}{h\theta}>1$时，则零售价格、绿色销售努力水平及零售商利润均随消费者对绿色度敏感系数的增大而减小。政府补贴制造商有助于调动其生产绿色产品的积极性，这意味着制造商投入更多的资源和精力生产高绿色度的产品，努力提升自身的品牌形象，提升消费者的信任感，促进消费者的购买需求，有利于宣传绿色理念、倡导绿色生活。消费者对绿色度越敏感，产品的绿色度和零售商的绿色销售努力水平越高，这其中蕴含着“水涨船高”的基本事实。即使制造商处于主导地位且享受补贴，零售商仍有可能获得利润，这说明供应链成员合作推行绿色供应链的可能性及政府补贴对绿色策略实施的重要性。但谁享受补贴并不意味着其获得了绝对优势，比如制造商获得绿色度补贴时，在消费者对绿色度较为敏感时$\left(\frac{-ahz+\sqrt{hz\left(a^2hz-4bh\theta^2+2q^2\theta^2\right)}}{h\theta}<k<1\right)$，零售商仍有机会获得利润。因此，在绿色供应链中，政府应给予一定的财政补贴，激发制造商将消费者作为重要影响因素，密切关注消费者对绿色度的敏感度。

证明过程见附录。

命题 5.3 政府根据产品绿色度补贴制造商时，消费者对绿色销售努力敏感系数对各决策变量的影响：

（1）$\frac{\partial w^{\mathrm{M1}}}{\partial q}>0$，$\frac{\partial g^{\mathrm{M1}}}{\partial q}>0$，$\frac{\partial p^{\mathrm{M1}}}{\partial q}>0$，$\frac{\partial e^{\mathrm{M1}}}{\partial q}>0$，$\frac{\partial \prod_{\mathrm{m}}^{\mathrm{M1}}}{\partial q}>0$，$\frac{\partial \prod_{\mathrm{r}}^{\mathrm{M1}}}{\partial q}>0$。

(2) 当 $0<\sqrt{\frac{2\left(8b^2h^2z-6bhq^2z+q^4z\right)}{bh^2}}<1$ 时，若 $0<k<\sqrt{\frac{2\left(8b^2h^2z-6bhq^2z+q^4z\right)}{bh^2}}$，则 $\frac{\partial\theta^{\mathrm{M1}}}{\partial q}>0$；若 $\sqrt{\frac{2\left(8b^2h^2z-6bhq^2z+q^4z\right)}{bh^2}}<k<1$，则 $\frac{\partial\theta^{\mathrm{M1}}}{\partial q}<0$。当 $\sqrt{\frac{2\left(8b^2h^2z-6bhq^2z+q^4z\right)}{bh^2}}>1$ 时，$\frac{\partial\theta^{\mathrm{M1}}}{\partial q}>0$。

命题 5.3 表明，政府根据绿色度补贴制造商时，批发价格、产品绿色度、零售价格、绿色销售努力水平，以及制造商和零售商利润均随消费者对绿色销售努力敏感系数的增大而增大。当 $0<\sqrt{\frac{2\left(8b^2h^2z-6bhq^2z+q^4z\right)}{bh^2}}<1$ 时，若消费者对绿色度敏感系数较小，绿色度补贴系数随消费者对绿色销售努力敏感系数的增大而增大，反之随消费者对绿色销售努力敏感系数的增大而减小；当 $\sqrt{\frac{2\left(8b^2h^2z-6bhq^2z+q^4z\right)}{bh^2}}>1$ 时，绿色度补贴系数则随消费者对绿色销售努力敏感系数的增大而增大。类似命题 5.2，消费者受到零售商绿色销售努力的影响越大，零售商越会努力增强其销售努力以影响消费者的决策，也就是说，消费者环保意识的提升有利于绿色供应链策略的实施。即使政府对制造商给予绿色度补贴，制造商让利零售商的行为依然存在，使制造商和零售商两者所获利益均增加。另外，从命题 5.2（2）可以看出，政府的绿色度补贴系数受消费者对绿色销售努力敏感系数、$\sqrt{\frac{2\left(8b^2h^2z-6bhq^2z+q^4z\right)}{bh^2}}$ 和 1 的大小关系，以及消费者对绿色度敏感系数的影响。

证明过程见附录。

命题 5.4　政府根据绿色研发创新成本补贴制造商时，研发成本补贴系数对各决策变量的影响：

（1）$\frac{\partial w^{\mathrm{M2}}}{\partial\varepsilon}>0$，$\frac{\partial g^{\mathrm{M2}}}{\partial\varepsilon}>0$，$\frac{\partial p^{\mathrm{M2}}}{\partial\varepsilon}>0$，$\frac{\partial e^{\mathrm{M2}}}{\partial\varepsilon}>0$，$\frac{\partial\Pi_{\mathrm{m}}^{\mathrm{M2}}}{\partial\varepsilon}>0$。

（2）当 $2z\left(2bh-q^2\right)<hk^2$ 时，$\dfrac{\partial\Pi_{\mathrm{r}}^{\mathrm{M2}}}{\partial\varepsilon}<0$。当 $2z\left(2bh-q^2\right)>hk^2$ 时，若 $0<\varepsilon<\dfrac{2z\left(2bh-q^2-hk^2\right)}{2z\left(2bh-q^2\right)}<1$，则 $\dfrac{\partial\Pi_{\mathrm{r}}^{\mathrm{M2}}}{\partial\varepsilon}>0$；若 $\dfrac{2z\left(2bh-q^2-hk^2\right)}{2z\left(2bh-q^2\right)}<\varepsilon<1$，则 $\dfrac{\partial\Pi_{\mathrm{r}}^{\mathrm{M2}}}{\partial\varepsilon}<0$。

命题 5.4 表明，政府根据绿色研发创新成本补贴制造商时，批发价格、产品绿色度、零售价格、绿色销售努力水平及制造商利润均随研发成本补贴系数的增大而增大。当 $2z\left(2bh-q^2\right)<hk^2$ 时，零售商利润随研发成本补贴系数的增大而减小；当 $2z\left(2bh-q^2\right)>hk^2$ 时，若补贴系数较小，零售商利润随补贴系数的增大而增大，若补贴系数较大，零售商利润则随补贴系数的增大而减小。政府给予制造商研发创新成本补贴，制造商获得补贴后将加大绿色投入力度提高产品绿色度，这促使制造商抬高批发价格，使制造商获益。产品绿色度提高，促使零售商抬高零售价格及销售努力水平，同时也使具有绿色消费意识的消费者购买力增加导致市场需求增加。此外，当 $2z\left(2bh-q^2\right)>hk^2$ 时，适当的政府补贴 $\left(0<\varepsilon<\dfrac{2z\left(2bh-q^2\right)-hk^2}{2a\left(2bh-q^2\right)}<1\right)$ 更有利于提升零售商的经济收益；否则，不利于改善零售商的经济收益。一个有趣现象是：当政府补贴制造商力度较小时，即使政府不给零售商补贴，零售商收益随政府补贴力度的增加也出现增加趋势，这种现象被称为“搭便车”，这将压缩制造商的收益，造成供应链系统成员经济收益分配的失衡。因此，政府可采取一定的惩罚措施平衡成员的经济收益，如对零售商征收一定比例的额外税收等。

证明过程见附录。

命题 5.5 政府根据研发创新成本补贴制造商时，消费者对绿色度敏感系数对决策变量的影响：

（1）当 $0<\sqrt{\dfrac{2z\left(2bh-q^2\right)(-1+\varepsilon)}{h^2}}<1$时，若$0<k<\sqrt{\dfrac{2z\left(2bh-q^2\right)(-1+\varepsilon)}{h^2}}$，则 $\dfrac{\partial g^{\mathrm{M2}}}{\partial k}<0$；若 $\sqrt{\dfrac{2z\left(2bh-q^2\right)(-1+\varepsilon)}{h^2}}<k<1$，则 $\dfrac{\partial g^{\mathrm{M2}}}{\partial k}>0$。当 $\sqrt{\dfrac{2z\left(2bh-q^2\right)(-1+\varepsilon)}{h^2}}>1$时，$\dfrac{\partial g^{\mathrm{M2}}}{\partial k}<0$。

（2）$\dfrac{\partial w^{\mathrm{M2}}}{\partial k}>0$，$\dfrac{\partial p^{\mathrm{M2}}}{\partial k}>0$，$\dfrac{\partial e^{\mathrm{M2}}}{\partial k}>0$，$\dfrac{\partial \Pi_{\mathrm{m}}^{\mathrm{M2}}}{\partial k}>0$。

（3）当 $2z\left(2bh-q^2\right)<hk^2$ 时，$\dfrac{\partial \Pi_{\mathrm{r}}^{\mathrm{M2}}}{\partial k}<0$。当 $2z\left(2bh-q^2\right)>hk^2$ 时，若 $0<\varepsilon<\dfrac{2z\left(2bh-q^2\right)-hk^2}{2z\left(2bh-q^2\right)}<1$，则 $\dfrac{\partial \Pi_{\mathrm{r}}^{\mathrm{M2}}}{\partial k}>0$；若 $\dfrac{2z\left(2bh-q^2\right)-hk^2}{2z\left(2bh-q^2\right)}<\varepsilon<1$，则$\dfrac{\partial \Pi_{\mathrm{r}}^{\mathrm{M2}}}{\partial k}<0$。

命题5.5表明，政府根据研发创新成本补贴制造商时，当 $0<\sqrt{\dfrac{2z\left(2bh-q^2\right)(-1+\varepsilon)}{h^2}}<1$时，若消费者对绿色度敏感系数较小，绿色度随绿色度敏感系数的增大而减小，若消费者对绿色度敏感系数较大时，绿色度随绿色度敏感系数的增大而增大；当 $\sqrt{\dfrac{2z\left(2bh-q^2\right)(-1+\varepsilon)}{h^2}}>1$ 时，则随绿色度敏感系数的增大而减小。批发价格、零售价格、绿色销售努力水平及制造商利润均随消费者对绿色度敏感系数的增大而增大。当$2z\left(2bh-q^2\right)<hk^2$时，适当的政府补贴$\left(0<\varepsilon<\sqrt{\dfrac{2z\left(2bh-q^2\right)(-1+\varepsilon)}{h^2}}<1\right)$更有利于提升零售商的经济收益；否则，不利于提升零售商经济收益。政府根据研发创新成本补贴制造商，当消费者对产品绿色度不太敏感时，制造商提高产品绿色度的积极性较低，只有当消费者对绿色度反应较敏感时，制造商才会想方设法提高产品绿色度，刺激消费者的购买行为，这表明消费者越偏好绿色产品，越有利于绿色产

品的生产与销售，此时绿色产品批发与零售价格也会提高。同时，消费者绿色意识的增强，可以提高其绿色需求，促使零售商提高零售价格增加自身利润。销售努力水平随消费者对绿色度敏感系数增加的程度越大，越能激励制造商提高产品绿色度，零售商随之投入更多销售努力，提高产品销量。因此，为了实现社会效益的最大化，政府在制定补贴政策时，应根据不同行业内补贴对象的差异适当调整补贴比例，以保证整个供应链社会效益最优。

证明过程见附录。

命题 5.6 政府根据研发创新成本补贴制造商时，消费者对绿色销售努力敏感系数对各决策变量的影响：

（1）$\frac{\partial w^{M2}}{\partial q}>0$，$\frac{\partial g^{M2}}{\partial q}>0$，$\frac{\partial p^{M2}}{\partial q}>0$，$\frac{\partial \varepsilon^{M2}}{\partial q}>0$。

（2）当 $\frac{\sqrt{-hk^2+4bhz(1-\varepsilon)}}{\sqrt{2a(-1+\varepsilon)}}<1$ 时，若 $0<q<\frac{\sqrt{-hk^2+4bhz(1-\varepsilon)}}{\sqrt{2z(-1+\varepsilon)}}$，则 $\frac{\partial e^{M2}}{\partial q}>0$；若 $\frac{\sqrt{-hk^2+4bhz(1-\varepsilon)}}{\sqrt{2z(-1+\varepsilon)}}<q<1$，则 $\frac{\partial e^{M2}}{\partial q}<0$。当 $\frac{\sqrt{-hk^2+4bhz(1-\varepsilon)}}{\sqrt{2z(-1+\varepsilon)}}>1$时，$\frac{\partial e^{M2}}{\partial q}>0$。

命题 5.6 表明，政府根据研发创新成本补贴制造商时，批发价格、产品绿色度、零售价格及研发创新成本补贴系数均随消费者对绿色销售努力敏感系数的增大而增大。当 $\frac{\sqrt{-hk^2+4bhz(1-\varepsilon)}}{\sqrt{2z(-1+\varepsilon)}}<1$ 时，消费者对绿色销售努力敏感系数较小时，绿色销售努力水平呈现增大的趋势，消费者对绿色销售努力敏感系数较大时则呈减小趋势；当 $\frac{\sqrt{-hk^2+4bhz(1-\varepsilon)}}{\sqrt{2z(-1+\varepsilon)}}>1$ 时，绿色销售努力水平也呈增大趋势。随着消费者对绿色销售努力敏感系数的增强，政府会提高对制造商研发创新成本的补贴水平，促使制造商加大绿色产品研发以提高产品绿色度，进一步刺激零售商提高绿色销售努力来扩大市场需求量。消费者适当的销售努力敏感度 $\left(0<q<\frac{\sqrt{-hk^2+4bhz(1-\varepsilon)}}{\sqrt{2z(-1+\varepsilon)}}\right)$ 会促进零售商提高绿色销售努力水

平，倘若过于敏感$\left(\dfrac{\sqrt{-hk^2+4bhz(1-\varepsilon)}}{\sqrt{2z(-1+\varepsilon)}}<q<1\right)$，只要零售商稍稍提高销售努力，消费者便会紧跟其后增加对绿色产品的购买，这可能会使零售商陷入供不应求的境地，导致消费者对零售商服务的满意度降低，此时零售商便会选择降低销售努力水平，以此来保证自身的收益，确保供应链的长远稳定发展。

证明过程见附录。

命题 5.7　政府根据绿色销售努力成本补贴零售商时，销售努力成本补贴系数及消费者对绿色销售努力敏感系数对各决策变量的影响：

（1）$\dfrac{\partial w^{\mathrm{R}}}{\partial \tau}>0$，$\dfrac{\partial g^{\mathrm{R}}}{\partial \tau}>0$，$\dfrac{\partial p^{\mathrm{R}}}{\partial \tau}>0$，$\dfrac{\partial e^{\mathrm{R}}}{\partial \tau}>0$。

（2）$\dfrac{\partial w^{\mathrm{R}}}{\partial q}>0$，$\dfrac{\partial g^{\mathrm{R}}}{\partial q}>0$，$\dfrac{\partial p^{\mathrm{R}}}{\partial q}>0$，$\dfrac{\partial \tau^{\mathrm{M2}}}{\partial q}>0$。

命题 5.7 表明，政府根据绿色销售努力成本补贴零售商时，批发价格、产品绿色度、零售价格及绿色销售努力水平均随销售努力成本补贴系数及消费者对绿色销售努力敏感系数的增大而增大，且政府绿色销售努力成本的补贴系数随消费者对销售努力敏感系数的增大也呈增大趋势。政府对零售商绿色销售努力成本进行补贴，使零售商销售努力增加，进而产品需求增加，出现供不应求的情况，所以制造商会上涨批发价格，进一步使零售商提高零售价格。政府依据绿色销售努力对零售商进行补贴，一定程度上刺激了零售商进行绿色销售的积极性，但随着补贴系数的增加，零售商的最优销售努力水平却呈现下降的趋势。消费者对绿色销售努力越敏感，越能激励零售商付出更多销售努力成本来销售绿色产品，零售商进而提高产品零售价格，来扩大其市场份额，而制造商也会借助此效应，提高批发价格及产品绿色度来塑造绿色形象。

证明过程见附录。

命题 5.8　政府根据绿色销售努力成本补贴零售商时，消费者对绿色度敏感系数对各决策变量的影响：

（1）当 $0<\sqrt{2bh(1-\tau)}<1$ 时，若 $0<q<\sqrt{2bh(1-\tau)}$，则 $\frac{\partial w^{R}}{\partial k}>0$；若 $\sqrt{2bh(1-\tau)}<q<1$，则 $\frac{\partial w^{R}}{\partial k}<0$。当 $\sqrt{2bh(1-\tau)}>1$ 时，$\frac{\partial w^{R}}{\partial k}>0$。

（2）当 $\frac{2q^2z}{(k^2+4bz)(1-\tau)}<1$ 时，若 $0<h<\frac{2q^2z}{(k^2+4bz)(1-\tau)}$，则 $\frac{\partial g^{R}}{\partial k}<0$；若 $\frac{2q^2z}{(k^2+4bz)(1-\tau)}<h<1$，则 $\frac{\partial g^{R}}{\partial k}>0$。当 $\frac{2q^2z}{(k^2+4bz)(1-\tau)}>1$ 时，$\frac{\partial g^{R}}{\partial k}<0$。

（3）当 $0<\sqrt{3bh(1-\tau)}<1$ 时，若 $0<q<\sqrt{3bh(1-\tau)}$，则 $\frac{\partial p^{R}}{\partial k}>0$；若 $\sqrt{3bh(1-\tau)}<q<1$，则 $\frac{\partial p^{R}}{\partial k}<0$。当 $\sqrt{3bh(1-\tau)}>1$ 时，$\frac{\partial p^{R}}{\partial k}>0$。

（4）$\frac{\partial e^{R}}{\partial k}>0$，$\frac{\partial \tau^{R}}{\partial k}>0$，$\frac{\partial \Pi_{m}^{R}}{\partial k}>0$，$\frac{\partial \Pi_{r}^{R}}{\partial k}>0$。

命题 5.8 表明，政府根据绿色销售努力成本补贴零售商时，当 $0<\sqrt{2bh(1-\tau)}<1$、$0<\sqrt{3bh(1-\tau)}<1$ 时，消费者对绿色销售努力敏感系数较小时，批发价格和零售价格随消费者对绿色度敏感系数的增大而增大，消费者对绿色销售努力敏感系数较大时，批发价格和零售价格则随消费者对绿色度敏感系数的增大而减小；当 $\sqrt{2bh(1-\tau)}>1$、$\sqrt{3bh(1-\tau)}>1$ 时，批发价格和零售价格随消费者对绿色度敏感系数的增大而增大；当 $\frac{2q^2z}{(k^2+4bz)(1-\tau)}<1$ 时，绿色销售努力成本系数较小时，产品绿色度随消费者对绿色度敏感系数的增大而减小，较大时产品绿色度随消费者对绿色度敏感系数的增大而增大；当 $\frac{2q^2z}{(k^2+4bz)(1-\tau)}>1$ 时，产品绿色度亦随消费者对绿色度敏感系数的增大而减小；绿色销售努力水平、销售努力成本补贴系数、制造商利润和零售商利润均随消费者对绿色度敏感系数的增大而增大。在对零售商进行绿色销售努力成本补贴策略下，消费者对绿色度敏感系数增加，不仅可以增加政府的绿色销售努力成本补贴系数，还能激励零售商提高其绿色销售努力水平，使制造商和零售商利润均增加，整个供应链利润也相应增加，这表明政府对零售商进行绿色销售努力成本补贴同样有助于供应链的发展。同时，批发价格、产品绿色度及零售价格关于消费者对绿色度敏感系数的变化与消费者对绿色销售努力敏感系数和零售商绿色销售努力成本系数的大小有关。

证明过程见附录。

5.5　补贴效果的比较分析

对消费者来说，他们希望以尽可能低的价格购买高绿色度的产品。基于此，本书参考已有研究，引入评价指标——绩效价格比，来衡量政府补贴对消费者的影响。绩效价格比$\left(R=\dfrac{g}{p}\right)$定义为绿色度与销售价格的比率，$R$越大，说明绿色产品的性价比越高，消费者越愿意购买。政府采取三种补贴策略进行补贴，其绩效价格比分别为：

$$R(\theta)=\frac{b\left(ahk+4bh\theta-2q^2\theta\right)}{\left(3bh-q^2\right)\left(az+k\theta\right)} \tag{5.10}$$

$$R(\varepsilon)=\frac{bhk}{\left(3bh-q^2\right)z\left(1-\varepsilon\right)} \tag{5.11}$$

$$R(\tau)=\frac{bhk\left(1-\tau\right)}{z\left(3bh\left(1-\tau\right)-q^2\right)} \tag{5.12}$$

命题 5.9　①政府依据产品绿色度补贴下的绩效价格比随绿色度补贴系数θ的增大而增大$\left(\dfrac{\partial R(\theta)}{\partial\theta}>0\right)$；②政府依据绿色研发创新成本补贴下的绩效价格比随研发成本补贴系数ε的增大而增大$\left(\dfrac{\partial R(\varepsilon)}{\partial\varepsilon}>0\right)$；③政府依据绿色销售努力成本补贴下的绩效价格比随销售努力成本补贴系数τ的增大而增大$\left(\dfrac{\partial R(\tau)}{\partial\tau}>0\right)$。

证明过程见附录。

此结论说明政府对制造商及零售商进行的不同补贴策略均有利于消费者，且政府补贴力度越大，产品的绩效价格比越高，消费者受益越多，消费者的满意度越高。

为了比较三种补贴策略的效果，首先需要解决可比性问题。我们以相同的政府补贴支出为条件，比较不同策略的补贴效果。三种补贴策略对应的政府补贴支出分别为：

$$GS^{\mathrm{M1}}(\theta)=\frac{\theta\left(-ahk+2\left(q^{2}-2bh\right)\theta\right)}{2q^{2}z+h\left(k^{2}-4b\right)} \tag{5.13}$$

$$GS^{\mathrm{M2}}(\varepsilon)=\frac{a^{2}h^{2}k^{2}z\varepsilon}{2\left(h\left(k^{2}+4bz(-1+\varepsilon)\right)-2q^{2}z(-1+\varepsilon)\right)^{2}} \tag{5.14}$$

$$GS^{\mathrm{R}}(\tau)=\frac{a^{2}hq^{2}z^{2}\tau}{2\left(-2q^{2}z+h\left(k^{2}-4bz\right)(-1+\tau)\right)} \tag{5.15}$$

可以看出，随着补贴系数θ、ε、τ的增大，相应的政府补贴支出增加。为了得到相同的政府补贴支出，在确定补贴系数时，θ、ε、τ之间要满足一定数量关系。假定政府首先给定绿色度补贴系数θ，然后根据$GS^{\mathrm{M1}}(\varepsilon)=GS^{\mathrm{M2}}(\theta)$、$GS^{\mathrm{M1}}(\tau)=GS^{\mathrm{M2}}(\theta)$可确定$\varepsilon(\theta)$、$\tau(\theta)$的值，其计算公式分别为：

$$\varepsilon(\theta)=\frac{\left(2q^{2}z+h\left(k^{2}-4bz\right)\right)\left(-a^{2}h^{2}k^{2}-16\left(2bh-q^{2}\right)^{2}\theta^{2}+ahk\left(8\left(q^{2}-2bh\right)\theta+A_{1}\right)\right)}{16\left(2bh-q^{2}\right)^{2}z\theta\left(ahk+2\theta\left(2bh-q^{2}\right)\right)}$$

$$\tau(\theta)=\frac{\left(2q^{2}z+h\left(k^{2}-4bz\right)\right)\left(-a^{2}q^{2}z^{2}+\left(ahk+2\theta\left(2bh-q^{2}\right)\right)4\left(k^{2}-4bz\right)\theta+aqzA_{2}\right)}{4h\left(k^{2}-4bz\right)^{2}\theta\left(ahk+2\theta\left(2bh-q^{2}\right)\right)}$$

$$A_{1}=\sqrt{a^{2}h^{2}k^{2}+16ahk\left(2bh-q^{2}\right)\theta+32\left(-2bh+q^{2}\right)^{2}\theta^{2}}$$

$$A_{2}=\sqrt{a^{2}q^{2}z^{2}-\left(ahk+2\theta\left(2bh-q^{2}\right)\right)8\left(k^{2}-4bz\right)\theta}$$

政府对制造商生产绿色产品进行补贴的目的之一是提高产品绿色度，对零售商销售绿色产品进行补贴的目的之一是提高绿色销售努力水平。基于此，下文主要以批发价格、产品绿色度、零售价格、绿色销售努力水平、制造商利润、零售商利润及社会福利为评价标准来比较三种策略的补贴效果。由于比较结果较为复杂，在数值分析部分进行分析。

5.6　数值分析

为了说明模型的有效性及验证结论和命题的正确性，本章运用 Matlab 进行数值模拟，通过算例分析三种政府补贴策略对绿色供应链的影响。我们假设模型中相关参数取值为：$a=50$，$b=3$，$k=1$，$q=1$，$z=10$，$h=2$，$\theta\in[0,1]$。通过计算表明所设参数满足上述所有模型中参数间关系的假定。由此可得图 5-4 ～图 5-10。

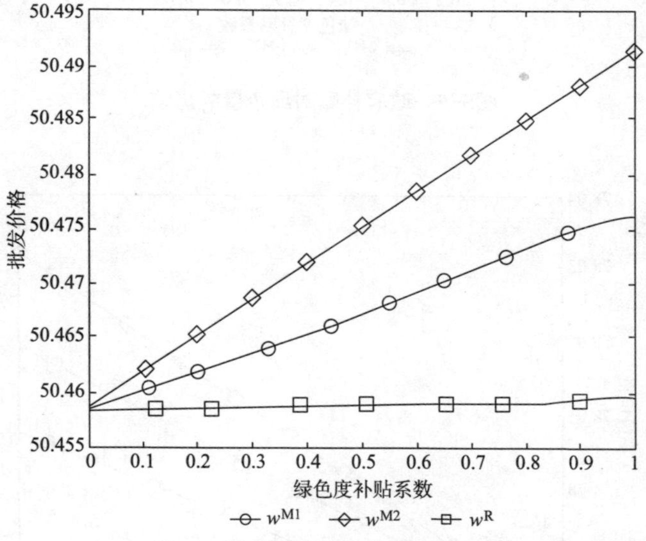

图5-4　政府补贴对批发价格的影响

从图 5-4 可以看出政府对制造商的绿色度补贴系数对三种政府补贴策略下产品批发价格的影响。三种政府补贴策略下，批发价格均随绿色度补贴系数的增加而上涨，且绿色度补贴系数的变化对研发成本补贴下产品批发价格的影响高于对绿色度补贴下产品批发价格的影响，高于对销售努力成本补贴下产品批发价格的影响。这表明，政府补贴会激励制造商生产更绿色的产品，为了获得绿色收入及弥补因绿色质量提升带来的额外成本，制造商会设置更高的批发价格，相较于补贴零售商，补贴制造商来激励制造商生产更加绿色的产品的效果更优。

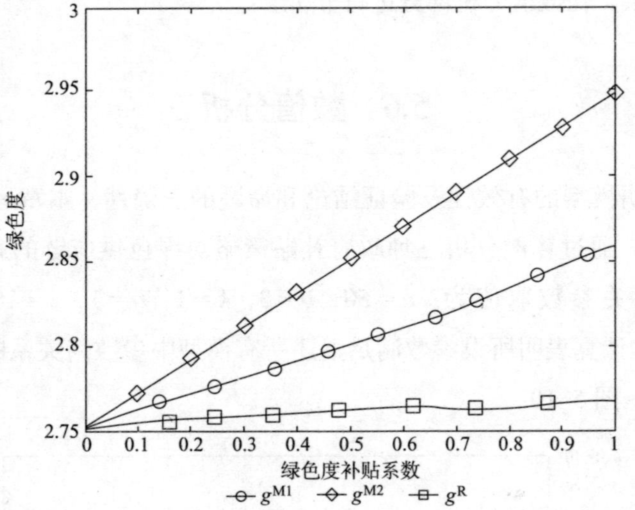

图5-5　政府补贴对绿色度的影响

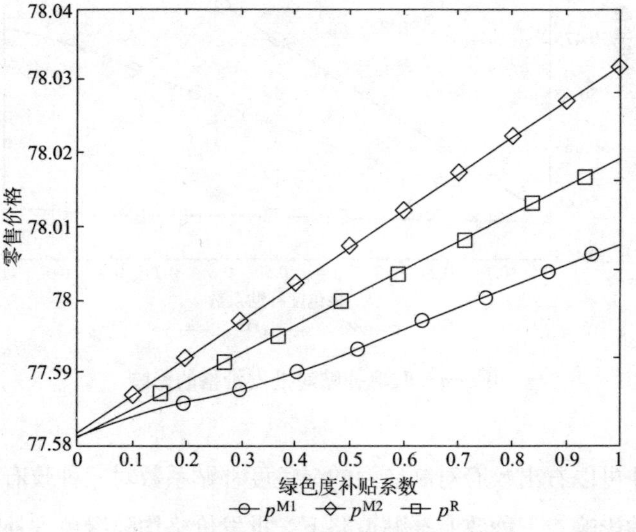

图5-6　政府补贴对零售价格的影响

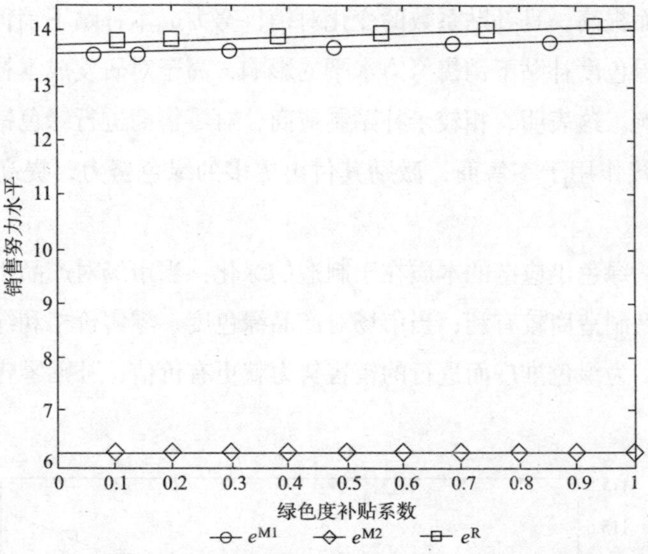

图5-7　政府补贴对销售努力水平的影响

从图 5-5 可以看出政府对制造商的绿色度补贴系数对三种政府补贴策略下产品绿色度的影响。三种政府补贴策略下，产品绿色度也均随着绿色度补贴系数的增加而提高，且绿色度补贴系数的变化对研发成本补贴下绿色度的影响高于对绿色度补贴下绿色度的影响，高于对销售努力成本补贴下绿色度的影响，说明无论哪种政府补贴策略，均可以切实刺激供应链制造商提高产品绿色度，且相较于补贴零售商，补贴制造商对促进产品绿色度提升的效果更好。

从图 5-6 可以看出政府对制造商的绿色度补贴系数对三种政府补贴策略下零售价格的影响。三种政府补贴策略下，零售价格均随着绿色度补贴系数的增加而上涨，且绿色度补贴系数的变化对研发成本补贴下零售价格的影响高于对销售努力成本补贴下零售价格的影响，高于对绿色度补贴下零售价格的影响。可见，由于零售商在绿色销售努力成本补贴下的绿色销售努力较高，为了弥补投资成本，其在该策略下设置的零售价格相对较高。另外，政府对绿色产品制造商进行绿色度补贴，可以降低制造商的生产成本及零售商的采购成本，从而有效降低绿色产品的零售价格，扩大产品市场需求。

从图 5-7 可以看出政府对制造商的绿色度补贴系数对三种政府补贴策略下销售努力水平的影响。三种政府补贴策略下，销售努力水平均随着绿色度补贴系数的增加而提高，且补贴系数的变化对销售努力成本补贴下销售努力水平的影响高于对绿色度补贴下销售努力水平的影响，高于对研发成本补贴下销售努力水平的影响。这表明，相较于补贴制造商，对零售商进行绿色销售努力成本补贴可以直接作用于零售商，激励其付出更多的绿色努力，提高绿色产品的销量。

这说明，绿色供应链的本质在于制造的绿化：当市场对产品批发价格比较敏感时，补贴制造商较有利；当市场对产品绿色度、零售价格和绿色销售努力比较敏感时，为绿色推广而进行的销售努力就更有价值，补贴零售商的意义更突出。

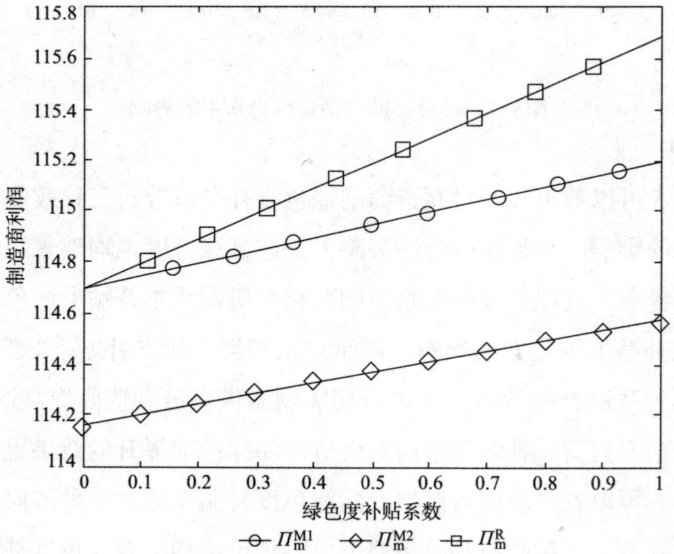

图5-8　政府补贴对制造商利润的影响

从图 5-8 可以看出政府对制造商的绿色度补贴系数对三种政府补贴策略下制造商利润的影响。三种政府补贴策略下，制造商利润均随着绿色度补贴系数的增加而增加，且绿色度补贴系数的变化对销售努力成本补贴下制造商利润的影响高于对绿色度补贴下制造商利润的影响，高于对研发成本补贴下制造商利润的影响。这可能因为当市场的绿色需求较低时，政府对零售商进行绿色销售努力成本补贴，可以激励其投入更多的绿色销售努力，扩大市场的绿色需求，此时制造商的利润会更高。同时，在相同的政府财政补贴支出下，若仅给予制造商补贴，相较于研发创新成本补贴，绿色度补贴显然更有利于改善制造商的经济收益。

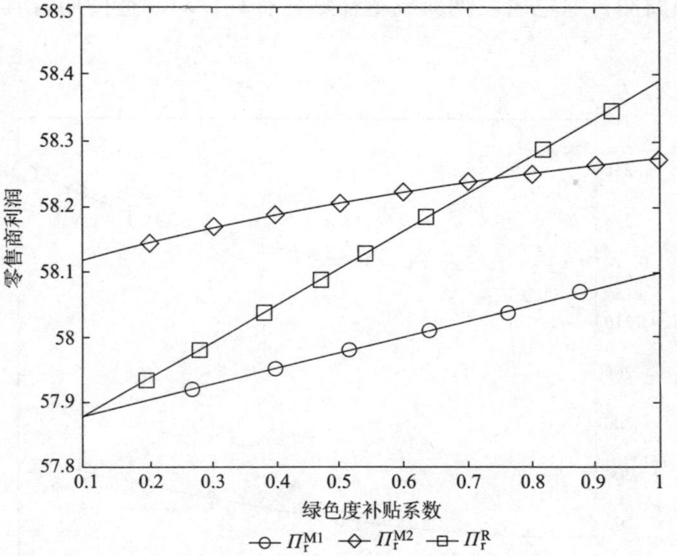

图5-9　政府补贴对零售商利润的影响

从图 5-9 可以看出政府对制造商的绿色度补贴系数对三种政府补贴策略下零售商利润的影响。三种政府补贴策略下，零售商利润均随着绿色度补贴系数的增加而增加，但在绿色度补贴系数较小时，对研发成本补贴下零售商利润的影响高于对销售努力成本补贴下零售商利润的影响，补贴系数较大时则相反，且始终高于对绿色度补贴下零售商利润的影响。政府绿色度补贴系数较小时，零售商资金和技术有限，导致前期绿色销售不够积极，不能完全补偿其进行销售努力所产生的成本，造成其缺乏努力销售绿色产品的积极性，使其利润低于研发成本补贴策略下的利润；而当补贴系数较大时，零售商获取足够的资金和资源，将提高销售的主动性，并投入更多资金和人力销售绿色产品，增加自身经济收益，此时其利润高于研发成本补贴策略下的利润。同时，在相同的财政补贴支出下，若给予制造商补贴，相较于绿色度补贴，零售商在绿色研发成本补贴机制下的经济收益更高。

这说明，当供应链追求制造商利益时，补贴零售商较为有利；当供应链追求零售商利益时，补贴系数小于一定阈值时对补贴制造商有利，补贴系数大于一定阈值时则直接补贴零售商更为有利。另外，若仅考虑对制造商进行补贴，那么对零售商而言绿色研发创新成本补贴更有利，对制造商而言其更倾向于绿色度补贴。

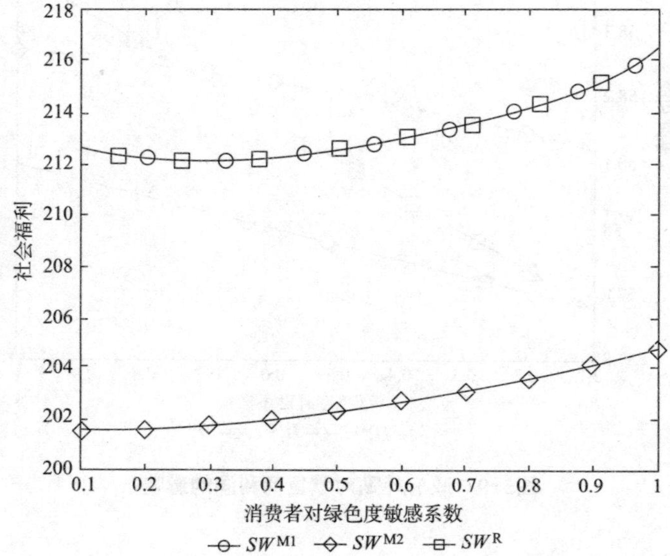

图5-10　政府补贴对社会福利的影响

从图 5-10 可以看出消费者对绿色度敏感系数对三种政府补贴策略下社会福利的影响。三种政府补贴策略下，社会福利均随着消费者对绿色度敏感系数的增加而增加，消费者对绿色度敏感系数增加，意味着消费者愿意支付更高的价格购买绿色度更高的产品，这也侧面反映出消费者环保意识逐渐增强，社会福利逐渐增加，表明随着消费者绿色偏好的增加，消费者可以获得更高的心理满足感。因此，实际中政府应采取措施激励消费者积极提高绿色意识，树立绿色消费理念，这对于提高社会福利至关重要。并且消费者对绿色度敏感系数的变化对制造商绿色度补贴和研发成本补贴下社会福利的影响相同，始终低于对零售商绿色销售努力成本补贴下社会福利的影响。这表明，政府补贴可以切实提高社会福利，政府可以通过补贴来促使社会福利提升。同时，直接对零售商进行补贴更有利于绿色产业的发展，为了提高社会福利，政府有对绿色产品实施补贴的必要性。在相同的政府补贴支出下，相较于补贴制造商，零售商补贴下的社会福利会更高，即政府更加倾向于对零售商进行绿色销售努力成本补贴。

可以看出，在相同的政府补贴支出条件下，三种政府补贴策略对应的供应链指标值（批发价格、产品绿色度、零售价格、销售努力水平、制造商利润、零售商利润、社会福利）的大小排序是不完全相同的，该排序也是三种政府补贴策略在不同供应链指标下的优劣排序，政府可根据不同的补贴目标对补贴策略进行综合选择，从多方面考虑，这样才能够更有利于维持供应链的可持续发展。

5.7　本章小结

本章考虑了由政府、一个绿色产品制造商和一个绿色产品零售商组成的绿色供应链博弈模型，其中制造商为主导者，零售商为跟随者。政府为了鼓励绿色供应链的发展，会对制造商的产品绿色度、绿色研发创新成本和零售商的绿色销售努力成本进行补贴，分析了政府补贴制造商（绿色度补贴和绿色研发创新成本补贴）、补贴零售商（绿色销售努力成本补贴）情形下对供应链定价决策、成员利润及社会福利的影响，由此得出结论：

（1）政府补贴会激励制造商生产更绿色的产品，相较于补贴零售商，通过补贴制造商来激励生产绿色产品效果更优；相较于补贴制造商，对零售商进行绿色销售努力成本补贴可以直接作用于零售商，激励其付出更多的绿色销售努力，提高绿色产品的销量。

（2）在相同的政府补贴支出下，若仅考虑对制造商补贴，分析供应链成员所获得的收益可知，对零售商而言，绿色研发创新成本补贴更有利；对制造商而言，绿色度补贴更有利。无论哪种补贴策略，均可切实刺激供应链制造商提高产品绿色度，且相较于补贴零售商，补贴制造商对促进产品绿色度的提升效果更佳。

（3）政府补贴可以切实提高社会福利，政府可通过补贴来促进社会福利的提高，同时，直接对零售商进行补贴更有利于绿色产业的发展。在相同的政府补贴支出下，相较于补贴制造商，零售商补贴下的社会福利更高，即政府更倾向于对零售商进行绿色销售努力成本补贴。

本章有以下启示：在绿色供应链中，消费者对产品的绿色销售努力越敏感，越能激励零售商付出更多销售努力来销售绿色产品，扩大其市场份额，制造商可以借助此效应，提高批发价格及产品绿色度来塑造企业的绿色形象。实际中，政府应采取措施激励消费者提高绿色意识，树立绿色消费理念，这对于政府提高社会福利至关重要。政府应给予一定的财政补贴，激励制造商将消费者作为重要影响因素，密切关注消费者对产品绿色度的敏感度，消费者环保意识的提升有利于绿色供应链的发展。当政府补贴制造商力度较小时，即使政府不对零售商进行补贴，零售商收益随政府补贴力度增大也增加，出现“搭便车”行为，这将压缩制造商的收益，造成供应链成员收益分配失衡，此时，政府可采取一定的惩罚措施以平衡成员间的经济收益，如对零售商征收一定比例的额外税收等。为了使社会效益最优，政府在制定补贴政策时，应根据不同行业内补贴对象的差异适当调整补贴比例，根据不同的补贴目标综合选择补贴策略，从多方面考虑以维持供应链的可持续发展。

本章比较分析的政府补贴策略是针对制造商和零售商的补贴，实际上政府也会对绿色消费者进行补贴。本章是在供应链信息对称的基础上展开分析的，当制造商的绿色研发创新成本信息或零售商绿色销售努力成本信息为私有信息时，即存在单边或双边信息不对称时的政府补贴决策问题值得进一步研究。本章中比较分析三种政府补贴策略的前提是政府补贴支出相同，也可以选择其他政府目标作为前提，如政府净收入最大等，这些都是将来可能的研究方向。

第6章　考虑优待政策和消费者双重偏好的双渠道绿色旅游供应链决策

6.1　引言

旅游业是近年来世界经济中最重要的产业之一，在大多数国家的经济发展中起着不可或缺的作用。随着旅游产业的快速发展，旅游活动人次的不断增加，使旅游业逐渐成为世界碳排放的重要来源。根据 UNWTO 的报告，到 2030 年，全球游客数量将增加到 374 亿人次，全球旅游业的碳排放量将增加到 19.98 亿吨，占人为碳排放总量的 5.3%。考虑到旅游业在世界经济发展中的重要意义和旅游活动产生的巨大碳排放量，世界各国积极实施低碳旅游发展政策，保护自然生态资源，实现旅游经济的可持续发展（Liu 等，2019）。与此同时，游客对传统旅游方式对自然环境的影响（Ma，He，Gu，2021），以及对旅游产品的绿色低碳水平和线上销售渠道表现出强烈的关注。

随着全球变暖的显现，在政府政策的引导下，越来越多的旅游企业在旅游产品开发和营销过程中加大了减排力度，使旅游系统的运行方式从传统向绿色低碳转变。旅游运输是旅游业碳排放的主要来源之一。通过加强低碳旅游交通建设，号召游客使用低碳旅游交通工具，景区可以有效减少旅游交通的碳排放。旅游住宿和餐饮的碳排放量仅次于旅游运输。通过对餐饮、休闲、住宿等旅游服务设施的绿色设计，如在景区内使用太阳能供电、提供热水等，有效减少旅游住宿、餐饮产生的碳排放量。此外，旅游企业还可以通过开发绿色技术来减少旅游环境中的碳积累，如生物燃料技术和碳收集技术。以上旅游实践表明景区可以通过各种碳减排活动，为游客提供绿色水平更高的旅游产品。然而，由于大多数绿色旅游产品的开发需要企业付出大量的设计、研发成本，将给企业带来较高的投资成本（Lou 等，2020），这不仅削减了企业进行绿色投入的动力，而且导致许多企业在为绿色产品定价时设定了较高的价格，从而降低了消费者的购买意愿。这给绿色旅游产品的发展带来了一定的障碍。在这种情况下，为了提高绿色旅游产品的竞争力，促进环境可持续发展，探讨绿色旅游产品的定价决策就显得尤为重要，定价决策问题将直接影响旅游企业进行绿色创新的动机。

随着互联网和信息技术的快速发展，旅游业进一步发展和更加现代化。旅游市场作为互联网最早的应用场景之一，已经发展为电子商务最成功、最赚钱的领域之一（Huang 等，2017）。根据国家电信和信息社会天文台（ONTSI）的研究，34.4% 的旅游产品是在网上销售给消费者的。旅游产品已成为网上销售规模最大的产品类别之一。新技术推动旅游产品销售改革。甚至越来越多的旅游景点取消了线下购票渠道，只允许消费者通过网上预订购票。作为中国最著名的景点之一，故宫于 2017 年秋季取消现场售票，正式实行全面网上售票。九寨沟、峨眉山、黄鹤楼等许多著名景点也取消了线下售票，游客需提前在景区官方网站或在线旅行社订票，诸多 5A 级景区也全面实行了网上订票制度。由于方便、高效等明显优势，越来越多的消费者愿意在网上预订旅游产品，如机票、景点门票、酒店、餐饮等（He 等，2019）。种种迹象表明，线上、线下双渠道销售模式已成为旅游行业发展的趋势。尽管在线直销渠道的开放会增加企业的市场份额，但两种渠道产品和价格的差异会影响消费者的选择，引起渠道需求的变化。因此，在双渠道销售共存的情况下，渠道制定的有效定价政策可以使整个供应链受益。在这种趋势下，消费者的渠道偏好也在一定程度上影响着产品的定价决策。在这种双渠道的供应链环境下，如何作出绿色旅游产品定价决策是一个现实而紧迫的问题。

2022 年底，随着新型冠状病毒感染的影响逐渐消散，旅游业逐步进入恢复阶段。公共卫生事件的出现使旅游业出现了前所未有的变化：旅游者对旅游的消费需求仍在，旅游囤货行为热度攀升。国务院办公厅印发《关于释放旅游消费潜力推动旅游业高质量发展的若干措施》，从五个方面提出 30 条推动旅游业高质量发展的工作措施。例如，实施金融支持文化和旅游消费行动计划。持续推动中国银联、相关金融机构、支持机构落实2023年“百城百区”金融支持文化和旅游消费行动计划，推出特惠价格、消费满减、积分奖励、票价优惠等惠民行动。2023年中国旅游市场正在迅速回暖，各地纷纷出台优惠措施助力旅游市场发展。湘西文化旅游广电局宣布推出“乘机游湘西”旅游优待政策，在活动期间，乘坐抵达湘西边城机场航班的乘客可享景区终身免门票、门票半价、民宿挂牌价七折等优惠，参与活动的景区包含矮寨、十八洞、德夯大峡谷、乾州古城、凤凰中华大熊猫苑等；甘肃省敦煌市推出旅游专列、旅游包机、踩线宣传免票游等一系列奖补政策；贵州推出杭州亚运会、亚残运会志愿者旅游优待政策。优待政策成为线上平台与线下景点吸引消费者的利器，然而短期来看，价格补贴虽然实现了销售量的增长，却没有真正实现利润的增长。目前学者们对于绿色旅游供应链中实行优惠策略后对自身利润及对供应链利润产生的影响的研究并不充分，究竟是一味地参加降价博弈，还是充分评估自身发展状况及市场情况制定合适的优惠策略和价格折扣力度，显然成为旅游供应链中一个亟待解决的问题。

结合以上背景和问题，本章构建了双渠道结构下的绿色旅游供应链模型，同时考虑了消费者绿色偏好和渠道偏好对市场需求的双重偏好。基于最优化理论和Stackelberg博弈，研究了转售模式和代理模式两种情况下绿色旅游产品的最优定价决策，分析了两种情况下价格决策的变化，以及有无优待政策和消费者双重偏好对产品定价和需求的影响，以便为旅游服务提供商和旅游经营者在有无优待政策的情况下制定价格政策提供理论依据，旨在促进旅游业绿色发展，从而促进环境可持续发展。本章主要解决以下问题：

（1）在双渠道绿色旅游供应链中，旅游服务提供商和旅游经营者如何进行运营和绿色度水平的联合优化决策？

（2）在转售和代理两种模式下，绿色旅游产品的定价决策过程有什么不同？

（3）优待政策和消费者的双重偏好如何影响绿色旅游产品的定价决策？

本章的主要贡献如下：

（1）在传统绿色旅游供应链的基础上，在供应链模型中引入了旅游优待政策，考虑线上、线下价格差异引起的渠道冲突情况，研究线上价格优待这一因素对旅游服务提供商和旅游经营者双方决策的影响，具有较强的现实意义。

（2）为旅游优待政策下绿色旅游供应链成员的销售模式选择和定价决策提供了新的见解和有益的指导。本章研究了旅游优待政策下供应链成员在两种销售模式中的销售模式选择问题。研究发现，旅游服务提供商不能盲目地与旅游经营者合作，需要根据相应的销售模式及不同的优待政策采取差异化的合作策略。

（3）在考虑消费者绿色偏好的基础上将消费者渠道偏好引入绿色旅游供应链中，探究消费者绿色—渠道双重偏好对决策的作用机制，具有一定的创新性。

6.2 假设与模型描述

6.2.1 基本假设

（1）本章假设双渠道绿色旅游供应链中，旅游服务提供商和旅游经营者之间存在两种销售模式，即转售模式和代理模式。（Zhang 等，2023）

（2）在实践中，代理渠道和转售渠道在市场上接触的是相同的潜在消费者，销售的是相同的旅游服务。因此，我们假设代理渠道和转售渠道的市场潜力是相同的。（Zhang 和 Zhang，2020；Huang 等，2018）

（3）本章假设旅游服务提供商和旅游经营者分别产生的边际服务成本和销售成本归一化为零，但不失一般性。（Niu 等，2019）

（4）考虑到旅游供应链在实践中往往会长期保持固定的佣金率，同一类旅游服务的佣金率很少发生变化。例如，全球在线旅游市场的领导者缤客网（Booking.com）和智游网（Expedia.com）向酒店收取 15% 的佣金。因此，在代理或混合模式下，假设佣金率 $s \in (0,1)$ 是外生的。这一假设也与之前的许多研究一致。（He 等，2019；Ye 等，2018）

（5）在实践中，旅游企业往往会长期采取固定的优待政策，因此，本章假设无优待政策的情况是线上、线下渠道同价销售策略，有优待政策的情况是旅游经营者在线上渠道进行价格折扣销售而线下渠道原价销售（Wang 和 Yang，2018）。

（6）旅游服务提供商和旅游经营者是风险中性的，并且完全理性，各自追求自身利益最大化。

6.2.2　基本模型

（1）转售模式。由一个旅游服务提供商（tourism service provider，TS）和一个旅游经营者（tour operator，TO）组成的双渠道绿色旅游供应链中，TS 会向 TO 提供绿色产品和服务，然后 TO 通过两个销售渠道将绿色产品分别推向消费者。如图 6-1 所示。首先该 TS 将绿色产品以 ω 的价格供应给 TO，然后 TO 以 p 的价格将产品通过线上和线下两个渠道推向市场，一般情况下 TO 采用线上、线下同价的策略，在有旅游优待政策的情况下 TO 以 $p-r$ 的折扣价格进行销售。

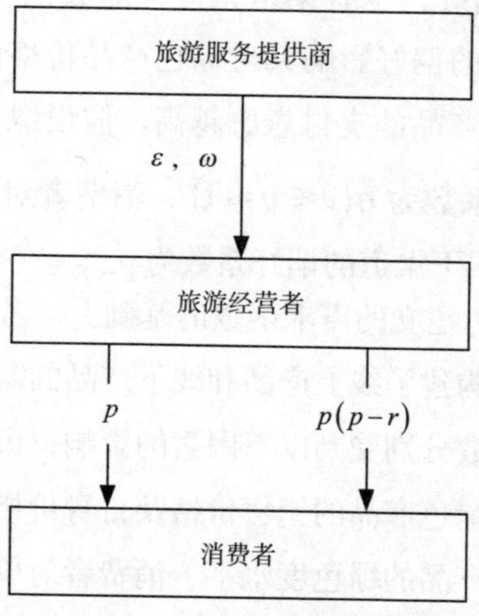

图6-1　转售模式结构图

（2）代理模式。代理模式下 TS 收取一定比例的 TO 销售收入作为佣金，佣金率为 s，TO 以 p 的价格将产品通过线上和线下两个渠道推向市场，一般情况下 TO 采用线上、线下同价的策略，在有旅游优待政策的情况下 TO 以 $p-r$ 的折扣价格进行销售。如图 6-2 所示。

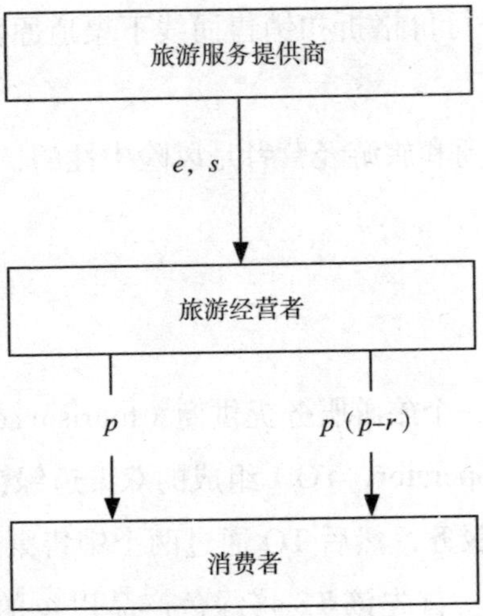

图6-2　代理模式结构图

本章假设TS处于主导地位，TO处于从属地位。同时，本章认为市场上的消费者既有绿色偏好，也有渠道偏好。随着消费者环保意识的不断增强，消费者对绿色产品的偏好影响其对绿色产品价格的接受程度，即绿色偏好越高的消费者对绿色产品的支付意愿越高。假设绿色产品的绿色度水平为e，消费者的绿色偏好系数为$\eta(0\leqslant\eta\leqslant1)$，消费者对线上渠道的偏好系数为$\rho(0\leqslant\rho\leqslant1)$，则其对线下渠道的偏好系数为$1-\rho$。

在Meng等（2021）建立的需求函数的基础上，考虑消费者的双重偏好和渠道之间的相互作用，构建了线上产品和线下产品的需求函数。其中，线上产品和线下产品的需求函数分别受到以下因素的影响：市场的潜在需求、消费者的线上渠道偏好系数、绿色产品的销售价格及自身价格的需求弹性系数、渠道间价格替代系数、绿色产品的绿色度水平、消费者对单位绿色产品绿色度水平的敏感系数，线上产品和线下产品的需求函数分别为：

$$q_{\mathrm{g}}=\rho a-\beta p+\gamma p+\eta e \tag{6.1}$$

$$q_{\mathrm{n}}=(1-\rho)a-\rho p+\gamma p+\eta e \tag{6.2}$$

6.2.3　符号和定义

为清晰描述问题，相关符号及含义说明见表6-1与表6-2。

表6-1　相关符号及其含义

类型	符号	含义
决策变量	ω	单位产品供应价格
	q_n	对线下产品的需求
	q_g	对线上产品的需求
	e	旅游产品的绿色度水平
	h	绿色投资成本系数
参数	η	消费者对单位绿色产品绿色度水平的敏感系数，$0 \leqslant \eta \leqslant 1$
	ρ	消费者对线上渠道的偏好系数，$0 \leqslant \rho \leqslant 1$
	a	基本潜在市场需求
	β	自身需求价格弹性
	γ	渠道间价格替代系数，$0 \leqslant \gamma \leqslant \beta$
	s	佣金率，$0 < s < 1$
	p	产品销售价格，$p > \omega$
	r	优惠产品优惠额度
	$p-r$	优惠产品销售价格
	π_o	旅游经营者利润
	π_s	旅游服务供应商利润

表6-2　下标的含义

类型	符号	含义
参数	s	旅游服务供应商
	o	旅游经营者
	n	线下产品
	g	线上产品

6.3 模型求解

6.3.1 转售模式

6.3.1.1 转售模式无优待政策模型

依据没有优待政策模型，可以得到 TO 和 TS 的利润函数。其中，TO 的利润函数 π_o 由销售价格、供应价格、线上产品需求和线下产品需求组成。TS 的利润函数 π_s 由供应价格、旅游产品的绿化水平、绿色投资成本系数、线上产品需求和线下产品需求组成。

TO 和 TS 的利润函数如下：

$$\pi_o = (p-\omega)(q_o+q_n) \tag{6.3}$$

$$\pi_s = \frac{he^2}{2}+\omega(q_o+q_n) \tag{6.4}$$

转售模式下无优待政策的绿色旅游供应链的最优均衡解如下：

（1）旅游服务供应商的最优单位产品供应价格、旅游产品最优绿色度水平，以及旅游经营者的最优旅游产品销售价格如下：

$$\omega_1 = \frac{ha}{2(2h\beta-2h\gamma-\eta^2)} \tag{6.5}$$

$$e_1 = \frac{a\eta}{2(2h\beta-2h\gamma-\eta^2)} \tag{6.6}$$

$$p_1 = \frac{3ha}{8h\beta-8h\gamma-4\eta^2} \tag{6.7}$$

（2）旅游经营者的最大利润和旅游服务供应商的最大利润如下：

$$\pi_o = \frac{h^2a^2(\beta-\gamma)}{8(2h(-\beta+\gamma)+\eta^2)^2} \tag{6.8}$$

$$\pi_s = \frac{ha^2}{16(\beta-\gamma)-8\eta^2} \tag{6.9}$$

证明过程见附录。

6.3.1.2 转售模式有优待政策模型

依据有优待政策模型，考虑 TO 在线上渠道实行价格优待政策，可以确定线上产品和线下产品的新需求函数：

$$q_{\mathrm{g}} = \rho a - \beta\left(p - r\right) + \gamma p + \eta e \tag{6.10}$$

$$q_{\mathrm{n}} = \left(1 - \rho\right)a - \beta p + \gamma\left(p - r\right) + \eta e \tag{6.11}$$

同时可以确定 TS 和 TO 的利润函数。其中，TO 的利润函数 π_{o} 由优惠额 r 、线下产品销售价格 p 、线上产品销售价格 $p-r$ 、供应价格、线上产品和线下产品的需求组成。TS 的利润函数 π_{s} 由供应价格、旅游产品的绿化水平、绿色投资成本系数、线上和线下产品的需求、线上产品和线下产品的价格组成。

TO 和 TS 的利润函数如下：

$$\pi_{\mathrm{o}} = \left(p - r - \omega\right)q_{\mathrm{g}} + \left(p - \omega\right)q_{\mathrm{n}} \tag{6.12}$$

$$\pi_{\mathrm{s}} = -\frac{h}{2}e^2 + \omega\left(q_{\mathrm{g}} + q_{\mathrm{n}}\right) \tag{6.13}$$

转售模式下有优待政策的绿色旅游供应链的最优均衡解如下：

（1）旅游服务供应商的最优单位产品供应价格、旅游产品最优绿色水平，旅游经营者的最优旅游产品销售价格、最优优惠金额如下：

$$\omega_2 = \frac{ha}{2\left(2h\beta - 2h\gamma - \eta^2\right)} \tag{6.14}$$

$$e_2 = \frac{a\eta}{2\left(2h\beta - 2h\gamma - \eta^2\right)} \tag{6.15}$$

$$p_2 = \frac{a\left(\eta^2\left(-1 + 2\rho\right) + h\left(\gamma + \beta\left(5 - 4\rho\right) + 4\gamma\rho\right)\right)}{4\left(\beta - \gamma\right)\left(2h\left(\beta - \gamma\right) - \eta^2\right)} \tag{6.16}$$

$$r_2 = \frac{a - 2a\rho}{2\left(\beta + \gamma\right)} \tag{6.17}$$

（2）旅游经营者的最大利润和旅游服务供应商的最大利润如下：

$$\pi_{\mathrm{o}} = \frac{a^2\left(\begin{array}{l} -4h\left(\beta - \gamma\right)n^2\left(1 - 2\rho\right)^2 + \eta^4\left(1 - 2\rho\right)^2 + \\ h^2\left(\beta - r\right)\left(\gamma\left(-3 - 16\left(-1 + \rho\right)\rho\right) + \beta\left(5 + 16\left(-1 + \rho\right)\rho\right)\right) \end{array}\right)}{8\left(\beta + \gamma\right)\left(2h\left(-\beta + \gamma\right) + \eta^2\right)^2} \tag{6.18}$$

$$\pi_{\mathrm{s}}=\frac{ha^{2}}{16h(\beta-\gamma)-8\eta^{2}} \tag{6.19}$$

证明过程见附录。

6.3.2 代理模式

6.3.2.1 代理模式无优待政策模型

依据没有优待政策的代理模式模型，可以得到TO和TS的利润函数。其中，TO的利润函数π_{o}由销售价格、佣金率、线上产品需求和线下产品需求组成。TS的利润函数π_{s}由佣金率s、销售价格、旅游产品的绿色度水平、绿色投资成本系数、线上产品需求和线下产品的需求组成。

TO和TS的利润函数如下：

$$\pi_{\mathrm{o}}=sp\left(q_{\mathrm{g}}+q_{\mathrm{n}}\right) \tag{6.20}$$

$$\pi_{\mathrm{s}}=-\frac{he^{2}}{2}+(1-s)p\left(q_{\mathrm{g}}+q_{\mathrm{n}}\right) \tag{6.21}$$

代理模式下无优待政策的绿色旅游供应链的最优均衡解如下：

（1）旅游服务供应商的最优绿色产品绿色水平，旅游经营者的最优旅游产品销售价格如下：

$$e_{3}=\frac{(1-s)a\eta}{2\left(h\beta-h\gamma-\eta^{2}+s\eta^{2}\right)} \tag{6.22}$$

$$p_{3}=\frac{(1-s)a\eta}{4h(\beta-\gamma)+4(-1+s)\eta^{2}} \tag{6.23}$$

（2）旅游经营者的最大利润和旅游服务供应商的最大利润如下：

$$\pi_{\mathrm{o}}=\frac{h^{2}sa^{2}(\beta-\gamma)}{8\left(h(\beta-\gamma)+(-1+s)\eta^{2}\right)^{2}} \tag{6.24}$$

$$\pi_{\mathrm{s}}=\frac{h(1-s)a^{2}}{8\left(h(\beta-\gamma)+(-1+s)\eta^{2}\right)} \tag{6.25}$$

证明过程见附录。

6.3.2.2 代理模式有优待政策模型

依据有优待政策模型，可以确定TO和TS的利润函数。其中，TO的利润函数π_o由优惠额r、线下产品销售价格p、线上产品销售价格$p-r$、佣金率、线上产品和线下产品的需求组成。TS的利润函数π_s由佣金率、旅游产品的绿化水平、绿色投资成本系数、线下产品销售价格p、线上产品销售价格$p-r$，线上产品和线下产品的需求组成。

TO和TS的利润函数如下：

$$\pi_o = s\left(p-r\right)q_o + spq_n \tag{6.26}$$

$$\pi_s = -\frac{h}{2}e^2 + \left(1-s\right)\left(p-r\right)q_n + \left(1-s\right)pq_n \tag{6.27}$$

代理模式下有优待政策的绿色旅游供应链的最优均衡解如下：

（1）旅游服务供应商的最优绿色产品绿色水平，旅游经营者的最优旅游产品销售价格、最优优惠金额如下：

$$e_4 = \frac{\left(1-s\right)a\eta}{2\left(h\left(\beta-\gamma\right)+\left(-1+s\right)\eta^2\right)} \tag{6.28}$$

$$p_4 = \frac{a\left(\eta^2\left(-1+s+2\rho-2s\rho\right)+2h\left(\beta-\beta\rho+\gamma\rho\right)\right)}{4\left(\beta+\gamma\right)\left(h\left(\beta-\gamma\right)+\left(-1+s\right)\eta^2\right)} \tag{6.29}$$

$$r_4 = \frac{a-2a\rho}{2\left(\beta+\gamma\right)} \tag{6.30}$$

（2）旅游经营者的最大利润和旅游服务供应商的最大利润如下：

$$\pi_o = \frac{sa^2\left(\begin{array}{l}2h\left(-1+s\right)\left(\beta-\gamma\right)\eta^2\left(1-2\rho\right)^2+\left(-1+s\right)^2\eta^4\left(1-2\rho\right)^2+\\2h^2\left(\beta-\gamma\right)\left(\beta+2\beta\left(-1+\rho\right)\rho-2\gamma\left(-1+\rho\right)\rho\right)\end{array}\right)}{8\left(\beta+\gamma\right)\left(h\left(\beta-\gamma\right)+\left(-1+s\right)\eta^2\right)^2} \tag{6.31}$$

$$\pi_s = \frac{\left(1-s\right)a^2\left(\left(-1+s\right)\eta^2+\left(1-a\rho\right)^2+2h\left(\beta+2\beta\left(-1+\rho\right)\rho-2\gamma\left(-1+\rho\right)\rho\right)\right)}{8\left(\beta+\gamma\right)\left(h\left(\beta-\gamma\right)+\left(-1+s\right)\eta^2\right)} \tag{6.32}$$

证明过程见附录。

6.4 结果分析

6.4.1 转售模式无优待政策模型

命题 6.1 $\frac{\partial \omega_1}{\partial h}<0$，$\frac{\partial e_1}{\partial h}<0$，$\frac{\partial p_1}{\partial h}<0$。

命题 6.1 表明，在转售模式下且无优待政策的绿色旅游供应链模型决策下，随着绿色旅游服务提供商对旅游产品的绿色投资成本系数增大，产品供应价格、产品绿色度水平、产品线上和线下销售价格都随之降低。这是因为当绿色投资成本系数增大时，整个绿色旅游供应链的线上和线下渠道的全部需求预测将降低，绿色旅游服务提供商通过降价以吸引更多顾客，因此产品供应价格会降低，同时绿色旅游服务提供商将投入更少的成本作用于旅游产品的绿色度水平，于是产品绿色度水平有所下降；旅游经营者的旅游产品销售价格则随着产品供应价格而进一步下降。

命题 6.2 $\frac{\partial e_1}{\partial \eta}>0$，$\frac{\partial e_1}{\partial \eta}>0$，$\frac{\partial p_1}{\partial \eta}>0$。

命题 6.2 表明，在转售模式下且无优待政策的绿色旅游供应链模型决策下，随着消费者对单位绿色产品绿色水平的敏感系数增大，产品供应价格、产品绿色度水平、产品线上和线下销售价格都随之增大。这是因为当消费者绿色偏好系数增大时，其倾向于更加绿色环保的旅游服务或产品，绿色旅游服务提供商为了满足顾客偏好愿意投入更多成本以增加产品的绿色度水平，供应价格则随着其投入成本的增加而提高；旅游经营者的旅游产品销售价格则随着产品供应价格而进一步提高。

命题 6.3 $\frac{\partial \omega_1}{\partial \gamma}>0$，$\frac{\partial e_1}{\partial \gamma}>0$，$\frac{\partial p_1}{\partial \gamma}>0$。

命题 6.3 表明，在转售模式下且无优待政策的绿色旅游供应链模型决策下，随着渠道间价格替代系数增大，产品供应价格、产品绿色度水平、产品线上和线下销售价格都随之增大。这是因为当渠道间价格替代系数增大时，整个绿色旅游供应链的线上和线下渠道的全部需求预测将增大，旅游服务提供商和旅游经营者为了增加自己的利润，将提高产品市场销售价格和绿色度水平，最后供应价格随之提高。

6.4.2　转售模式有优待政策模型

命题 6.4　$0 \leqslant p < \frac{1}{2}$，$\frac{\partial p_2}{\partial \gamma} > 0$，$\frac{\partial r_2}{\partial \gamma} > 0$。

命题 6.4 表明，在转售模式下且有优待政策的绿色旅游供应链模型决策下，当消费者对线上渠道偏好小于对线下渠道偏好时，随着渠道间价格替代系数增大，产品销售价格随之提高，优惠产品优惠额度 r 随之减少。这是因为当渠道间价格替代系数增大时，整个绿色旅游供应链的线上和线下渠道的全部需求预测将增大，因而将提高产品市场销售价格，线下产品价格和线上优惠产品价格都会增加，产品优惠额度则随着优惠产品价格的提高而减少。

6.4.3　代理模式无优待政策模型

命题 6.5　$\frac{\partial e_3}{\partial h} < 0$，$\frac{\partial p_3}{\partial h} < 0$。

命题 6.5 表明，在代理模式下且无优待政策的绿色旅游供应链模型决策下，随着绿色旅游服务提供商对旅游产品的绿色投资成本系数增大，产品绿色度水平、产品线上和线下销售价格都随之降低。这是因为当绿色投资成本系数增大时，整个绿色旅游供应链的线上和线下渠道的全部需求预测将降低，绿色旅游服务提供商将投入更少的成本作用于旅游产品的绿色度水平，于是产品绿色度水平有所下降；旅游经营者通过降低旅游产品销售价格的方式来增加消费者对旅游产品的需求。

命题 6.6　$\frac{\partial e_3}{\partial \eta} > 0$，$\frac{\partial p_3}{\partial \eta} > 0$。

命题 6.6 表明，在代理模式下且无优待政策的绿色旅游供应链模型决策下，随着消费者对单位绿色产品绿色度水平的敏感系数增大，产品绿色度水平、产品线上和线下销售价格都随之提高。这是因为当消费者对单位绿色产品绿色度水平的敏感系数增大时，游客倾向于更加绿色环保的旅游服务或产品，绿色旅游服务提供商为了满足顾客偏好愿意投入更多成本以增加产品的绿色水平；随着消费者对单位绿色产品绿色度水平的敏感系数及产品绿色度水平增大，整个绿色旅游供应链的需求预测将增大，旅游经营者会提高旅游产品销售价格以获得更多利润。

命题 6.7 $\frac{\partial e_3}{\partial \gamma}>0$，$\frac{\partial p_3}{\partial \gamma}>0$。

命题 6.7 表明，在代理模式下且无优待政策的绿色旅游供应链模型决策下，随着渠道间价格替代系数增大，产品绿色度水平、产品线上和线下销售价格都随之提高。这是因为当渠道间价格替代系数增大时，整个绿色旅游供应链的线上和线下渠道的全部需求预测将增大，因而将提高产品市场销售价格和绿色度水平。

命题 6.8 $\frac{\partial e_3}{\partial s}<0$，$\frac{\partial p_3}{\partial s}<0$。

命题 6.8 表明，在代理模式下且无优待政策绿色旅游供应链模型决策下，随着佣金率增大，产品绿色度水平、产品线上和线下销售价格都将随之降低。这是因为当佣金率增大时，绿色旅游服务提供商预测得到的利润比例将减少，因此其将投入更少的成本用以提升旅游产品的绿色水平，于是产品绿色度水平有所下降。绿色水平下降将降低产品对消费者的吸引力，导致顾客流失，整个绿色旅游供应链的需求预测将降低，旅游经营者通过降低旅游产品销售价格的方式来增加消费者对产品的需求。

6.4.4 代理模式有优待政策模型

命题 6.9 $\frac{\partial p_4}{\partial \gamma}>0$；当$0\leqslant \rho<\frac{1}{2}$时，$\frac{\partial r_4}{\partial \gamma}<0$，当$\frac{1}{2}\leqslant \rho<1$时，$\frac{\partial r_4}{\partial \gamma}>0$。

命题 6.9 表明，在代理模式下且有优待政策的绿色旅游供应链模型决策下，与转售模式有优待政策模型相比，优惠产品优惠额度与渠道间价格替代系数的关系保持一致，即当消费者对线上渠道偏好小于对线下渠道偏好时，随着渠道间价格替代系数增大，优惠产品优惠额度随之减少；当消费者对线上渠道偏好大于对线下渠道偏好时，随着渠道间价格替代系数增大，优惠产品优惠额度则随之增大。但是与转售模式有优待政策模型不同的地方在于，在有优待政策代理模式下，无论消费者偏好线上渠道还是偏好线下渠道，随着两种渠道间价格替代系数增大，产品销售价格都随之提高。

6.5 模型比较

推论 6.1 $\omega_1=\omega_2$，$e_1=e_2$，$\dfrac{\partial p_2}{\partial h}<0$，$\dfrac{\partial p_2}{\partial \eta}>0$。

推论 6.1 表明，在转售模式下且有优待政策的绿色旅游供应链模型决策下，与没有折扣的模型相比，有优待政策模型中的绿色投资成本系数、消费者绿色偏好对产品供应价格、产品绿色度水平的影响保持不变。在两种模型中，随着消费者绿色偏好的增强，消费者对绿色旅游产品的需求逐渐增加，绿色旅游服务提供商为了满足消费者需求投入更多成本以增加产品的绿色度水平，供应价格则随着其投入成本的提高而提高；同时，旅游经营者提高绿色产品的销售价格以获得更多的利润。相应地，在两种模型中，当绿色投资成本系数增大时，消费者对绿色旅游产品的需求将降低，绿色旅游服务提供商通过降价以吸引更多顾客，并且投入于产品的绿色创新的费用将减少，导致产品绿色水平下降；旅游经营者降低绿色产品的销售价格以吸引更多游客。

推论 6.2 $e^{3*}=e^{4*}$，$\dfrac{\partial p_4}{\partial h}<0$，$\dfrac{\partial p_4}{\partial \eta}>0$，$\dfrac{\partial p_4}{\partial s}<0$。

推论 6.2 表明，在代理模式下且有优待政策的绿色旅游供应链模型决策下，与没有优惠的模型相比，有优待政策模型中的绿色投资成本系数、消费者绿色偏好、佣金率对产品绿色度水平的影响保持不变。在两种模型中，随着消费者绿色偏好的增加，消费者对绿色旅游产品的需求逐渐增加，绿色旅游服务提供商为了满足顾客需求投入更多成本以增加产品的绿色水平；同时，由于需求增加，旅游经营者提高绿色产品的销售价格以获得更多的利润。相应地，在两种模型中，当绿色投资成本系数增大时，消费者对绿色旅游产品的需求将降低，旅游经营者降低绿色产品的销售价格以吸引更多消费者。同样，随着佣金率增大，绿色旅游服务提供商预测得到的利润随之减少，因此其将减少开支以维持收支盈余，即减少用以提升旅游产品绿色度水平的投入。

推论 6.3 $\frac{\partial p_2^*}{\partial \rho}=\frac{\partial p_4^*}{\partial \rho}<0$，$\frac{\partial p_2}{\partial r}=\frac{\partial p_4}{\partial r}<0$。

推论 6.3 表明，在代理模式下且有优待政策的绿色旅游供应链模型决策中，与转售模式有优待政策模型相比，消费者对线上渠道偏好对产品销售价格、优惠产品优惠额度的影响一致。产品销售价格、优惠产品优惠额度与消费者对线上渠道偏好呈反比，随着消费者对线上渠道偏好的增加，消费者对线下销售的旅游产品的需求逐渐减少，旅游经营者降低旅游产品的销售价格来增加消费者对产品的需求；消费者对在线渠道销售的绿色旅游优惠产品的需求增加后，旅游经营者提高优惠产品销售价格以获得更多的利润，由于销售价格会降低，因此产品优惠额度将更大程度地减少。

6.6 数值分析

我们分别研究了双渠道下绿色旅游产品在有和没有优待政策的情况下，转售模式和代理模式下的最优定价决策。通过比较分析模型的最优解，研究参数对决策变量的影响，得出了一些重要的结论。通过在模型中设置参数，本节验证了相关结论的正确性。参考文献中相关参数的设置，各参数及其赋值为：$h=1$，$\eta=0.6$，$\rho=0.4$，$a=50$，$\beta=1.4$，$\gamma=0.5$，$s=0.8$。

6.6.1 绿色偏好的影响

为研究消费者绿色偏好对产品价格和需求的影响，取 η 的变化范围为 [0,1]。得到的结果如图 6-3 和图 6-4 所示。

在有和没有优待政策的两种情况下，随着消费者对单位绿色产品绿色水平的敏感系数增大，产品供应价格、产品绿色水平、产品线上和线下销售价格、线上和线下产品需求都随之增大，所得结果与之前的结论一致。此外，我们还可以知道，当代理模式中佣金率 $s=0.8$ 时，对于绿色旅游供应链中的产品价格，$p_2>p_1>p_4>p_3$。

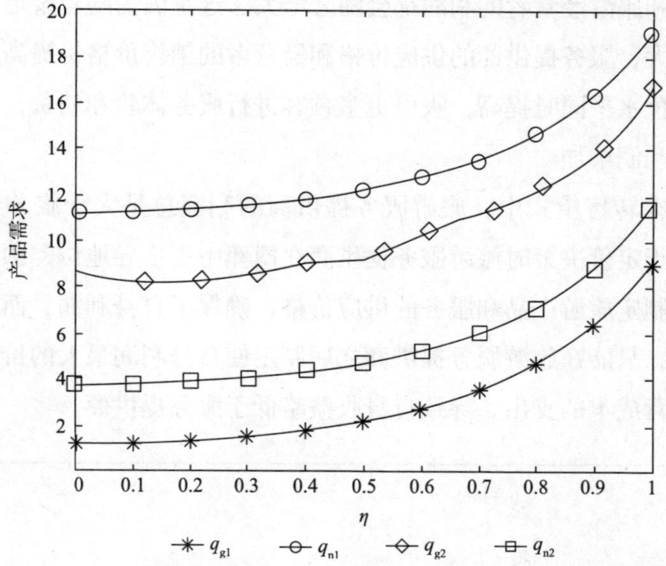

图6-3　转售模式下绿色偏好对需求的影响

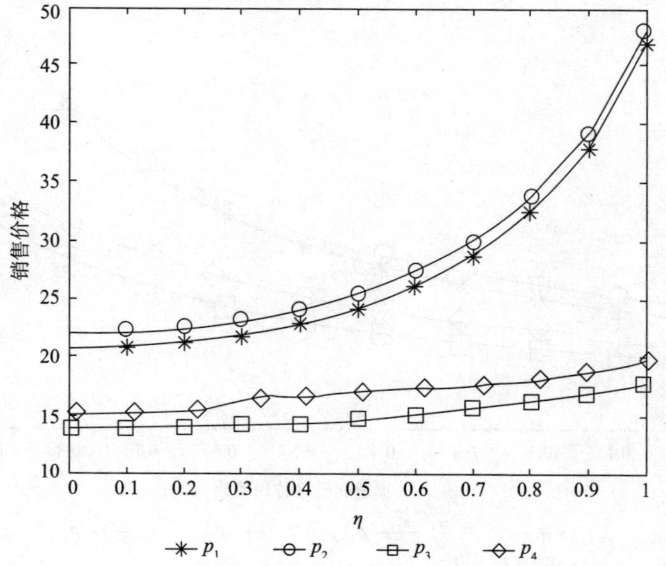

图6-4　两种模式下绿色偏好对销售价格的影响

6.6.2 渠道间价格替代系数的影响

从图 6–5 和图 6–6 中可以看出，渠道间产品价格替代系数越大，旅游服务提供商利润和旅游经营者的利润都会随之增大，这是因为随着渠道间价格替代系数逐渐变大，服务提供商的供应价格和经营者的销售价格也提高，旅游服务提供商的绿色水平同时提高，吸引更多顾客进行服务体验和消费，扩大了市场需求，因而利润增加。

另外，在转售模式中，旅游服务提供商的利润总是大于旅游经营者的利润。这是由于定价决策时旅游服务提供商在博弈中占主导地位，预见旅游经营者的反应而制定旅游产品和服务的供应价格，确保了自身利润，而旅游经营者处于跟随方，只能在旅游服务提供商之后制定使自身利润最大的价格，并且还有服务和运营成本的支出，导致自身收益略低于服务提供商。

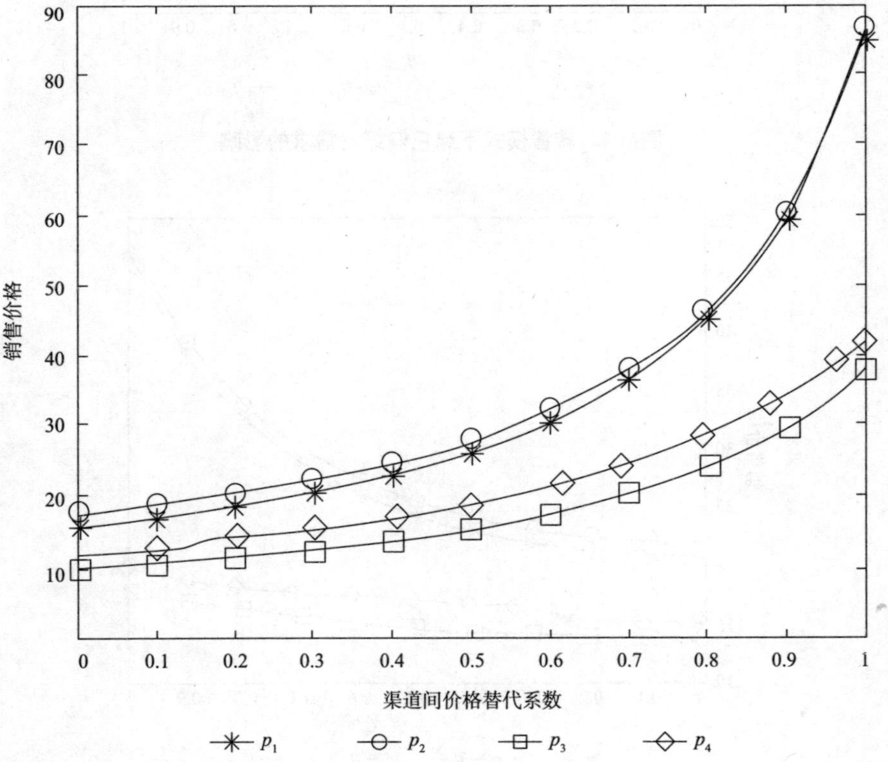

图6–5 两种模式下渠道间价格替代系数对销售价格的影响

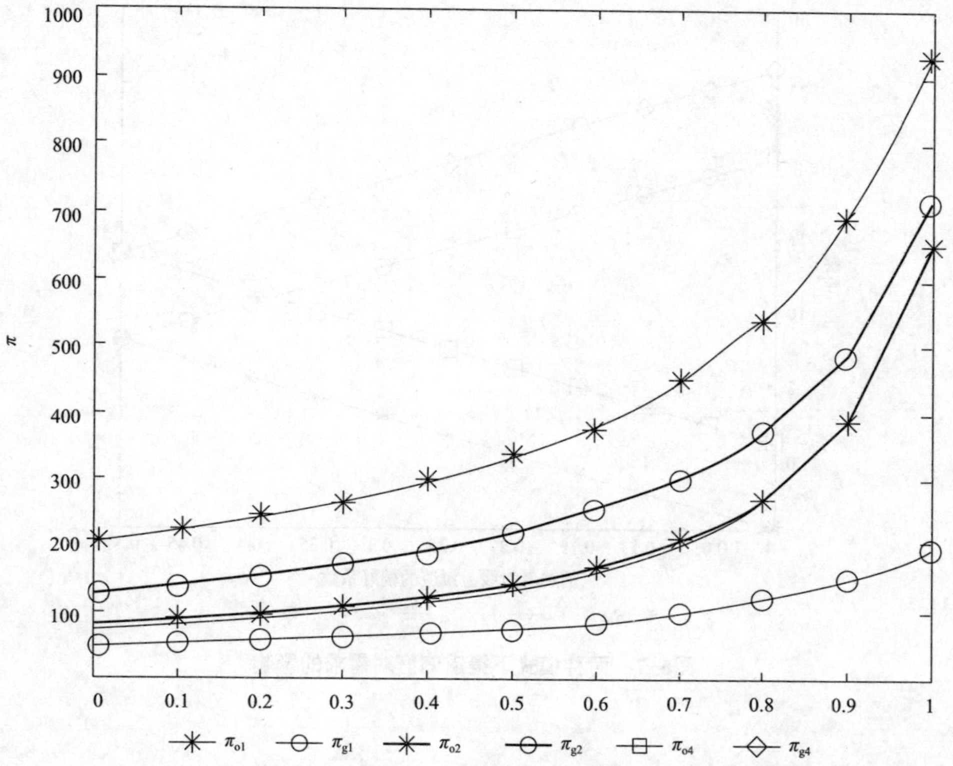

图6-6　两种模式下渠道间价格替代系数对销售利润的影响

6.6.3　渠道偏好的影响

为研究消费者渠道偏好对产品价格和需求的影响，取 ρ 的变化范围为 [0，0.5]。得到的结果如图 6-7 和图 6-8 所示。

从图 6-7 和图 6-8 中可以看出，在本章研究的两种不同的销售模式的模型中，随着消费者线上渠道偏好的增强，线上优惠产品的销售价格和需求逐渐提高，线下普通产品的销售价格和需求逐渐降低，所得结果与之前的结论一致。此外，我们还可以知道，当代理模式中佣金率 $s=0.8$ 时，对于绿色旅游供应链中的产品和服务价格，转售模式中的线上优惠产品销售价格和线下普通产品销售价格都分别远高于代理模式下的线上优惠产品销售价格和线下普通产品销售价格。

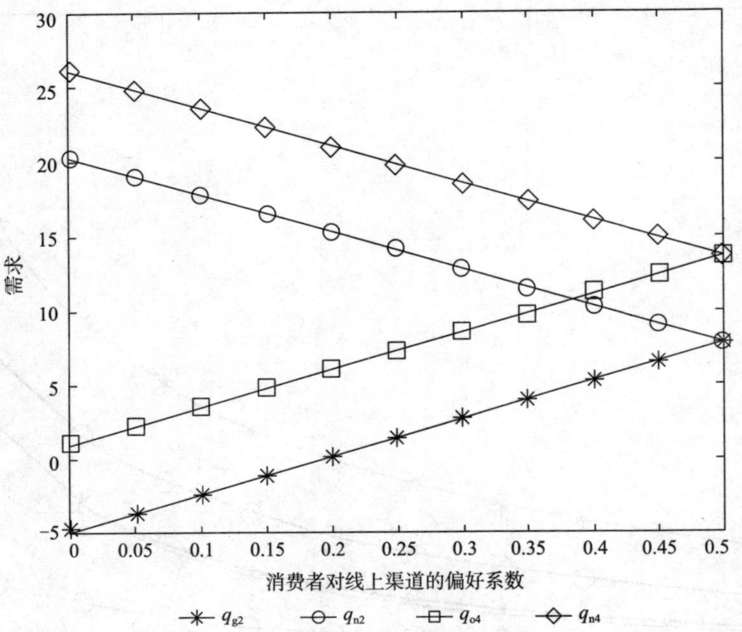

图6-7　两种模式下渠道偏好对需求的影响

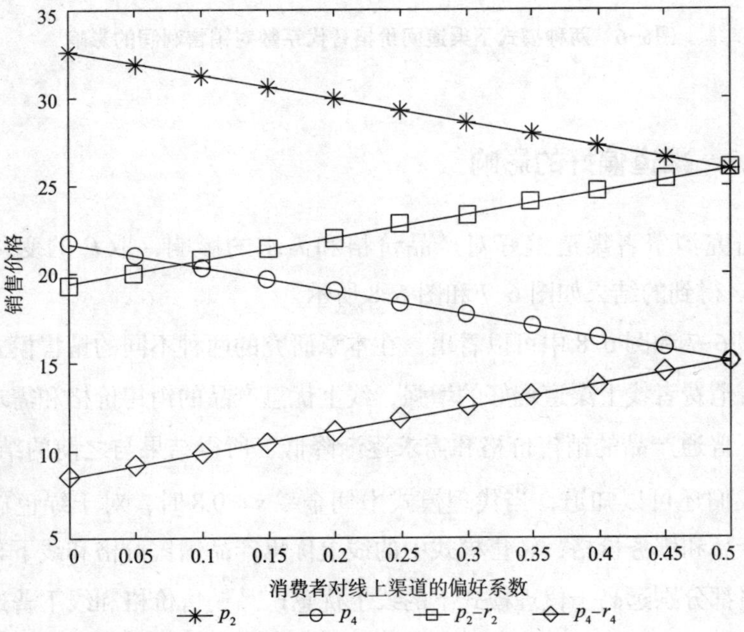

图6-8　两种模式下渠道偏好对销售价格的影响

6.7　本章小结

本章针对转售模式和代理模式两种模式下的绿色旅游产品和服务定价问题，在考虑了消费者绿色偏好和渠道偏好的前提下，提出了有无优待政策的四种供应链决策模型，得到了四种模式下双渠道绿色旅游供应链的最优解，并对得到的最优解进行了比较分析。同时，分析了优待政策、销售模式和消费者双重偏好对旅游产品价格、需求和供应链成员利润的影响，并得出了相应的结论。

首先，当消费者对线下渠道有偏好时，与没有优待政策的模型相比，有优待政策的模型下，绿色旅游产品的线上销售价格降低，其线上需求增加，线上价格和需求的变化取决于优待政策的力度即线上优惠产品的价格折扣额度，线下渠道的销售价格提高，线下需求降低，同时绿色旅游产品和服务的供应价格及绿色度水平保持不变。在转售模式下，旅游服务提供商的利润不变，旅游经营者的利润变化取决于优待政策的力度；在代理模式下，旅游服务提供商和旅游经营者的利润都增加，他们的利润变化都取决于优待政策的力度。从环境的角度来看，优待政策可以促进绿色旅游产品和服务的销售，从而促进绿色发展，从而为环境可持续发展带来效益。

其次，在消费者的双重偏好对旅游产品价格和需求的影响方面，一方面，对于消费者的绿色偏好，在四种模型中，线上和线下产品的供应价格、销售价格和需求都随着消费者绿色偏好的提高而逐渐提高；另一方面，对于消费者渠道偏好，两种销售模式中，随着消费者线上渠道偏好的增强，线上优惠产品的销售价格和需求逐渐提高，线下普通产品的销售价格和需求逐渐降低。

最后，在四种模型下，关于渠道间价格替代系数对产品价格和需求的影响，发现随着渠道间价格替代系数增大，产品供应价格、产品绿色度水平、产品线上和线下销售价格都随之提高。

本章提出以下建议：首先，旅游企业都应积极提高绿色水平，进行绿色创新，加强绿色旅游产品的宣传推广，促进绿色旅游产品和服务的销售，促进旅游行业的绿色发展。其次，旅游企业应结合国家和政府政策因地制宜地制定出合理的优待政策，从而促进旅游产业朝着绿色的方向蓬勃发展。最后，消费者要不断提高自身的绿色环保意识，在消费的时候尽量选择一些绿色旅游产品服务，为环保做贡献。

本章研究内容还存在一些局限性，需要进一步探索。在本章的研究中，只考虑了一个旅游服务提供商和一个旅游经营者。由于现实中的旅游供应链结构更为复杂，未来的研究方向可以考虑多旅游服务提供商和多旅游经营者的供应链结构。此外，影响绿色旅游供应链需求的不只是价格折扣和绿色水平，需求是不确定的情况更多，有多种因素扰动，比如某些突发事件可能导致旅游市场不确定性增加，因此未来可以研究不确定需求下绿色旅游供应链的协调策略。

第7章　考虑消费者环保心态的绿色供应链决策与协调

7.1　引言

近年来生态环境和气候状况的恶化以及能源的短缺引起了人们的普遍关注，减缓环境恶化和化解环境危机迫在眉睫，而且如果供应链企业萎靡不振，一定程度上会阻碍了社会经济的发展。如何在保证绿色可持续发展，建设社会生态文明的基础上提升企业经济效益，进一步拉动社会 GDP 的发展成为一个亟待解决的问题。在严峻的环境问题下，绿色发展已成为共识，加之生活水平提高和消费结构升级，环境友好的绿色产品越来越受到消费者的青睐（Yu 等，2016）。为了满足绿色需求、增强市场竞争力，绿色品牌企业致力于提高自身资源利用率和产品绿色度水平使产品和生产过程符合环境标准（Lo 等，2018；Chen 等，2017; Ye 等，2021）。产品绿色度水平是指产品对人和自然友好的程度，例如产品有害物质含量、能量消耗和可回收性等，产品绿色度水平很大程度上影响着消费者的购买选择（Song 等，2017）。供应链上下游企业如何准确把握消费者绿色偏好并制定合适的生产和营销策略，保障整个供应链绿色创新活动的有效性和可行性是一个颇有研究意义的问题（Hong 等，2019）。全球市场调研公司欧睿国际发布的《2022 全球十大消费者趋势》报告里预测的消费者趋势之一就是追求环保。报告显示，2022 年全球 65% 的消费者对气候的恶化感到焦虑从而开始关注环保行动和绿色决策，67% 的消费者愿意通过自己的行动来为环境和资源带来积极正向的影响。引导消费者心态有利于企业的生产实践管理，促进企业绿色目标举措与经济目标举措的深度融合，例如消费者环保意识会很大程度地影响绿色产品的市场需求，并且会激发绿色供应链成员的绿色技术创新努力

（Torani 等，2016），而消费者对产品绿色度水平的期望可能产生相反的效果。往往对于支持可持续发展的消费者来说，购买绿色产品体现了自己环境友好的内在理念，并且消费者的环保心态已成为影响其支付意愿的重要因素，消费者的环保理念越强，其对环保产品愿意支付的价格也就越高（Chitra 等，2007）。环境压力和社会舆论压力使供应链企业由传统的价格—质量竞争发展成了价格—质量—理念竞争，供应链企业为了增强竞争力在控制价格、提升质量的同时提升产品的绿色度水平，不仅考虑了消费者的绿色环保理念，还体现了自身的社会责任感。供应链企业中制造商进行了大量的绿色成本投资，自然会考虑渠道利润分配的公平性和合理性，认知行为倾向会影响供应链参与成员的利益分配和供应链系统效率，将公平理论引入供应链管理研究引起学者的广泛关注（Ho 等，2008；Wei 等，2017；Zhou 等，2016；Du 等，2014）。具有公平关切特性的渠道成员不仅关注自身利润，还会关注与其他成员的利润差距（Li 等，2016）。近年来消费者购买力的增强和市场规模的不断扩张使供应链上下游成员对公平性有着越来越高的要求。公平可以体现在研发成本的合理分担上，供应链协调对平衡供应链成员成本至关重要，实行绿色成本分担机制可以协调成员的成本与利润，并能带来更高的产品绿色度水平和供应链利润（Ghosh 等，2015），并且调整成本分担比例使其在一定范围内时，能让合作双方的利润均得到提升。

本章在绿色生产的背景下研究产品的绿色度水平和消费者的环保心态之间的相互制约或促进作用，以及产品的绿色度水平、消费者的环保心态对供应链各成员决策和供应链总绩效的影响，同时关注成本分担契约对供应链成员协同合作的促进作用。此外，少有研究关注消费者环保意识和消费者对产品绿色度水平期望的共同作用对于供应链绿色决策的影响。基于此，本章提出了以下三个问题：

（1）消费者的环保心态，即消费者环保意识和消费者对产品绿色度水平的期望会对供应链中的绿色度水平、批发价格、零售价格、总利润造成怎样的影响？

（2）供应链中的绿色决策水平与消费者心态在集中式决策、制造商公平中性分散式决策、制造商公平关切分散式决策三种决策情形下分别有着怎样的差异？

（3）如何应用成本分担契约与协调来提高供应链系统的效率，成本分担契约与协调还具有什么样的作用？

7.2　问题与符号描述

随着社会经济和科技水平的高速发展，环境污染和资源消耗成为一个亟待解决的重要问题，国际绿色壁垒近年来对我国出口产业的影响逐渐增强，为赢得持续的竞争优势，制造商长远的选择是积极投入自己的力量到绿色行动中，向市场提供环境和资源友好型的产品，保持更长的竞争力。本章考虑由一个制造商和一个零售商构成的绿色供应链，制造商生产绿色产品并通过零售商向市场销售，绿色产品制造商通过在产品的设计研发阶段投入一定的绿色化投资成本，改进生产过程和生产技术，来降低能源消耗和污染物排放。制造商是博弈的领导者，其行动影响着零售商的绿色化决策，零售商会根据上游制造商确定的批发价格、产品绿色度水平、消费者环保意识和消费者对绿色产品的期望度，并以自身利益最大化作为决策准则来确定产品最优的零售价格，保障自身的利益。

本章模型中的相关符号及其含义如表 7-1 所示。

表7-1　相关符号及其含义

类型	符号	含义
决策变量	x	产品的绿色度水平
	p	产品的零售价格
参数	c	制造商单位产品的生产成本
	ω	产品的批发价格
	β	消费者对产品价格的敏感系数
	δ	研发成本系数
	g	消费者对产品绿色度的期望
	γ	消费者自身的环保意识
	λ	公平关切系数

续表

类型	符号	含义
参数	φ	成本分担系数
	π_m	制造商的利润
	π_r	零售商的利润
	π_{sc}	供应链整体的利润

7.3 模型构建

本章用 x 表示产品的绿色度水平，即消费者对产品绿色度的感知，其聚合了资源、能源、环境等多个感知属性。在绿色生产前期，由于制造商生产绿色产品需要投入绿色研发成本，绿色研发成本随着绿色度水平的提高而大幅提高，提高产品绿色度水平需要制造商改善生产技术水平，参考 D'Aspremont 等（2020）的研究，产品的绿色度水平与生产前期制造商投入的绿色研发成本成二次函数关系，研发成本可为：

$$I=\frac{1}{2}\delta x^2$$

绿色产品的零售价格和绿色度水平共同决定绿色产品的市场需求，绿色产品的市场需求与零售价格 p 呈负相关，与绿色度水平 x 呈正相关，引入 β 作为消费者对价格的敏感系数。消费者的环保心态会影响供应链成员的绿色生产和定价决策，本章中的消费者心态包括消费者环保意识，即消费者对产品绿色度水平的敏感性和消费者对产品绿色度水平的期望，消费者对产品绿色度水平的感知和期望之间的差距为 $x-g$，其为产品能在市场中体现出的绿色度水平，是真正影响市场需求的部分，当 $x-g>0$ 时，产品所体现出的绿色属性对需求为正向影响，反之为负向影响。参考 Wang 等（2020）研究中的处理方法，假定绿色产品的市场需求可以由零售价格和绿色度水平表示为：

$$D=a-\beta p+\gamma(x-g)$$

则供应链整体利润：

$$\pi_{sc}=\left(a-\beta p+\gamma(x-g)\right)(p-c)-\frac{1}{2}\delta x^2 \tag{7.1}$$

制造商总利润：

$$\pi_{\mathrm{m}}=\left(a-\beta p+\gamma\left(x-g\right)\right)\left(\omega-c\right)-\frac{1}{2}\delta x^2 \tag{7.2}$$

零售商总利润：

$$\pi_{\mathrm{r}}=\left(a-\beta p+\gamma\left(x-g\right)\right)\left(p-\omega\right) \tag{7.3}$$

7.3.1 集中式决策

集中式决策下，供应链形成一个由制造商、零售商协同决策的统一整体，以供应链整体利润最大化为目标决策产品的绿色度水平和零售价格，供应链整体利润关于绿色度水平和零售价格的海塞矩阵为：

$$\boldsymbol{H}_{\mathrm{sc}}=\begin{pmatrix}-\delta & \gamma\\ \gamma & -2\beta\end{pmatrix}$$

观察矩阵可知，当$\gamma^2-2\delta\beta<0$时，海塞矩阵$\boldsymbol{H}_{\mathrm{sc}}$是负定的。

将式（7.1）分别对x和p求一阶偏导，并令结果为0，即$\frac{\partial\pi_{\mathrm{sc}}}{\partial x}=0$，$\frac{\partial\pi_{\mathrm{sc}}}{\partial p}=0$，联立可求得集中式决策下产品绿色度水平、零售价格和供应链总利润的最优解：

$$p^*=\frac{\left(a+c\beta-g\gamma\right)\delta-c\gamma^2}{2\beta\delta-\gamma^2} \tag{7.4}$$

$$x^*=\frac{\gamma\left(a-c\beta-g\gamma\right)}{2\beta\delta-\gamma^2} \tag{7.5}$$

$$\pi_{\mathrm{sc}}^*=\frac{\left(a-c\beta-g\gamma\right)^2\delta}{4\beta\delta-2\gamma^2} \tag{7.6}$$

7.3.2 分散式决策

在一整条供应链中，制造商生产的绿色产品通过零售商销售到市场中，由于制造商在绿色产品的生产阶段付出了大量的研发成本，故其除关注自身盈利外更关注利润分配的公平性。上游制造商首先以自身效用函数U_{m}的最大化为目标决策，接着下游零售商根据上游制造商的决策行动做出相应的反应。

本章借用杜少甫等研究中的方法来刻画制造商公平效用，以制造商和零售商的纳什讨价还价解作为其公平参考点，来描述制造商对公平关切效用的感知，则制造商和零售商的效用函数分别为：

$$U_{\mathrm{m}}=(1-\lambda)\pi_{\mathrm{m}}-\frac{\lambda(1-\lambda)}{2+\lambda}\pi_{\mathrm{sc}} \tag{7.7}$$

$$U_{\mathrm{r}}=\pi_{\mathrm{r}} \tag{7.8}$$

Stackelberg 博弈的第一阶段，自身效用函数 U_{m} 的最大化是制造商的最终决策目标，在 Stackelberg 博弈的第二阶段，零售商对制造商的博弈决策作出反应，然后以自身利益的最大化为决策准则来确定最优的零售价格。下面用逆向归纳法求解。

最大化零售商效用函数，可得到零售价格关于产品绿色度水平、批发价格、消费者对价格的敏感系数、消费者对产品绿色度的期望、消费者自身的环保意识的关系函数：

$$p=\frac{a-g\gamma+x\gamma+\beta\omega}{2\beta} \tag{7.9}$$

将式（7.9）与上文中已知的制造商利润 π_{m} 和供应链总利润 π_{sc} 代入式（7.7）中，可得到制造商关于 ω 与 x 的公平效用函数，最大化式（7.7），令制造商的效用函数 U_{m} 关于 ω 与 x 的一阶偏导数为 0，可得到最优批发价格和最优绿色度水平分别为：

$$\omega_{\lambda}^{*}=\frac{(2+\lambda)(a-g\gamma)\delta-c\left(\gamma^{2}-2\beta\delta\right)}{(4+\lambda)\beta\delta-\gamma^{2}} \tag{7.10}$$

$$x_{\lambda}^{*}=\frac{\gamma(a-c\beta-g\gamma)}{(4+\lambda)\beta\delta-\gamma^{2}} \tag{7.11}$$

将式（7.10）和式（7.11）代入式（7.9），可得：

$$p_{\lambda}^{*}=\frac{c\left(-\gamma^{2}+\beta\delta\right)+(3+\lambda)(a-g\gamma)\delta}{(4+\lambda)\beta\delta-\gamma^{2}} \tag{7.12}$$

将式（7.10）～式（7.12）代入式（7.1）～式（7.3）得：

$$\pi_{\mathrm{m}\lambda}^{*}=\frac{\delta\left(a-c\beta-g\gamma\right)^{2}\left(2\left(2-\lambda\right)\beta\delta-\gamma^{2}\right)}{2\left(\left(4+\lambda\right)\beta\delta-\gamma^{2}\right)^{2}} \tag{7.13}$$

$$\pi_{\mathrm{r}\lambda}^{*}=\frac{\beta\delta^{2}\left(a-c\beta-g\gamma\right)^{2}}{\left(\left(4+\lambda\right)\beta\delta-\gamma^{2}\right)^{2}} \tag{7.14}$$

$$\pi_{\mathrm{SC}\lambda}^{*}=\frac{\left(a-c\beta-g\gamma\right)^{2}\delta\left(2\left(3+\lambda\right)\beta\delta-\gamma^{2}\right)}{2\left(\left(4+\lambda\right)\beta\delta-\gamma^{2}\right)^{2}} \tag{7.15}$$

7.4　结果分析

命题 7.1　$\frac{\partial x^{*}}{\partial\gamma}>0$，$\frac{\partial x_{\lambda}^{*}}{\partial\gamma}>0$。

证明过程如下：

已知 $x_{\lambda}^{*}=\frac{\gamma\left(-a+c\beta+g\gamma\right)}{\gamma^{2}-\left(4+\lambda\right)\beta\delta}$，且有 $\gamma^{2}-2\delta\beta<0$，故：

$$\frac{\partial x^{*}}{\partial\gamma}=\frac{\left(a-c\beta\right)\gamma^{2}+2\beta\left(a-c\beta-2g\gamma\right)\delta}{\left(\gamma^{2}-2\beta\delta\right)^{2}}>0$$

$$\frac{\partial x_{\lambda}^{*}}{\partial\gamma}=\frac{a\left(\gamma^{2}+\beta\delta\left(4+\lambda\right)\right)-\beta\left(2g\gamma\delta\left(4+\lambda\right)+c\left(\gamma^{2}+\beta\delta\left(4+\lambda\right)\right)\right)}{\left(\gamma^{2}-\beta\delta\left(4+\lambda\right)\right)^{2}}>0$$

命题 7.1 表明，在集中式决策、公平关切分散式决策两种决策模式下，随着消费者环保意识的增强，产品的绿色度水平随着消费者环保意识的增强而逐渐提高，这是由于消费者更想看到其倾向于购买的产品的理念与自身的价值观一致或相似，特别是在产品的实用性、多元性和环保属性方面，即环保意识较强的消费者更希望看到产品对于可持续发展这一理念的践行，制造企业也希望自身产品的文化理念能够与消费者产生一定程度的共鸣，消费者的环保意识越强，越能够激励供应链成员进行绿色研发投入的积极性，通过提高自身产品的绿色度来满足消费者的绿色环保需求，从而提升产品的市场潜力，增加产品的销量。

命题 7.2 ① $\frac{\partial \omega_{\lambda}^{*}}{\partial g}<0$；② $\frac{\partial p^{*}}{\partial g}<0$，$\frac{\partial p_{\lambda}^{*}}{\partial g}<0$，$\left|\frac{\partial p^{*}}{\partial g}\right|>\left|\frac{\partial p_{\lambda}^{*}}{\partial g}\right|$；③ $\frac{\partial \pi_{m\lambda}^{*}}{\partial g}<0$，$\frac{\partial \pi_{r\lambda}^{*}}{\partial g}<0$；$\frac{\partial \pi_{SC}^{*}}{\partial g}<0$，$\frac{\partial \pi_{SC\lambda}^{*}}{\partial g}<0$，$\left|\frac{\partial \pi_{SC}^{*}}{\partial g}\right|>\left|\frac{\partial \pi_{SC\lambda}^{*}}{\partial g}\right|$。

证明过程如下：

已知：

$$p^{*}=\frac{c\gamma^{2}-(a+c\beta+g\gamma)\delta}{\gamma^{2}-2\beta\delta}$$

$$p_{\lambda}^{*}=\frac{c\left(-\gamma^{2}+\beta\delta\right)+(3+\lambda)(a-g\gamma)\delta}{-\gamma^{2}+(4+\lambda)\beta\delta}$$

$$\omega_{\lambda}^{*}=\frac{c\left(-\gamma^{2}+2\beta\delta\right)-(2+\lambda)(a-g\gamma)\delta}{\gamma^{2}-(4+\lambda)\beta\delta}$$

$$\pi_{m\lambda}^{*}=\frac{\delta(-a+c\beta+g\gamma)^{2}\left(-\gamma^{2}+2(2+\lambda)\beta\delta\right)}{2\left(\gamma^{2}-(4+\lambda)\beta\delta\right)^{2}}$$

$$\pi_{r\lambda}=\frac{\beta\delta^{2}(-a+c\beta+g\gamma)^{2}}{\left(\gamma^{2}-(4+\lambda)\beta\delta\right)^{2}}$$

$$\pi^{*}=\frac{(-a+c\beta+g\gamma)^{2}\delta}{-2\gamma^{2}+4\beta\delta}$$

$$\pi_{SC\lambda}=\frac{(-a+c\beta+g\gamma)^{2}\delta\left(-\gamma^{2}+2(3+\lambda)\beta\delta\right)}{2\left(\gamma^{2}-(4+\lambda)\beta\delta\right)^{2}}$$

$$\gamma^{2}-2\delta\beta<0$$

$$\frac{\partial \omega_{\lambda}^{*}}{\partial g}=\frac{\gamma\delta(2+\lambda)}{\gamma^{2}-\beta\delta(4+\lambda)}<0$$

$$\frac{\partial p^{*}}{\partial g}=\frac{\gamma\delta}{\gamma^{2}-2\beta\delta}<0$$

$$\frac{\partial p_{\lambda}^{*}}{\partial g}=\frac{\gamma\delta(3+\lambda)}{\gamma^{2}-\beta\delta(4+\lambda)}<0$$

显然，$\frac{\gamma\delta}{\gamma^{2}-2\beta\delta}<\frac{\gamma\delta(3+\lambda)}{\gamma^{2}-\beta\delta(4+\lambda)}$，故有 $\frac{\partial p^{*}}{\partial g}<\frac{\partial p_{\lambda}^{*}}{\partial g}<0$，$\left|\frac{\partial p^{*}}{\partial g}\right|>\left|\frac{\partial p_{\lambda}^{*}}{\partial g}\right|$。

$$\frac{\partial\pi_{m\lambda}^*}{\partial g}=\frac{\gamma\left(a-c\beta-g\gamma\right)\delta\left(\gamma^2-2\beta\delta\left(2+\lambda\right)\right)}{\left(\gamma^2-\beta\delta\left(4+\lambda\right)\right)^2}<0$$

$$\frac{\partial\pi_{r\lambda}^*}{\partial g}=\frac{2\beta\gamma\left(-a+c\beta+g\gamma\right)\delta^2}{\left(\gamma^2-\beta\delta\left(4+\lambda\right)\right)^2}<0$$

$$\frac{\partial\pi_{SC}^*}{\partial g}=\frac{\gamma\left(-a+c\beta+g\gamma\right)\delta}{\gamma^2-2\beta\delta}<0$$

$$\frac{\partial\pi_{SC\lambda}^*}{\partial g}=\frac{\gamma\left(a-c\beta-g\gamma\right)\delta\left(\gamma^2-2\beta\delta\left(3+\lambda\right)\right)}{\left(\gamma^2-\beta\delta\left(4+\lambda\right)\right)^2}<0$$

$$\frac{\partial\pi_{SC}^*}{\partial g}-\frac{\partial\pi_{SC\lambda}^*}{\partial g}=\frac{\gamma\left(a-c\beta-g\gamma\right)\delta}{\gamma^2-2\beta\delta}-\frac{\gamma\left(a-c\beta-g\gamma\right)\delta\left(\gamma^2-2\beta\delta\left(3+\lambda\right)\right)}{\left(\gamma^2-\beta\delta\left(4+\lambda\right)\right)^2}$$

$$=\frac{\beta^2\gamma\left(a-c\beta-g\gamma\right)\delta^3\left(2+\lambda\right)^2}{\left(\gamma^2-2\beta\delta\right)\left(\gamma^2-\beta\delta\left(4+\lambda\right)\right)^2}<0$$

故$\left|\frac{\partial\pi_{SC}^*}{\partial g}\right|>\left|\frac{\partial\pi_{SC\lambda}^*}{\partial g}\right|$。

命题 7.2 表明，在集中式决策、分散式决策两种决策模式下，产品批发价格、零售价格都随着消费者对产品绿色度期望的增大而减小。绝大多数消费者认为自身的购买选择会进一步影响环境与能源，所以环保意识越强的消费者对产品的期望也就越高，但消费者的高期望会导致产品市场需求量的下降。当消费者对产品绿色度的期望较高时，制造商为了响应消费者的绿色理念会付出更多的绿色成本来提升产品的绿色度水平，制造商在环保方面作出的努力或许无法完全应对消费者的多元化期许与高要求，导致市场需求仍未回升，当零售商销售量降低时就会相应地降低零售价格和减少进货量，此时其制造商便通过降低批发价格来应对这种波动。其中，制造商集中式决策下，消费者对产品绿色度的期望对于零售价格的影响较大；制造商公平关切分散式决策下，消费者对产品绿色度的期望对于零售价格的影响较小。这是因为在集中式决策下，供应链以其整体利润最大化为决策目标，消费者对产品绿色度的期望增大使产品销量随之降低，制造商和零售商会通过降低批发价格和零售价格来应对这种波动，同时批发价格的降低也会导致零售价格的进一步降低；分散式决策下，制造商和零售商都以各自利润最大化为决策目标，制造商的决策行动取决于自身的利润如何变化，零售商只受到市场反馈的影响而不受制造商的影响，因此集中式决策下消费者对产品绿色度的期望对于零售价格的影响比分散式决策大。在制造商存在公平关切的情况下，由于制造商付出了一定的绿色研发成本，故其更关注利润分配的公平性，消费者对产品绿色度的期望越大，制造商付出的绿色成本就越多，制造商就越发关注利润分配的公平。这就会限制零售商的利益，零售商想要提高零售价格，但市场销量减少的情况下更要降低零售价格，因此在制造商存在公平关切的情况下零售价格不会变动太多。

在分散式决策下，制造商和零售商的利润都随着消费者对产品绿色度期望的增大而减小，这是因为期望的增加导致的销量急剧下降使制造商和零售商的利润减少，并且在制造商不存在公平关切的情形下制造商和零售商利润比制造商存在公平关切情形下受到的影响更大。在两种决策下供应链总利润均随着消费者对产品绿色度期望的增大而减小，当消费者对产品绿色度期望增大时，制造商和零售商所做出的提高产品绿色度水平、降低零售价格等努力在一定程度上并不足以使销量上升太多而使利润增加或者维持相对的恒定，所以随着消费者对产品绿色度期望逐渐增大，供应链总利润随之逐渐减少，且有在集中式决策下消费者对绿色度的期望对于供应链总利润的影响大于制造商公平关切下消费者对绿色度的期望对于供应链总利润的影响。

命题 7.3 当$\gamma^2<\beta\delta$时，$\frac{\partial p_{\lambda}^*}{\partial\lambda}>0$；当$\beta\delta<\gamma^2<2\beta\delta$时，$\frac{\partial p_{\lambda}^*}{\partial\lambda}<0$；$\frac{\partial x_{\lambda}^*}{\partial\lambda}<0$，$\frac{\partial\omega_{\lambda}^*}{\partial\lambda}>0$，$\frac{\partial\pi_{\mathrm{m}\lambda}^*}{\partial\lambda}<0$，$\frac{\partial\pi_{\mathrm{r}\lambda}^*}{\partial\lambda}<0$，$\frac{\partial\pi_{\mathrm{SC}\lambda}^*}{\partial\lambda}<0$。

证明过程如下：$\frac{\partial p_{\lambda}^*}{\partial\lambda}=\frac{(a-c\beta-g\gamma)\delta\left(-\gamma^2+\beta\delta\right)}{\left(\gamma^2-\beta\delta(4+\lambda)\right)^2}$

显然当$\gamma^2<\beta\delta$时，$\frac{\partial p_{\lambda}^*}{\partial\lambda}>0$；当$\beta\delta<\gamma^2<2\beta\delta$时，$\frac{\partial p_{\lambda}^*}{\partial\gamma}<0$。

$$\frac{\partial x_{\lambda}^*}{\partial\lambda}=\frac{\beta\gamma(-a+c\beta+g\gamma)\delta}{\left(\gamma^2-\beta\delta(4+\lambda)\right)^2}<0$$

$$\frac{\partial\omega_{\lambda}^*}{\partial\gamma}=\frac{(a-c\beta-g\gamma)\delta\left(-\gamma^2+2\beta\delta\right)}{\left(\gamma^2-\beta\delta(4+\lambda)\right)^2}>0$$

$$\frac{\partial \pi_{\mathrm{m}\lambda}^{*}}{\partial \gamma}=\frac{\beta^{2}(-a+c\beta+g\gamma)^{2}\delta^{3}\lambda}{\left(\gamma^{2}-\beta\delta(4+\lambda)\right)^{2}}<0$$

$$\frac{\partial \pi_{\mathrm{r}\lambda}^{*}}{\partial \gamma}=\frac{2\beta\gamma(-a+c\beta+g\gamma)^{2}\delta^{3}}{\left(\gamma^{2}-\beta\delta(4+\lambda)\right)^{3}}<0$$

$$\frac{\partial \pi_{\mathrm{SC}\lambda}^{*}}{\partial \gamma}=\frac{\beta^{2}(-a+c\beta+g\gamma)^{2}\delta^{3}(2+\lambda)}{\left(\gamma^{2}-\beta\delta(4+\lambda)\right)^{3}}<0$$

命题 7.3 表明，在制造商公平关切分散式决策下，产品绿色度水平、制造商利润、零售商利润、供应链总利润随着制造商公平关切系数的增大而减小，产品批发价格随着公平关切系数的增大而增大。因为当制造商越发注重渠道利润分配的公平性时，就会降低产品绿色度水平来减少自身承担的绿色研发成本，同时提高批发价格来争取更大比例的渠道利润，制造商的这些举措会使绿色产品的销量急剧降低，并会使制造商、零售商及供应链整体的利润下降。当消费者的环保意识较弱，即 $\gamma^{2}<\beta\delta$ 时，产品的零售价格随着制造商公平关切系数的的增大而提高；当消费者的环保意识较强，即 $\beta\delta<\gamma^{2}<2\beta\delta$ 时，产品的零售价格随着制造商公平关切系数的的增大而降低。这是由于消费者的环保意识越弱，制造商越关注公平问题，其制定的批发价格就越高，导致零售价格升高；消费者的环保意识较强，即消费者对产品环境性方面的要求较高时，尽管制造商提高批发价格，零售商还是会为提高销量、维持自身利润的稳定而降低零售价格。

命题 7.4　① $x^{*}>x_{\lambda}^{*}$；② 当 $\gamma^{2}<\beta\delta$ 时，$p^{*}<p_{\lambda}^{*}$；当 $\beta\delta<\gamma^{2}<2\beta\delta$ 时，$p^{*}>p_{\lambda}^{*}$；③ $\pi_{\mathrm{SC}}^{*}>\pi_{\mathrm{SC}\lambda}^{*}$。

证明过程如下：

$$x^{*}-x^{\lambda *}=\frac{\gamma(a-c\beta-g\gamma)}{2\beta\delta-\gamma^{2}}-\frac{\gamma(a-c\beta-g\gamma)}{\beta\delta(4+\lambda)-\lambda^{2}}$$

$$=\frac{\beta\gamma(a-c\beta-g\gamma)\delta(2+\lambda)}{\left(\gamma^{2}-2\beta\delta\right)\left(\gamma^{2}-\beta\delta(4+\lambda)\right)}>0$$

故 $x^{*}>x_{\lambda}^{*}$。

$$p^{*}-p_{\lambda}^{*}=\frac{c\gamma^{2}-(a+c\beta-g\gamma)\delta}{\gamma^{2}-2\beta\delta}-\frac{c\left(-y^{2}+\beta\delta\right)+(a-g\gamma)\delta(3+\lambda)}{-\gamma^{2}+\beta\delta(4+\lambda)}$$

$$=\frac{(a-c\beta-g\gamma)\delta\left(\gamma^{2}-\beta\delta\right)(2+\lambda)}{\left(\gamma^{2}-2\beta\delta\right)\left(\gamma^{2}-\beta\delta(4+\lambda)\right)}$$

分析可得，当$\gamma^2<\beta\delta$时，$p^*<p_\lambda^*$；当$\gamma^2=\beta\delta$时，$p^*=p_\lambda^*$；当$\gamma^2>\beta\delta$时，$p^*>p_\lambda^*$。

$$\pi^*-\pi_{SC\lambda}^*=\frac{(-a+c\beta+g\gamma)^2\delta}{-2\gamma^2+4\beta\delta}-\frac{(-a+c\beta+g\gamma)^2\delta\left(-\gamma^2+2\beta\delta(3+\lambda)\right)}{2\left(\gamma^2-\beta\delta(4+\lambda)\right)^2}$$

$$=\frac{\beta^2(a-c\beta-g\gamma)^2\delta^3(2+\lambda)^2}{2\left(2\beta\delta-\gamma^2\right)\left(\gamma^2-\beta\delta(4+\lambda)\right)^2}>0$$

在集中式决策下，制造商和零售商以供应链整体利润最大化为决策目标，此时制造商较少关注自身付出的成本和获得的收益，使其产品绿色度水平比分散式决策下要高，对于供应链总利润而言可以达到最优的决策效果，故分散式决策下的总利润小于集中式决策下的总利润。当制造商具有公平关切属性时，其为自身获得的渠道利润做出的一系列举措（如降低产品绿色度水平、减少绿色研发成本）会降低产品的总销量而使供应链总利润进一步下降。当制造商的环保意识较弱，即$\gamma^2<\beta\delta$时，集中式决策下产品的零售价格较低，公平关切分散式决策下产品的零售价格较高；当制造商的环保意识较强，即$\beta\delta<\gamma^2<2\beta\delta$时，零售价格与上述结论相反，且有集中式决策下供应链总利润大于公平关切分散式决策下供应链总利润。

7.5 成本分担契约

为了让绿色供应链稳固持续地发展，可以引入成本分担契约，使供应链成员之间的合作更加稳定，成本分担需要拥有合理性并且能使整条供应链达到决策最优。制造商生产绿色产品需要在前期付出大量的时间和精力并且投入一定的绿色成本，随着产品绿色度水平的增加，为了使双方的合作更加长久，零售商会选择主动承担一部分绿色成本，与制造商达成绿色投资成本分担契约。引入绿色投资成本分担契约后，可以假设零售商决策投资中自身承担的成本分担率为φ，制造商承担的成本分担率为$1-\varphi$，此时制造商和零售商的利润函数为：

$$\bar{\pi}_m=\left(a-\beta p+\gamma(x-g)\right)(\omega-c)-\frac{1}{2}(1-\varphi)\delta x^2 \tag{7.16}$$

$$\overline{\pi}_{\mathrm{r}}=\left(a-\beta p+\gamma\left(x-g\right)\right)\left(p-\omega\right)-\frac{1}{2}\varphi x^{2} \tag{7.17}$$

在制造商公平关切分散式决策下，制造商和零售商的公平效用函数分别为：

$$U_{\mathrm{m}}=\left(1-\lambda\right)\pi_{\mathrm{m}}-\frac{\lambda\left(1+\lambda\right)}{2+\lambda}\pi_{\mathrm{SC}} \tag{7.18}$$

$$\overline{U}_{\mathrm{r}}=\overline{\pi}_{\mathrm{r}} \tag{7.19}$$

与前文同理，运用逆向归纳法求解可得到：

$$\omega_{\lambda}^{\mathrm{C}}=\frac{\left(\lambda+2\right)\left(\left(\lambda+2\right)\varphi-2\right)\delta\left(a-g\gamma\right)+2c\left(\gamma^{2}+\left(\left(\lambda+2\right)\varphi-2\right)\beta\delta\right)}{2\gamma^{2}+\left(\gamma+4\right)\left(\left(\lambda+2\right)\varphi-2\right)\beta\delta} \tag{7.20}$$

$$x_{\lambda}^{\mathrm{C}}=\frac{2\gamma\left(-a+c\beta+g\gamma\right)}{2\gamma^{2}+\left(\gamma+4\right)\left(\left(\lambda+2\right)\varphi-2\right)\beta\delta} \tag{7.21}$$

$$p_{\lambda}^{\mathrm{C}}=\frac{\left(\lambda+3\right)\left(\left(\lambda+2\right)\varphi-2\right)\delta\left(a-g\gamma\right)+c\left(\left(\left(\lambda+2\right)\varphi-2\right)\beta\delta+2\gamma^{2}\right)}{2\gamma^{2}+\left(\gamma+4\right)\left(\left(\lambda+2\right)\varphi-2\right)\beta\delta} \tag{7.22}$$

通过把式（7.20）、式（7.21）、式（7.22）代入式（7.1）、式（7.6）、式（7.17）中得：

$$\pi_{\mathrm{m}\lambda}^{\mathrm{C}}=\frac{\delta\left(-a+c\beta+g\gamma\right)^{2}\left(2\left(\varphi-1\right)\gamma^{2}+\left(\gamma+2\right)\left(\left(\lambda+2\right)\varphi-2\right)^{2}\beta\delta\right)}{\left(2\gamma^{2}+\left(\gamma+4\right)\left(\left(\lambda+2\right)\varphi-2\right)\beta\delta\right)^{2}} \tag{7.23}$$

$$\pi_{\mathrm{r}\lambda}^{\mathrm{C}}=\frac{\delta\left(-a+c\beta+g\gamma\right)^{2}\left(-2\varphi\gamma^{2}+\left(\left(\lambda+2\right)\varphi-2\right)^{2}\beta\delta\right)}{\left(2\gamma^{2}+\left(\gamma+4\right)\left(\left(\lambda+2\right)\varphi-2\right)\beta\delta\right)^{2}} \tag{7.24}$$

$$\pi_{\mathrm{SC}\lambda}^{\mathrm{C}}=\frac{\delta\left(-a+c\beta+g\gamma\right)^{2}\left(-2\varphi\gamma^{2}+\left(\lambda+3\right)\left(\left(\lambda+2\right)\varphi-2\right)^{2}\beta\delta\right)}{\left(2\gamma^{2}+\left(\gamma+4\right)\left(\left(\lambda+2\right)\varphi-2\right)\beta\delta\right)^{2}} \tag{7.25}$$

供应链中的制造商和零售商共担一定比例的绿色投资成本，下面需找到成本分担系数为何值时，使整条供应链的定价决策达到最优。集中式决策下供应链上下游成员相互合作以供应链整体效益最大化为决策目标，考虑成本分担情形时制造商公平关切分散式决策下产品的零售价格等于集中式决策下绿色产品的零售价格来使上述模型的结果达到集中式决策水平，即有：

$$p_{\lambda}^{\mathrm{C}*}=p^{*} \tag{7.26}$$

即：

$$\frac{(a-g\gamma)\delta(3+\lambda)\left(-2+(2+\lambda)\varphi\right)+c\left(2\gamma^{2}+\beta\delta\left(-2+(2+\lambda)\varphi\right)\right)}{2\gamma^{2}+\beta\delta(4+\lambda)\left(-2+(2+\lambda)\varphi\right)}-\frac{c\gamma^{2}-(a+c\beta-g\gamma)\delta}{\gamma^{2}-2\beta\delta}=0$$

求解上式可得 $\varphi_{1}=\dfrac{2\left(\gamma^{2}-\beta\delta\right)}{-\beta\delta(2+\lambda)+\gamma^{2}(3+\lambda)}$，即存在分担比例 φ_{1} 使产品最优零售价格达到无成本分担时的集中式决策水平，将分担比例代入各自的最优决策中得：

$$\omega_{\lambda}^{1\mathrm{C}*}=\frac{(a+c\beta-g\gamma)\delta-c\gamma^{2}}{2\beta\delta-\gamma^{2}} \tag{7.27}$$

$$x_{\lambda}^{1\mathrm{C}*}=\frac{(a-c\beta-g\gamma)\left(\beta\delta(2+\lambda)-\lambda^{2}(3+\lambda)\right)}{\gamma\left(\gamma^{2}-2\beta\delta\right)(3+\lambda)} \tag{7.28}$$

$$x_{\mathrm{m}\lambda}^{1\mathrm{C}*}=\frac{(a-c\beta-g\gamma)^{2}\delta\left(2\beta\gamma^{2}\delta(1+\lambda)(3+\lambda)-\beta^{2}\delta^{2}\lambda(2+\lambda)-\gamma^{4}(1+\lambda)(3+\lambda)\right)}{2\gamma^{2}\left(\gamma^{2}-2\beta\delta\right)^{2}(3+\lambda)^{2}} \tag{7.29}$$

$$\pi_{\mathrm{r}\lambda}^{1\mathrm{C}*}=\frac{(a-c\beta-g\gamma)^{2}\delta\left(2\beta\gamma^{2}\delta(3+\lambda)-\beta^{2}\delta^{2}(2+\lambda)-\gamma^{4}(3+\lambda)\right)}{\gamma^{2}\left(\gamma^{2}-2\beta\delta\right)^{2}(3+\lambda)^{2}} \tag{7.30}$$

$$\pi_{\mathrm{SC}\lambda}^{1\mathrm{C}*}=\frac{(a-c\beta-g\gamma)^{2}\delta\left(2\beta\gamma^{2}\delta(3+\lambda)^{2}-\beta^{2}\delta^{2}(2+\lambda)-\gamma^{4}(3+\lambda)^{2}\right)}{2\gamma^{2}\left(\gamma^{2}-2\beta\delta\right)^{2}(3+\lambda)^{2}} \tag{7.31}$$

通过分析成本分担契约下制造商公平关切时的最优决策结果和供应链总利润，可得出以下命题：

命题 7.5 ① 在制造商公平关切分散式决策下，存在 $\varphi_{1}=\dfrac{2\left(\gamma^{2}-\beta\delta\right)}{-\beta\delta(2+\lambda)+\gamma^{2}(3+\lambda)}$，使最优的产品零售价格达到集中式决策水平。② $p^{*}=\omega_{\lambda}^{1\mathrm{C}*}$，$\pi^{*}>\omega_{\mathrm{SC}\lambda}^{1\mathrm{C}*}$。

命题 7.5 ②证明过程如下：

$$p^{*}-\omega_{\lambda}^{1C*}-=\frac{c\gamma^{2}-\left(a+c\beta-g\gamma\right)\delta}{\gamma^{2}-2\beta\delta}-\frac{c\gamma^{2}-\left(a+c\beta-g\gamma\right)\delta}{\gamma^{2}-2\beta\delta}=0$$

$$\pi^{*}-\pi_{SC\lambda}^{1C*}=\frac{\left(-a+c\beta-g\gamma\right)^{2}\delta}{-2\gamma^{2}+4\beta\delta}+\frac{\left(-a+c\beta-g\gamma\right)^{2}\delta\begin{pmatrix}\beta^{2}\delta^{2}\left(2+\lambda\right)^{2}+\gamma^{4}\left(3+\lambda\right)^{2}\\-2\beta\gamma^{2}\delta\left(3+\lambda\right)^{2}\end{pmatrix}}{2\gamma^{2}\left(\gamma^{2}-2\beta\delta\right)^{2}\left(3+\lambda\right)^{2}}>0$$

由上可知，当制造商公平关切分散式决策下产品的零售价格等于集中式决策下产品的零售价格时，制造商公平关切分散式决策下的产品批发价格等于集中式决策下的产品零售价格，可以得出在制造商公平关切时其可以通过提高批发价格来提高自身利润，还可用绿色协调来保证供应链成员最优的绿色决策。集中式决策下供应链上下游成员相互合作以供应链整体效益最大化为决策目标，考虑成本分担情形时制造商公平关切分散式决策下产品的绿色度水平等于集中式决策下绿色产品的绿色度水平来使上述模型的结果达到集中决策水平，即有：

$$x_{\lambda}^{C*}=x^{*} \tag{7.32}$$

即 $\dfrac{2\gamma\left(-a+c\beta+g\gamma\right)}{2\gamma^{2}+\beta\delta\left(4+\lambda\right)\left(-2+\left(2+\lambda\right)\varphi\right)}=\dfrac{\gamma\left(a-c\beta-g\gamma\right)}{2\beta\delta-\gamma^{2}}$，求解上式可得 $\varphi_{2}=\dfrac{2}{4+\lambda}$，即存在分担比例 φ_{2} 使产品最优绿色度水平达到无成本分担时的集中式决策水平，将分担比例代入各自的最优决策中得：

$$\omega_{\lambda}^{2C*}=\frac{-4c\beta\delta-2\left(a-g\gamma\right)\delta\left(2+\lambda\right)+c\gamma^{2}\left(4+\lambda\right)}{\left(\gamma^{2}-2\beta\delta\right)\left(4+\lambda\right)} \tag{7.33}$$

$$p_{\lambda}^{2C*}=\frac{-2c\beta\delta-2\left(a-g\gamma\right)\delta\left(3+\lambda\right)+c\gamma^{2}\left(4+\lambda\right)}{\left(\gamma^{2}-2\beta\delta\right)\left(4+\lambda\right)} \tag{7.34}$$

$$\pi_{m\lambda}^{2C*}=\frac{\left(-a+c\beta+g\gamma\right)^{2}\delta\left(2+\lambda\right)\left(8\beta\delta-\gamma^{2}\left(4+\lambda\right)\right)}{2\left(\gamma^{2}-2\beta\delta\right)^{2}\left(4+\lambda\right)^{2}} \tag{7.35}$$

$$\pi_{r\lambda}^{2C*}=\frac{\left(-a+c\beta+g\gamma\right)^{2}\delta\left(4\beta\delta-\gamma^{2}\left(4+\lambda\right)\right)}{\left(\gamma^{2}-2\beta\delta\right)^{2}\left(4+\lambda\right)^{2}} \tag{7.36}$$

$$\pi_{SC\lambda}^{2C*}=\frac{\left(-a+c\beta+g\gamma\right)^{2}\delta\left(8\beta\delta\left(3+\lambda\right)-\gamma^{2}\left(4+\lambda\right)^{2}\right)}{2\left(\gamma^{2}-2\beta\delta\right)^{2}\left(4+\lambda\right)^{2}} \tag{7.37}$$

分析成本分担契约下制造商公平关切时的最优决策结果和供应链总利润，可得出以下命题。

命题 7.6 ①在制造商公平关切分散式决策下，存在$\varphi_2=\dfrac{2}{4+\lambda}$使最优的产品绿色度水平达到集中式决策水平。② $p^*<p_\lambda^{2C*}$，$p^*<\omega_\lambda^{2C*}$，$\pi^*>\pi_{SC\lambda}^{2C*}$。

证明过程如下：

$$p^*-p_\lambda^{2C*}=\frac{c\gamma^2-(a+c\beta-g\gamma)\delta}{\gamma^2-2\beta\delta}-\frac{-2c\beta\delta-2(a-g\gamma)\delta(3+\lambda)+c\gamma^2(4-\lambda)}{(\gamma^2-2\beta\delta)(4+\lambda)}<0$$

$$p^*-\omega_\lambda^{2C*}=\frac{c\gamma^2-(a+c\beta-g\gamma)\delta}{\gamma^2-2\beta\delta}-\frac{-4c\beta\delta-2(a-g\gamma)\delta(2+\lambda)+c\gamma^2(4+\lambda)}{(\gamma^2-2\beta\delta)(4+\lambda)}$$

$$=\frac{(a-c\beta-g\gamma)\delta(2+\lambda)}{(\gamma^2-2\beta\delta)(4+\lambda)}<0$$

$$\pi_{SC}^2-\pi_{SC\lambda}^{2C*}=\frac{(-a+c\beta-g\gamma)^2\delta}{-2\gamma^2+4\beta\delta}-\frac{(-a+c\beta+g\gamma)^2\delta\left(-\gamma^2+2\beta\delta(3+\lambda)\right)}{2\left(\gamma^2-\beta\delta(4+\lambda)\right)^2}$$

$$=\frac{\beta^2(a-c\beta-g\gamma)^2\delta^3(2+\gamma)^2}{2(2\beta\delta-\gamma^2)\left(\gamma^2-\beta\delta(4+\lambda)\right)^2}>0$$

故有$\pi_{SC}^*>\pi_{SC\lambda}^{2C*}$。

当$\varphi=\dfrac{2}{4+\lambda}$时，零售商承担的绿色投入成本为$\dfrac{\delta x^2}{4+\lambda}$，零售商承担的绿色投入成本为$\dfrac{(2+\lambda)\delta x^2}{8+2\lambda}$，制造商和零售商在成本投入方面实现了公平性，加强了彼此之间的深度合作，并进一步提高了系统总利润。

对比集中式决策和成本分担决策两种模式下的最优结果，说明产品的绿色度水平可以达到集中式决策水平，并且集中式决策下的产品零售价格低于考虑成本分担时制造商公平关切分散式决策下的产品批发价格，说明在制造商公平关切时其可以在保证产品绿色度水平的前提下通过提高产品批发价格来提高自身利润。在制造商具有公平关切属性时，成本分担模式下的产品零售价格均高于集中式决策下的产品零售价格，对于零售商来说提高了利润，但对于消费者来说，较之集中式决策，在绿色度水平不变的情况下增加了消费支出，降低了消费者效用水平。

上文中分别用价格协调和绿色协调来分析供应链的定价决策和绿色决策，在价格协调和绿色协调时存在不同的成本分担比例使制造商公平关切分散式决策下的零售价格和绿色度水平达到集中式决策水平，同时在不同的决策间具有不同的产品零售价格、产品批发价格和利润的比较结果，因此，可根据不同的决策目标来进行不同的协调，实现定价决策或绿色决策的最优状态。

利用上述协调有利有弊，可以提高制造商和零售商的利润，但降低了消费者的效用，接下来可尝试用帕累托改进确定φ的最优区间范围。

命题 7.7　在绿色供应链制造商公平关切的分散式决策模式下，当 $0<\varphi<\dfrac{2\left(\gamma^2+\beta\delta\lambda\right)\left(\beta\delta\left(4+\lambda\right)-\gamma^2\right)}{\beta\delta\left(2+\lambda\right)^2\left(-\gamma^2+2\beta\delta\left(4\lambda\right)\right)}$ 时，投资成本分担契约能够实现供应链成员利润的帕累托改进。

证明过程如下：

制造商关注公平时，要实现整条供应链利润的帕累托改进，成本分担系数要满足$\pi_{m\lambda}^{C}>\pi_{m\lambda}$，$\pi_{r\lambda}^{C}>\pi_{r\lambda}$。

由$\pi_{m\lambda}^{C}>\pi_{m\lambda}$时，可得$0<\varphi<\varphi'$，

$$\varphi'=\frac{4\left(\gamma^2-\beta\delta\left(4+\lambda\right)\right)\left(\gamma^2-\beta\delta\left(4+\lambda\left(3+\lambda\right)\right)\right)}{\beta\delta\left(2+\lambda\right)^2\left(-2\gamma^2\left(2+\lambda\right)+\beta\delta\left(4+\lambda\right)\left(4+3\lambda\right)\right)},$$

由$\pi_{r\lambda}^{C}>\pi_{r\lambda}$时，可得$0<\varphi<\varphi''$，$\varphi''=\dfrac{2\left(\gamma^2+\beta\delta\lambda\right)\left(\beta\delta\left(4+\lambda\right)-\gamma^2\right)}{\beta\delta\left(2+\lambda\right)^2\left(-\gamma^2+2\beta\delta\left(4+\lambda\right)\right)}$

φ需满足$0<\varphi<\min\left(\varphi',\varphi''\right)$，又因：

$$\frac{4\left(\gamma^2-\beta\delta\left(4+\lambda\right)\right)\left(\gamma^2-\beta\delta\left(4+\lambda\left(3+\lambda\right)\right)\right)}{\beta\delta\left(2+\lambda\right)^2\left(-2\gamma^2\left(2+\lambda\right)+\beta\delta\left(4+\lambda\right)\left(4+3\lambda\right)\right)}>\frac{2\left(\gamma^2+\beta\delta\lambda\right)\left(\beta\delta\left(4+\lambda\right)-\gamma^2\right)}{\beta\delta\left(2+\lambda\right)^2\left(-\gamma^2-2\beta\delta\left(4+\lambda\right)\right)}$$

即$\varphi'>\varphi''$。故当 $0<\varphi<\dfrac{2\left(\gamma^2+\beta\delta\lambda\right)\left(\beta\delta\left(4+\lambda\right)-\gamma^2\right)}{\beta\delta\left(2+\lambda\right)^2\left(-\gamma^2+2\beta\delta\left(4+\lambda\right)\right)}$ 时，可知制造商公平关切分散式决策下成本分担契约能够实现供应链成员利润的帕累托改进。

7.6 数值分析

下面通过数值分析的方法来说明前面通过计算和证明发现的一些结果，接下来通过数值分析试图来发现前面未能发现的一些规律。假设$a=120$，$c=10$，$\beta=8$，$g=1$，$\delta=1$，$\lambda=1$。

在消费者环保意识的合理取值范围内来研究消费者环保意识对产品绿色度水平、零售价格和绿色供应链总利润的影响。令消费者环保意识在（0，3.5）变动，在集中式决策、分散式决策两种决策情形下，产品绿色度水平、零售价格、批发价格、供应链成员利润和供应链总利润的变化情况如图 7-1 ～图 7-5 所示。

图 7-1 可以进一步验证命题 7.1 的结论：$\frac{\partial x^*}{\partial \gamma}>0$，$\frac{\partial x_\lambda^*}{\partial \gamma}>0$。说明制造商为了迎合消费者的绿色偏好而提高自身产品的绿色度水平。从图 7-1 中还可以看出，集中式决策下绿色供应链的绿色度水平大于分散式决策下绿色供应链的绿色度水平，并且随着消费者环保意识的增强，产品的绿色度水平也呈现逐渐增加的趋势，两种决策情形下产品绿色度水平的差距也进一步增大，即集中式决策下绿色度水平增长速度大于分散式决策下绿色度水平增长速度。由图 7-2 可以看出，批发价格随着消费者环保意识的增强而升高。由图 7-3 可以看出，最初的情况是在分散式决策的情形下，绿色产品的零售价格最高，集中式决策下绿色产品的零售价格最低；随着消费者环保意识的增强，两种决策情形下产品零售价格的有微小但是引起质变的变化，当γ取（2.6，2.9）中的某个数时，两种决策情形下产品零售价格相等，超过这个数时，集中式决策下绿色产品的零售价格最高，分散式决策的情形下绿色产品的零售价格最低。将γ在（2.6，2.9）区间内多次运用二分法取值，得出当γ =2.828 时，两种情形下产品零售价格相等。由图 7-4 可以看出，供应链各成员利润随着消费者环保意识的增强而提高。由图 7-5 可以看出，供应链总利润随着消费者环保意识的增强而提高，并且随着消费者环保环保意识的增强，集中式决策下供应链总利润的增长速度大于分散式决策下供应链总利润的增长速度。

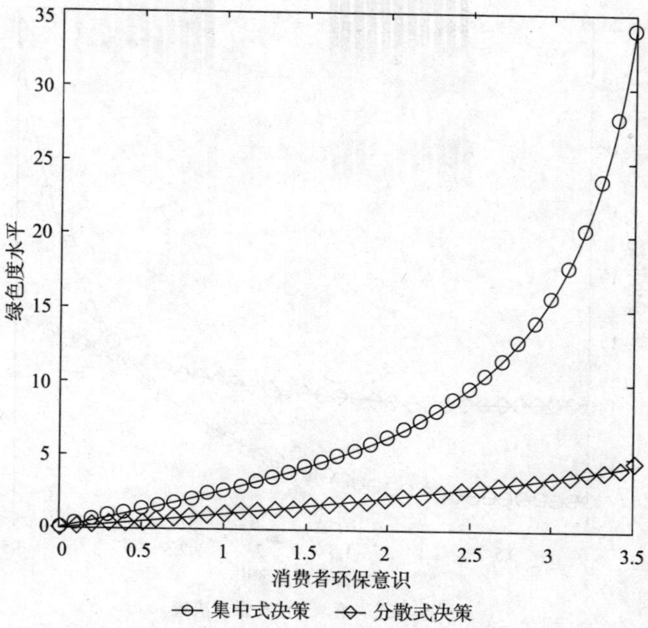

图7-1　消费者环保意识对绿色度水平的影响

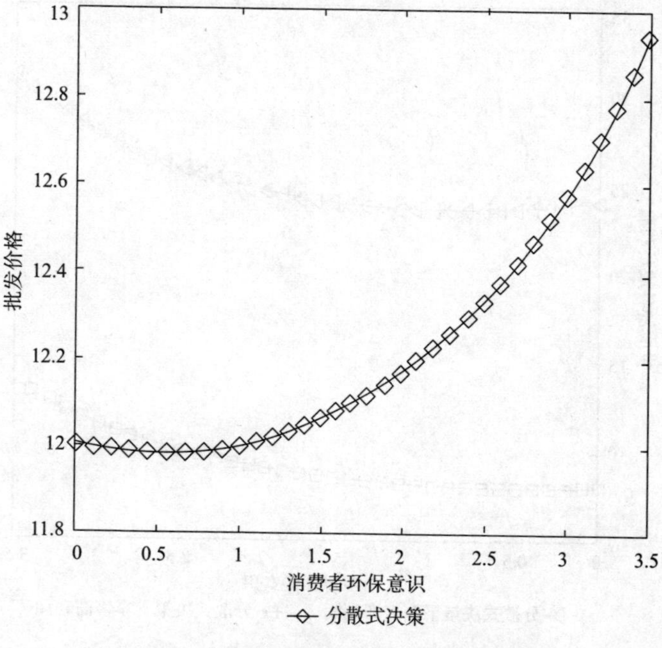

图7-2　消费者环保意识对批发价格的影响

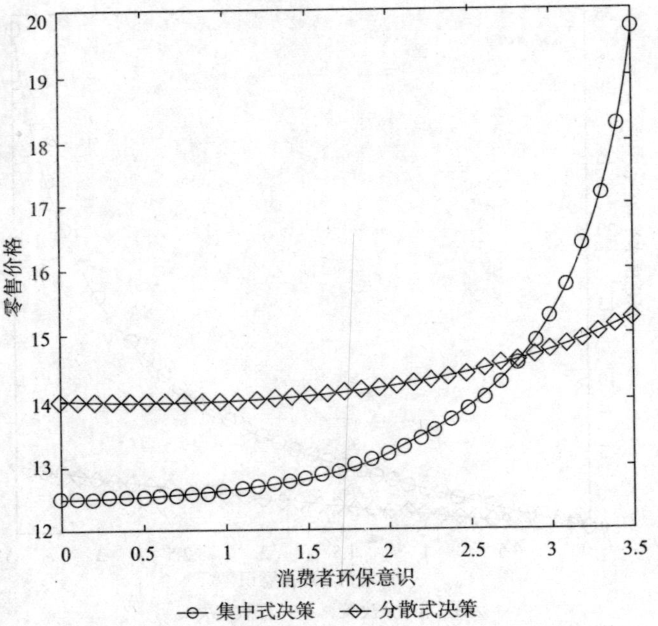

图7-3　消费者环保意识对零售价格的影响

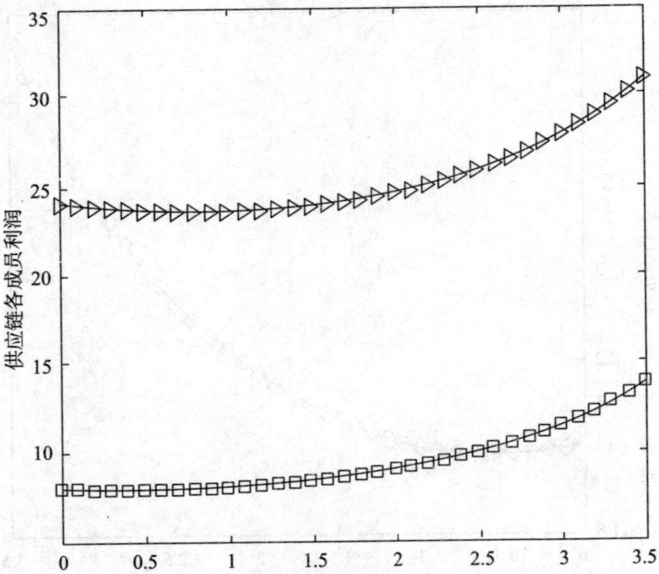

图7-4　消费者环保意识对供应链成员利润的影响

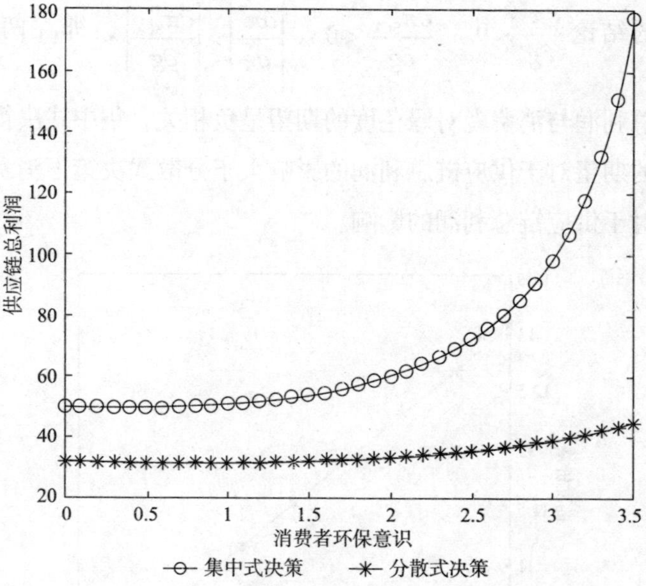

图7–5　消费者环保意识对供应链总利润的影响

将 $x^{*}=\dfrac{\gamma\left(-a+c\beta+g\gamma\right)}{\gamma^{2}-2\beta\delta}$，$x^{\lambda}=\dfrac{\gamma\left(-a+c\beta+g\gamma\right)}{\gamma^{2}-\left(4+\lambda\right)\beta\delta}$ 赋值计算，通过二维线图研究消费者对绿色产品的期望度对产品批发价格、零售价格、供应链各成员利润及供应链总利润的影响。此时，令 $a=120$，$c=10$，$\beta=8$，$\delta=1$，$\lambda=1$，$\gamma=1$ 由于 $a-c\beta-g\gamma>0$，所以必有 $g<40$，故令期望度的取值范围为 [0，40)，可以作出产品批发价格、零售价格、供应链各成员利润及供应链总利润随着期望度变化的二维线图，如图 7–6～图 7–9 所示。

图 7–6 可以验证命题 7.2 中提出的结论 $\dfrac{\partial\omega_{\lambda}^{*}}{\partial g}<0$。由图 7–7 可以验证命题 7.2 中提出的结论 $\dfrac{\partial p^{*}}{\partial g}<0$，$\dfrac{\partial p_{\lambda}^{*}}{\partial g}<0$，并且能根据对图中直线斜率绝对值的比较得出，分散式决策下消费者对产品绿色度的期望对于产品价格的影响大于集中式决策下消费者对产品绿色度的期望对于产品价格的影响。显然，图 7–8 验证了命题 7.2 提出的结论 $\dfrac{\partial\pi_{m\lambda}^{*}}{\partial g}<0$，$\dfrac{\partial\pi_{r\lambda}^{*}}{\partial g}<0$，即在分散式决策模式下，制造商和零售商的利润与消费者对绿色度的期望呈负相关。图 7–9 验证了命

题 7.2 提出的结论 $\frac{\partial \pi^*}{\partial g}<0$，$\frac{\partial \pi_{SC\lambda}^*}{\partial g}<0$，$\left|\frac{\partial \pi^*}{\partial g}\right|>\left|\frac{\partial \pi_{SC\lambda}^*}{\partial g}\right|$，即在两种决策模式下，供应链总利润与消费者对绿色度的期望呈负相关，集中式决策下消费者对产品绿色度的期望对于供应链总利润的影响大于分散式决策下消费者对产品绿色度的期望对于供应链总利润的影响。

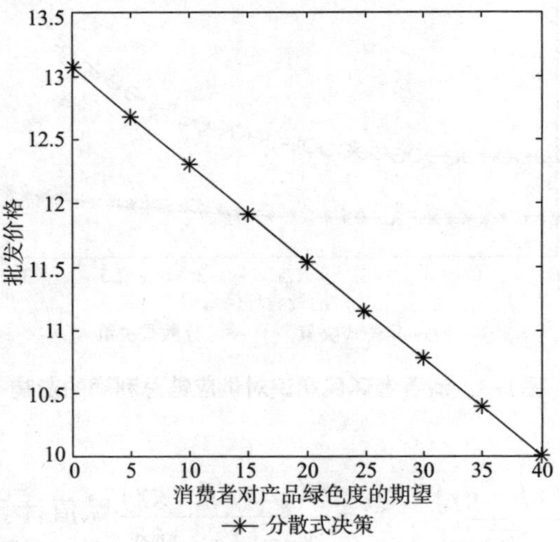

图7-6 期望度对批发价格的影响

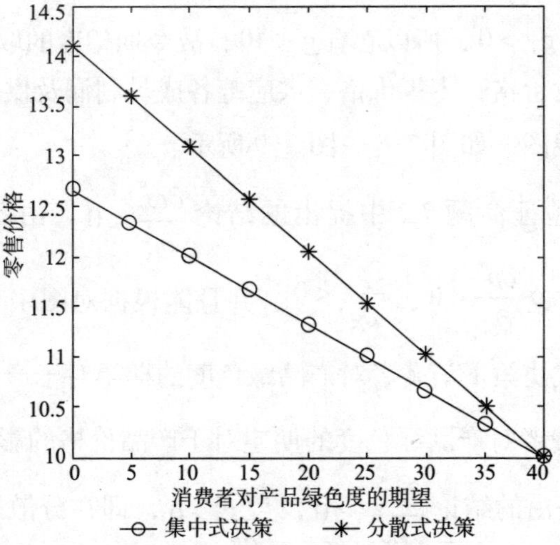

图7-7 期望度对零售价格的影响

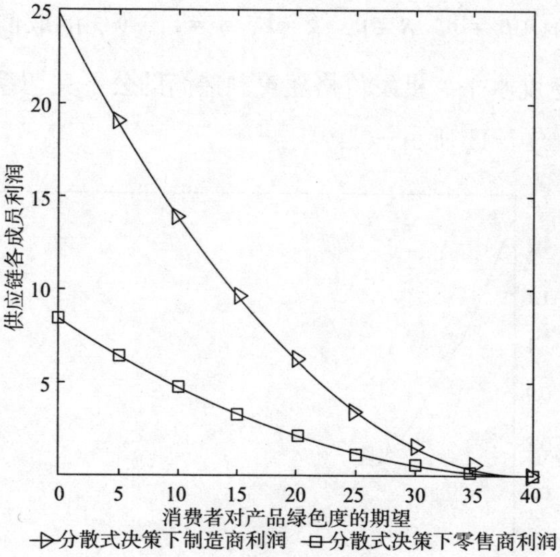

图7-8　期望度对供应链成员利润的影响

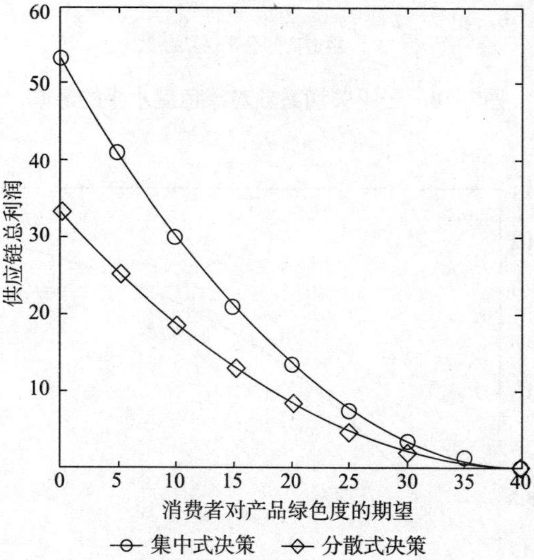

图7-9　期望度对绿色供应链总利润的影响

将 $x_{\lambda}^{*}=\dfrac{\gamma\left(-a+c\beta+g\gamma\right)}{\gamma^{2}-\left(4+\lambda\right)\beta\delta}$，$\omega_{\lambda}^{*}=\dfrac{c\left(\gamma^{2}-2\beta\delta\right)-\left(a-g\gamma\right)\delta\left(2+\lambda\right)}{\gamma^{2}-\beta\delta\left(4+\lambda\right)}$ 赋值计算，通过二维线图研究制造商的公平关切系数对于产品绿色度水平和批发价格的影响。

令 $a=120$，$c=10$，$\beta=8$，$\delta=1$，$g=1$，$\gamma=1$，令 λ 的取值范围为（0，10），可以作出产品绿色度水平、批发价格随着制造商的公平关切系数变化的二维线图，如图 7-10 与图 7-11 所示。

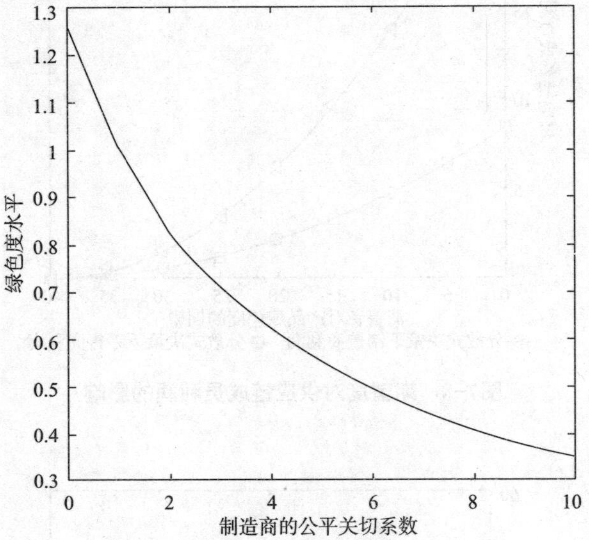

图7-10　公平关切系数对绿色度水平的影响

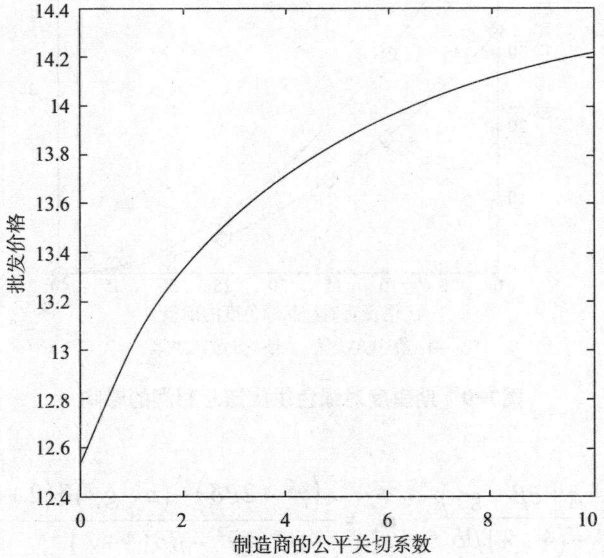

图7-11　公平关切系数对批发价格的影响

图 7-10 和图 7-11 验证了命题 7.3 中提出的结论，即 $\frac{\partial x_{\lambda}^{*}}{\partial \lambda}<0$，$\frac{\partial \omega_{\lambda}^{*}}{\partial \lambda}>0$，产品绿色度水平随着制造商的公平关切系数的增大而减小，产品批发价格随着制造商的公平关切系数的增大而增大。

取 $\gamma=2$ 和 $\gamma=3$，研究 $\gamma=2$ 时和 $\gamma=3$ 时制造商的公平关切系数对产品零售价格的影响，如图 7-12 所示。

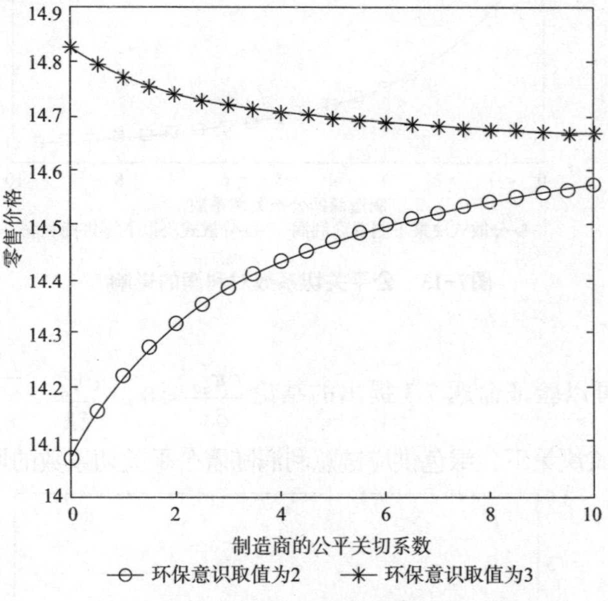

图7-12　公平关切系数对零售价格的影响

当 $\gamma=2$ 时，产品的零售价格随着制造商的公平关切系数的增大而提高，当 $\gamma=3$ 时，产品的零售价格随着制造商的公平关切系数的增大而降低。此时刚好有 $2^2<\beta\delta$，$\beta\delta<3^2<2\beta\delta$，验证了命题 7.3 中的假设：当 $\gamma^2<\beta\delta$ 时，$\frac{\partial p_{\lambda}^{*}}{\partial \lambda}>0$，当 $\beta\delta<\gamma^2<2\beta\delta$ 时，$\frac{\partial p_{\lambda}^{*}}{\partial \lambda}<0$，即当消费者的环保意识较弱时，产品的零售价格随着制造商的公平关切系数的的增大而提高；当消费者的环保意识较强时，产品的零售价格随着制造商的公平关切系数的增大而降低。

其他参数不变，令 $\gamma=1$，绘制制造商的公平关切系数对绿色供应链各成员利润的影响函数线图，如图 7-13 所示。

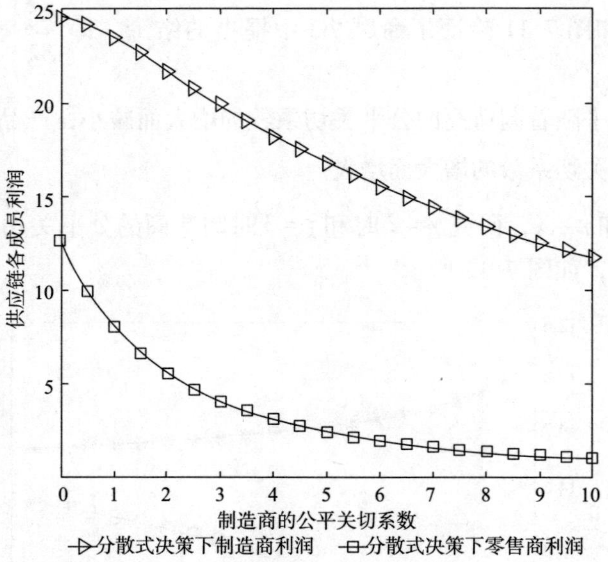

图7-13　公平关切系数对利润的影响

图 7-14 可以验证命题 7.3 提出的结论 $\frac{\partial\pi_{m\lambda}^*}{\partial\lambda}<0$，$\frac{\partial\pi_{r\lambda}^*}{\partial\lambda}<0$，即在制造商公平关切分散式决策下，绿色供应链总利润随着公平关切系数的增大而减小。

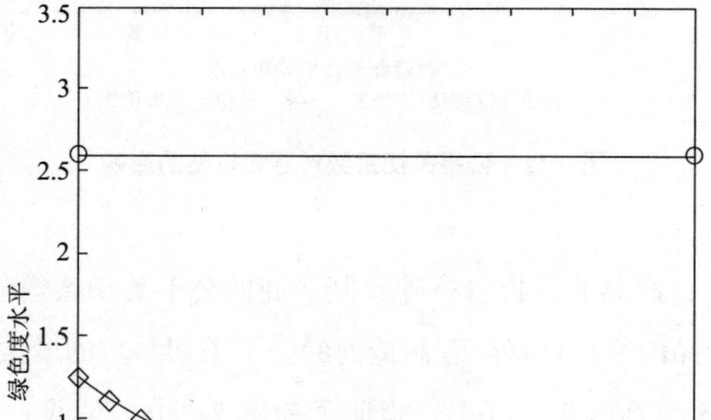

图7-14　公平关切系数对绿色度水平的影响

图 7-14 验证了命题 7.4 提出的结论：$x^* > x_\lambda^*$；图 7-15、图 7-16 验证了命题 7.4 提出的结论：当 $\gamma^2 < \beta\delta$ 时，$p^* < p_\lambda^*$；当 $\gamma^2 > \beta\delta$ 时，$p^* > p_\lambda^*$，图 7-17 可以得出命题 7.4 的结论：$\pi_{SC}^* > \pi_{SC\lambda}^*$。

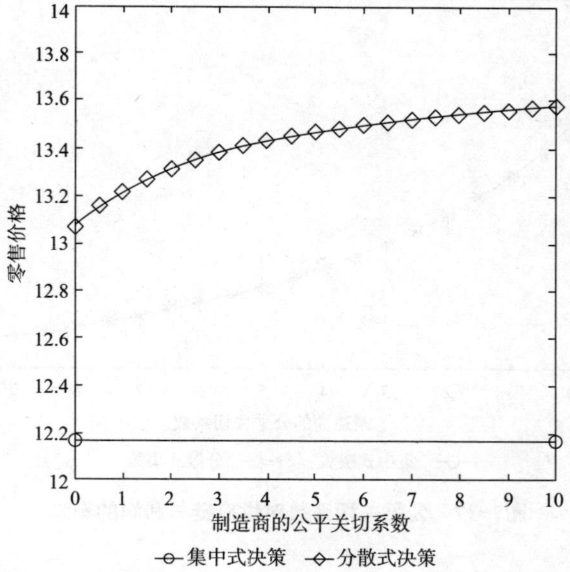

图7-15　当$\gamma^2 < \beta\delta$时公平关切系数对零售价格的影响

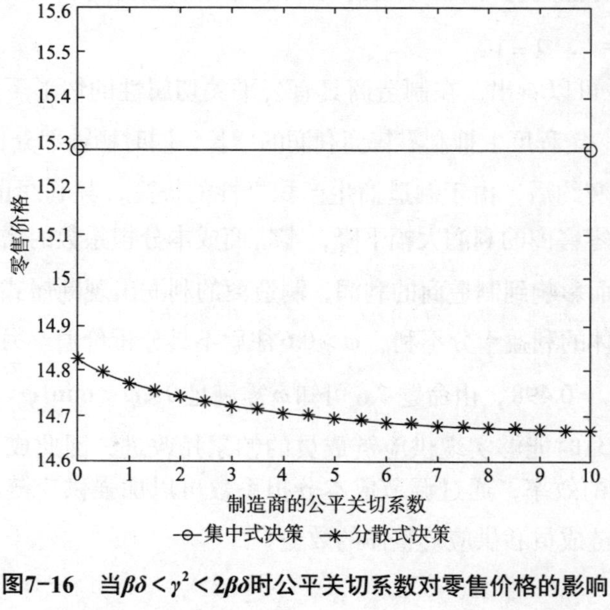

图7-16　当$\beta\delta < \gamma^2 < 2\beta\delta$时公平关切系数对零售价格的影响

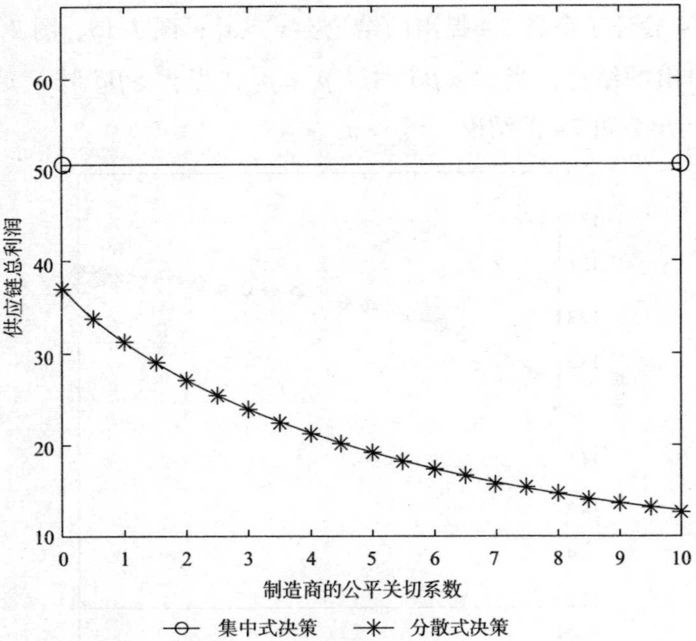

图7-17　公平关切系数对供应链总利润的影响

图 7-18 为制造商公平关切时，制造商和零售商不实施成本分担契约的利润与实施成本分担契约时成本分担系数对制造商和零售商利润的影响。其他参数不变，令$\gamma=1$，$\lambda=1$。

由图 7-18 可以看出，在制造商具有公平关切属性的情形下，制造商为了追求公平会在一定程度上抑制零售商利润的增长，同时牺牲部分自身所获利润。实施成本分担契约后，由于制造商生产积极性的提高，其利润也有小幅提高。当$\varphi>0.3$时，零售商的利润大幅下降，零售商成本分担系数的增加会打消其合作积极性，从而影响到制造商的利润，制造商的利润出现断崖式下降，此时对整个供应链整体的利益十分不利。$\varphi>0.6$往后不具分析价值。另外还可以得到$\varphi_1=0.123$，$\varphi_2=0.498$，由命题 7.6 可知φ需满足$0<\varphi<\min(\varphi_1,\varphi_2)$，$\varphi_1<\varphi_2$，故$\varphi\in(0\quad 0.123)$时能够实现供应链成员的帕累托改进，因此成本分担契约能够提高供应链的效率，通过调节成本分担系数可以加强供应链成员之间的合作，提高供应链成员和供应链整体的效益。

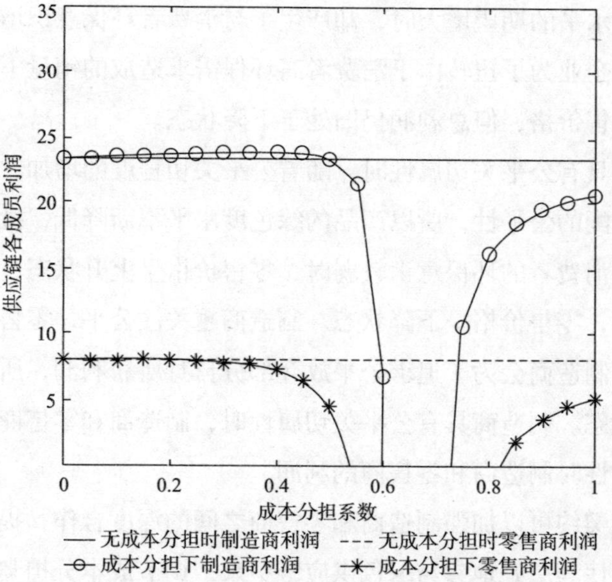

图7-18　公平关切下成本分担系数对利润的影响

7.7　本章小结

近些年来，消费者的环保意识逐渐增强促使大、中、小企业主动承担社会和环境责任，积极采取措施投入绿色行动中，生产对环境友好的绿色产品。本章考虑由制造商和供应商组成的两级绿色供应链，引入消费者的环保意识和消费者对产品绿色度水平的期望这两个因素，分别在集中式决策、制造商公平关切分散式决策这两种决策模式下研究消费者的环保意识和消费者对产品绿色度水平的期望对于产品的绿色度、零售价格和供应链各成员利润的影响，并且分析了制造商的公平关切系数对上述因素的影响。另外，还考虑了成本分担契约对绿色供应链的协调和优化。

由此得出以下结论：

消费者绿色消费理念与环保意识的增强会促使绿色企业提高自身产品的绿色度，更多的绿色投入和产品的绿色环保特性也让制造商和零售商有一定的空间去提升批发价格和零售价格，从而提高绿色供应链的总利润。但是当消费者对产品绿色度水平的期望增大时，却产生了与消费者环保意识增强完全相反的结果，即绿色企业为了扭转由于消费者高环保需求造成的销量下降，不惜降低批发价格和零售价格，但总利润仍旧处于下降状态。

当制造商具有公平关切属性时，随着公平关切程度的增加，制造商愈加关注渠道利润分配的公平性，所以产品的绿色度水平不断降低，批发价格不断提高。同时，当消费者的环保意识较弱时，零售价格呈上升状态；当消费者的环保意识较强时，零售价格呈下降状态。制造商越关注公平，零售商的利润下降得越多，并且制造商会为了追求公平放弃部分自身所获利润，所以制造商的利润也呈下降状态。制造商具有公平关切属性时，制造商和零售商的利润均小于制造商公平中性时制造商和零售商的利润。

成本分担契约可以加强制造商和零售商之间的深度合作，提高制造商的绿色投入积极性使其更好地参与绿色供应链中来，调节成本分担契约参数还可以同时提高制造商和零售商的利润，实现供应链成员的帕累托改进，提升绿色供应链管理绩效。

第8章　考虑绿色满意度的全渠道绿色供应链定价与投资决策

8.1　引言

随着移动支付的普及，电子商务得到了高速发展。2022 年全国电子商务交易额达 43.83 万亿元，同比增长 3.5%，全国网上零售额达 13.79 万亿元，同比增长 4.0%（陆竞进，2023）。但是单纯的线上销售也带来了高退货率和产品质量参差不齐等一系列问题。在近几年的 11・11、6・18 等线上购物节也出现了消费热度下降的情况，可见单纯在线渠道已无法适应复杂多变的市场环境。一些企业正尝试通过建立线下展厅的营销模式，为消费者提供更好的体验，在该模式下消费者可以进行线下体验，并且线下工作人员也能为顾客提供更多产品信息和购买建议（Jena，2022）。这种多渠道模式帮助消费者进行线下测试，在线上购买相同产品（Test in Store and Buy Online，TSBO），以增强其购物体验。例如，亚马逊曾在北京开设展厅，让顾客可以在线下进行产品体验（Jena，2022）；主要在线上销售的一加手机也逐步在全国各个通讯商营业厅设置线下体验专柜。随着各种渠道的出现，零售商会选择实施渠道整合来进行多渠道零售。

渠道融合为产品带来了更多的潜在客户，而随着消费群体的庞大，单纯提供更全面的线下购物服务已经不能满足所有的消费者，因此消费者的多样化需求，成为各大企业需要额外考虑的问题。随着全球出现自然资源枯竭和生态环境恶化等问题，绿色属性渐渐成为众多产品需求中消费者关注的重要指标（刘紫瑶，2022）。例如，在购买家电时，消费者会考虑其节能和低噪属性；购买家用车时，消费者选择更为环保的电动汽车；对于家具，消费者会选择低甲醛、轻加工类型的产品。这些产品在节能环保的同时，也为消费者提供一定的便利与安全保障。研究表明，企业通过绿色投资改善自身产品的生产、包装和促销，提高产品绿色度水平，能够赢得更高的绿色市场份额和战略竞争优势（Román-Augusto 等，2022）。例如，在家电市场中莱克家电通过技术升级，改善了吸尘器的噪音和二次污染问题，在全球市场占有率已超 15%，在中国市场的表现仅次于松下，占比 12%，排名前列（张文礼等，2012）。相反，若未满足消费者绿色需求，企业会损失一部分客户，如大众汽车在 2015 年被指排放欺诈，失去消费者信任，导致销量降低，损失超过 320 亿元。综上，对于制造商而言，进行绿色投资可以满足消费者多元化需求以提高产品销量。

在多渠道融合和消费者多元化需求的综合影响下，只有不断提高消费者满意度和产品市场份额，才能保证自身利润最大化。因此一些制造商会选择与零售商进行一体化合作，以应对复杂多变的市场竞争（Peng 等，2022）。例如，沃尔玛与贝因美合作，促成贝因美新设专供沃尔玛产品线的计划；2023 年 5 月 18 日，苏宁易购与美的召开热水器新品发布会，联合推出“宁梦”系列热水器新品。因此，制造商和零售商的合作不仅可以有效地提高自身产品市场份额，而且降低了其他渠道带来的竞争压力。本章在研究了消费者绿色满意度对于全渠道供应链的影响基础上，考虑了零售商和制造商的合作因素。

随着社会的进步，新型零售模式促进了不同渠道之间的融合，线下试用线上购买的营销方式逐渐成为主流。全渠道零售为消费者提供了更多选择，也导致消费者需求更加多样化。本章旨在将消费者绿色满意度与全渠道零售有机结合，探讨不同消费者群体对供应链成员决策的影响。同时，本章考虑到在实际市场中，零售商与制造商之间很少存在单纯的供需关系，因此将供应链成员之间的合作纳入研究范畴。综上所述，本章主要研究以下问题：

（1）消费者绿色满意度如何影响供应链各成员的投资定价决策？

（2）不同的竞争合作策略对制造商利润的影响机制如何？

（3）消费者绿色需求对供应链成员的合作竞争策略有何影响？

为了研究上述问题，本章计划构建两种模型。在第一种模型中，考虑两个制造商之间的市场竞争，其中一方采用 TSBO 模式销售普通产品，以提高自身服务和营销水平；而另一方通过线上渠道销售绿色产品，以满足消费者对于产品的绿色需求。在第二种模型中，采用 TSBO 模式的制造商与全渠道零售商展开合作，并与绿色产品制造商进行市场竞争。本章通过应用 Stackelberg 博弈、Bertrand 博弈和逆推归纳法等方法，根据利润最大化原则，对各个供应链成员的均衡决策进行求解。通过对均衡决策和利润进行比较分析，本章旨在提供相应的管理启示，为企业应对多渠道竞争和多元化需求的挑战提供参考和理论支持。

8.2　假设与模型描述

本章主要考虑由两个制造商和一个零售商所组成的全渠道供应链，分析全渠道最优渠道竞争策略。在该全渠道供应链中，两个制造商之间存在竞争关系，假设制造商和零售商之间存在足够远的距离，使他们之间不存在竞争关系。我们将两制造商分别命名为 M1 和 M2，M1 和 M2 均通过一个全渠道零售商（R）销售自己的产品，且零售商采用的是实体展厅与在线平台相结合的模式。零售商在网络上展示产品，但在实体店中仅展示 M1 制造的绿色产品，并且由 M1 承担在实体店中产品展示所产生的人力、物力成本，包括营销、储存、店面运营所产生的费用。假设线下零售商会为消费者提供关于 M1 所制造的绿色产品的额外信息，实体店展示产品过程中提供的信息可以视作一种销售努力。

零售商和制造商的议价能力决定了在该供应链中哪一方是领导者。本章主要考虑在全渠道供应链中的两种情形，制造商为全渠道供应链的领导者（MS），全渠道零售商为追随者；零售商与制造商 M1 组成一个一体化全渠道供应链，并与 M2 在市场中竞争，M2 具有更强的议价能力为领导者。根据领导者的不同，供应链成员的决策顺序也不同。不同的决策顺序不会影响 M1 和 M2 之间的竞争关系。本章主要是利用 Stackelberg 博弈和 Bertrand 博弈，来获取供应链中各成员的最优决策，以获取不同结构下对最优决策的影响。本章提出以下假设：

假设 8.1　零售商在产品实体店中提供信息服务的服务力度为 h，制造商 M1 付出服务成本为 $f(h)$，其中 $f(0)=0$，$f(h)>0$，$f''(h)>0$。根据相关实证研究，我们假设信息服务的成本是信息服务力度的二次函数，故信息服务

成本 $f(g)=\frac{1}{2}gh^2$，其中，g 是实体店的服务成本系数。

假设 8.2 制造商 M2 需要绿色产品中投入额外成本，该成本与绿色努力水平相关。根据边际成本效应，我们以绿色努力水平的二次函数描述其投入的成本，以 θ 表示制造商 M2 的绿色努力水平。则制造商 M2 付出的额外成本为 $\frac{1}{2}k\theta^2$，其中 k 表示制造商 M2 投资绿色努力水平所产生成本的成本参数。

假设 8.3 在本章中会考虑消费者的绿色满意度，假设消费者会在购买产品时考虑产品的绿色水平，例如产品的节能程度，或者是原材料的环保安全性，若制造商生产的产品未能满足这些消费者，会有一部分消费者不会购买该产品，则该制造商会产生一定的需求损失。设 θ_{m} 为使消费者满意所付出的最低绿色努力水平，对于制造商 M1 和 M2，其需求损失与 θ_{m} 相关，在本章中我们假设 θ_{m} 是大于或等于零的，若使消费者满意的最低绿色努力水平为零，则 M1 和 M2 均不会产生需求损失，若最低绿色努力水平大于零，则制造商 M1 一定会产生损失，而对于 M2 则需要对比其决策的绿色努力水平 θ 与 θ_{m} 的大小来确定需求损失。用 $\bar{\theta}_{\mathrm{M1}}$ 表示制造商 M1 绿色努力水平偏差，用 $\bar{\theta}_{\mathrm{M2}}$ 表示制造商 M2 的绿色努力水平偏差。由于 M1 不会为产品投入额外的绿色成本，故当 $\theta_{\mathrm{m}}=0$ 时 $\bar{\theta}_{\mathrm{M1}}=0$，若 $\theta_{\mathrm{m}}>0$ 则 $\bar{\theta}_{\mathrm{M1}}=-\theta_{\mathrm{m}}$。对于制造商 M2，若 $\bar{\theta}_{\mathrm{M2}}>0$，表示制造商 M2 的绿色努力水平高于使消费者满意的最低绿色努力水平，则不会产生需求损失。在本章中，若制造商所生产的产品未能达到最低绿色努力水平，则会有一部分消费者不会选择购买该制造商生产的最终产品，具体的需求损失会在后文的需求函数中体现。

因此，本章可以分为六种情形。为方便区分，用 NN 代表制造商 M1 和 M2 均未产生需求损失，LN 代表制造商 M1 产生需求损失而 M2 不会，LL 代表制造商 M1 和 M2 均产生需求损失。同时，以 C 代表制造商 M1 和 M2 互相竞争的模型，U 代表制造商 M1 和全渠道零售商合作的模型。在本章中，以上标来区分六中情形下的均衡解，例如在竞争模型下制造商 M1 的最优批发价表示为：w_1^{NNC}。

在全渠道供应链中，制造商 M1 和 M2 是竞争关系，M1 会单独决策线下

产品展示努力水平 h，M2 单独决策自己所生产的绿色产品的绿色努力水平 θ。

若 $\theta_{\mathrm{m}} > 0$，则会有以下结果：

$$\bar{\theta}_{\mathrm{M1}} = -\theta_{\mathrm{m}} \tag{8.1}$$

$$\bar{\theta}_{\mathrm{M2}} = \theta - \theta_{\mathrm{m}} \tag{8.2}$$

当绿色努力水平低于使消费者满意所付出的最低绿色努力水平时，设 M1 的需求损失为 d_1（$d_1 < 0$），M2 的需求损失为 d_2（$d_2 < 0$）。且我们假设每产生一单位的绿色努力水平偏差都会产生相当于绿色努力水平偏差数值的需求损失，即损失的需求是关于 $\bar{\theta}$ 的斜率为 1 的一次函数。模型中的相关符号及其含义如表 8-1 所示。

表8-1　相关符号及其含义

类型	符号	含义
决策变量	θ	绿色努力水平
	h	为产品提供信息服务的服务力度
	w_i	产品 i 的批发价（i=1，2）
	p_i	产品 i 的零售价格（i=1，2）
参数	a	产品初始市场规模
	β	绿色产品的价格弹性
	φ	绿色产品的交叉价格弹性$(\beta > \varphi)$
	k	绿色努力水平的投资成本系数
	g	实体店信息服务的投资成本系数
	c_i	一单位产品 i 所包含的成本（i=1，2）
	θ_{m}	使消费者满意所付出的最低绿色努力水平
	d_i	制造商 Mi 未使消费者满意所损失的需求量（i=1，2）
	π_i	供应链成员 i 的利润（i = 1 时表示制造商 M1 的利润，i = 2 时表示制造商 M2 的利润，i = r 时表示全渠道零售商利润）
	D_i	制造商 i 生产的产品需求（i=1，2）

8.3 竞争模型（模型MS）

在该模型中，两个制造商均通过零售商将自己生产的产品进行线上销售，且只有制造商 M1 生产的产品会通过零售商在线下展示，并由零售商对消费者提供一定的信息服务。在这个去中心化的系统中，制造商 M1 和制造商 M2 是竞争关系，且同时进行决策以实现自身利润的最大化。制造商 M1 和 M2 之间进行的是 Bertrand 竞争，即制造商 M1 和 M2 同时决策自己的批发价格、信息服务水平和绿色努力水平。在模型 MS 中（图 8-1），假设上游制造商为该全渠道供应链的领导者，制造商 M1 和 M2 分别进行决策，M1 为最大化自身利润决定批发价 w_1 和信息服务的服务力度 h；M2 为最大化自身利润决定批发价 w_2 和绿色努力水平 θ 。全渠道零售商以最大化自身利润为目标根据制造商 M1 决策的 w_1 和 h，决定普通产品零售价 p_1，根据制造商 M2 决策的 w_2 和 θ ，决定绿色产品零售价 p_2 。

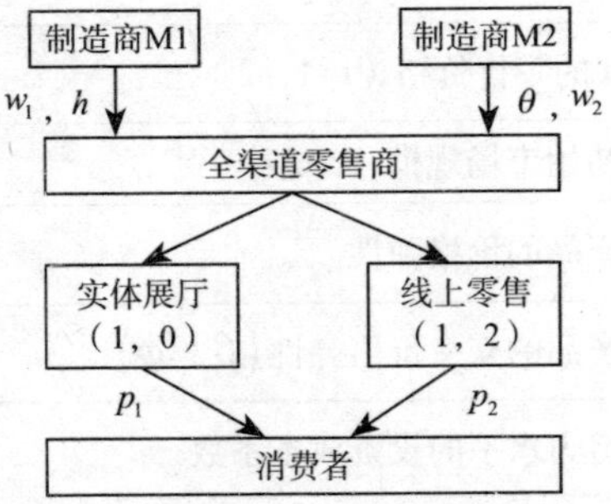

图8-1 竞争模型结构图

8.3.1 NN竞争模型

当 $\theta_{\mathrm{m}}=0$ 时，$d_1=d_2=0$ ，根据式（8.1）和式（8.2），得出制造商 M1、M2 及零售商的利润如下：

$$\pi_1^{\mathrm{NNC}}\left(w_1,h\right)=\left(a_1-\beta p_1+\varphi p_2+h\right)\left(w_1-c_1\right)-\frac{1}{2}gh^2 \tag{8.3}$$

$$\pi_2^{\mathrm{NNC}}(w_2,\theta)=(a_2-\beta p_2+\varphi p_1+\theta)(w_2-c_2)-\frac{1}{2}k\theta^2 \tag{8.4}$$

$$\pi_{\mathrm{r}}^{\mathrm{NNC}}(p_1,p_2)=(a_1-\beta p_1+\varphi p_2+h)(p_1-w_1)+(a_2-\beta p_2+\varphi p_1+\theta)(p_2-w_2) \tag{8.5}$$

对式（8.3）关于 p_1、p_2 求偏导，得到：

$$\boldsymbol{H}(p_1,p_2)=\begin{pmatrix}\dfrac{\partial^2\pi_{\mathrm{r}}^{\mathrm{NNC}}}{\partial {p_1}^2} & \dfrac{\partial^2\pi_{\mathrm{r}}^{\mathrm{NNC}}}{\partial p_1\partial p^2}\\ \dfrac{\partial^2\pi_{\mathrm{r}}^{\mathrm{NNC}}}{\partial p_2\partial p_1} & \dfrac{\partial^2\pi_{\mathrm{r}}^{\mathrm{NNC}}}{\partial {p_2}^2}\end{pmatrix}=\begin{pmatrix}-2\beta & 2\varphi\\ 2\varphi & -2\beta\end{pmatrix}$$

$\begin{vmatrix}-2\beta & 2\varphi\\ 2\varphi & -2\beta\end{vmatrix}=4\beta^2-4\varphi^2>0$，其一阶主子式小于零，二阶主子式大于零，可知 $\pi_{\mathrm{r}}^{\mathrm{NNC}}$ 的海塞矩阵负定，是关于 p_1、p_2 的凹函数，令其偏导数为零，得出 p_1、p_2 的反应函数代入式（8.5）中，并对 w_1、h 求偏导，得出：

$$\boldsymbol{H}(w_1,h)=\begin{pmatrix}\dfrac{\partial^2\pi_1^{\mathrm{NNC}}}{\partial {w_1}^2} & \dfrac{\partial^2\pi_1^{\mathrm{NNC}}}{\partial p\partial w_1}\\ \dfrac{\partial^2\pi_1^{\mathrm{NNC}}}{\partial w_1\partial h} & \dfrac{\partial^2\pi_1^{\mathrm{NNC}}}{\partial h^2}\end{pmatrix}=\begin{pmatrix}-\beta & \dfrac{1}{2}\\ \dfrac{1}{2} & -g\end{pmatrix}$$

$\begin{pmatrix}-\beta & \dfrac{1}{2}\\ \dfrac{1}{2} & -g\end{pmatrix}=\beta g-\dfrac{1}{4}>0$，其一阶主子式小于零，二阶主子式大于零，可知 π_1^{NNC} 的海塞矩阵负定，是关于 w_1、h 的凹函数，令其偏导数为零，得出均衡解为：

$$w_1^*=\frac{(4k\beta-1)(2g\beta-1)c_1+2g\big((2k\beta-1)\varphi c_2+(4k\beta-1)a_1+2k\varphi a_2\big)}{(4k\beta-1)(4g\beta-1)-4gk\varphi^2} \tag{8.6}$$

$$h^*=\frac{(\beta+2k\varphi^2-4k\beta^2)c_1+(2k\beta-1)\varphi c_2+4k\beta a_1-a_1+2k\varphi a_2}{(4k\beta-1)(4g\beta-1)-4gk\varphi^2} \tag{8.7}$$

将 p_1、p_2 代入式（8.5），并对 w_2、θ 求偏导，得出：

$$\boldsymbol{H}(w_2,\theta)=\begin{pmatrix}\dfrac{\partial^2\pi_{\mathrm{r}}^{\mathrm{NNC}}}{\partial {w_2}^2} & \dfrac{\partial^2\pi_{\mathrm{r}}^{\mathrm{NNC}}}{\partial\theta\partial w_2}\\ \dfrac{\partial^2\pi_{\mathrm{r}}^{\mathrm{NNC}}}{\partial w_2\partial\theta} & \dfrac{\partial^2\pi_{\mathrm{r}}^{\mathrm{NNC}}}{\partial\theta^2}\end{pmatrix}=\begin{pmatrix}-\beta & \dfrac{1}{2}\\ \dfrac{1}{2} & -k\end{pmatrix}$$

$\begin{pmatrix} -\beta & \frac{1}{2} \\ \frac{1}{2} & -k \end{pmatrix} = \beta k - \frac{1}{4} > 0$，其一阶主子式小于零，二阶主子式大于零，可知

π_2^{NNC} 的海塞矩阵负定，是关于 w_2、θ 的凹函数，令其偏导数为零，得出均衡解为：

$$w_2^* = \frac{2k(2g\beta-1)\varphi c_1 + (2k\beta-1)(4g\beta-1)c_2 + 4gk\varphi a_1 + 2k(4g\beta-1)a_2}{(4k\beta-1)(4g\beta-1) - 4gk\varphi^2} \quad (8.8)$$

$$\theta^* = \frac{(2g\beta-1)\varphi c_1 + (\beta + 2g\varphi^2 - 4g\beta^2)c_2 + 2g\varphi a_1 + 4g\beta a_2 - a_2}{(4k\beta-1)(4g\beta-1) - 4gk\varphi^2} \quad (8.9)$$

将式（8.6）～式（8.9）代入 p_1、p_2 的反应函数中，得出均衡解：

$$p_1^* = \frac{\begin{pmatrix} \left(\beta^2(-1+g\beta)(-1+4k\beta) + (-1+3k\beta+2g\beta(1-2k\beta))\varphi^2\right)c_1 + \\ \varphi\left(\beta^2(-3g+k+2gk\beta) - 2g(-1+k\beta)\varphi^2\right)c_2 \\ +g\left(3\beta^2(-1+4k\beta) + 2(1-3k\beta)\varphi^2\right)a_1 - k\varphi\left(\beta - 10g\beta^2 + 4g\varphi^2\right)a_2 \end{pmatrix}}{(\beta-\varphi)(\beta+\varphi)\left((-1+4g\beta)(-1+4k\beta) - 4gk\varphi^2\right)} \quad (8.10)$$

$$p_2^* = \frac{\begin{pmatrix} \varphi\left(\beta^2(g-3k+2gk\beta) - 2k(-1+k\beta)\varphi^2\right)c_1 \\ \left(\beta^2(-1+4g\beta)(-1+k\beta) + (-1+2k\beta+g\beta(3-4k\beta))\varphi^2\right)c_2 + \\ -g\varphi\left(\beta - 10k\beta^2 + 4k\varphi^2\right)a_1 + k\left(3\beta^2(-1+4g\beta) + 2(1-3g\beta)\varphi^2\right)a_2 \end{pmatrix}}{(\beta-\varphi)(\beta+\varphi)\left((-1+4g\beta)(-1+4k\beta) - 4gk\varphi^2\right)} \quad (8.11)$$

8.3.2 LN竞争模型

当 $0 < \theta_{\mathrm{m}} < \theta^*$，制造商 M1 会产生需求损失，而 M2 不会，故 $d_1 = -\theta_{\mathrm{m}}$，而 $d_2 = 0$。以下为 M1 和 M2 的需求：

$$D_1 = a_1 - \beta p_1 + \varphi p_2 + h - \theta_{\mathrm{m}} \quad (8.12)$$

$$D_2 = a_2 - \beta p_2 + \varphi p_1 + \theta \quad (8.13)$$

根据式（8.12）和式（8.13），得出制造商 M1、M2 的利润为：

$$\pi_1^{\mathrm{LNC}}(w_1,h)=(a_1-\beta p_1+\varphi p_2+h-\theta_{\mathrm{m}})(w_1-c_1)-\frac{1}{2}gh^2 \tag{8.14}$$

$$\pi_2^{\mathrm{LNC}}(w_2,\theta)=(a_2-\beta p_2+\varphi p_1+\theta)(w_2-c_2)-\frac{1}{2}k\theta^2 \tag{8.15}$$

$$\pi_{\mathrm{r}}^{\mathrm{LNC}}(p_2,p_2)=(a_1-\beta p_1+\varphi p_2+h-\theta_{\mathrm{m}})(p_1-w_1)+(a_2-\beta p_2+\varphi p_1+\theta)(p_2-w_2) \tag{8.16}$$

根据逆推归纳法，得出均衡解（w_1^{LNC}、w_2^{LNC}、p_2^{LNC}、h^{LNC}、θ^{LNC}），求解过程及均衡解见附录。

8.3.3　LL竞争模型

当$\theta^*<\theta_{\mathrm{m}}$，制造商M1和M2均会产生需求损失。且M1和M2的需求损失分别为$d_1=-\theta_{\mathrm{m}}$，$d_2=-(\theta_{\mathrm{m}}-\theta)$。以下为M1和M2的需求：

$$D_1=a_1-\beta p_1+\varphi p_2+h-\theta_{\mathrm{m}} \tag{8.17}$$

$$D_2=a_2-\beta p_2+\varphi p_1+\theta-(\theta_{\mathrm{m}}-\theta) \tag{8.18}$$

根据式（8.17）和式（8.18），得出制造商M1、M2的利润为：

$$\pi_1^{\mathrm{LLC}}(w_1,h)=(a_1-\beta p_1+\varphi p_2+h-\theta_{\mathrm{m}})(w_1-c_1)-\frac{1}{2}gh^2 \tag{8.19}$$

$$\pi_2^{\mathrm{LLC}}(w_2,\theta)=(a_2-\beta p_2+\varphi p_1+2\theta-\theta_{\mathrm{m}})(w_2-c_2)-\frac{1}{2}k\theta^2 \tag{8.20}$$

$$\pi_{\mathrm{r}}^{\mathrm{LLC}}(p_1,p_2)=(a_1-\beta p_1+\varphi p_2+h-\theta_{\mathrm{m}})(p_1-w_1)+(a_2-\beta p_2+\varphi p_1+2\theta-\theta_{\mathrm{m}})(p_2-w_2) \tag{8.21}$$

根据Stackelberg博弈和逆推归纳法，得出均衡解（w_1^{LLC}、w_2^{LLC}、p_1^{LLC}、p_2^{LLC}、h^{LLC}、θ^{LLC}），求解过程类似于8.4.1，证明过程及均衡解见附录。

命题8.1　①$\dfrac{\partial P_1^{\mathrm{NNC}}}{\partial h^{\mathrm{NNC}}}=\dfrac{\partial p_2^{\mathrm{NNC}}}{\partial \theta^{\mathrm{NNC}}}=\dfrac{\beta}{2\beta^2-2\varphi^2}>0$。②当$0<\varphi<\sqrt{\dfrac{(4g\beta-1)(4k\beta-1)}{4gk}}$时，$\dfrac{\partial p_1^{\mathrm{LNC}}}{\partial\theta_{\mathrm{m}}}<0$，$\dfrac{\partial p_2^{\mathrm{LNC}}}{\partial\theta_{\mathrm{m}}}<0$，$\dfrac{\partial w_1^{\mathrm{LNC}}}{\partial\theta_{\mathrm{m}}}<0$，$\dfrac{\partial w_2^{\mathrm{LNC}}}{\partial\theta_{\mathrm{m}}}<0$，$\dfrac{\partial h^{\mathrm{LNC}}}{\partial\theta_{\mathrm{m}}}<0$，$\dfrac{\partial \theta^{\mathrm{LNC}}}{\partial\theta_{\mathrm{m}}}<0$。③$\left|\dfrac{\partial p_1^{\mathrm{LNC}}}{\partial\theta_{\mathrm{m}}}\right|>\left|\dfrac{\partial p_2^{\mathrm{LNC}}}{\partial\theta_{\mathrm{m}}}\right|$，$\left|\dfrac{\partial w_1^{\mathrm{LNC}}}{\partial\theta_{\mathrm{m}}}\right|>\left|\dfrac{\partial w_2^{\mathrm{LNC}}}{\partial\theta_{\mathrm{m}}}\right|$，$\left|\dfrac{\partial h^{\mathrm{LNC}}}{\partial\theta_{\mathrm{m}}}\right|>\left|\dfrac{\partial \theta^{\mathrm{LNC}}}{\partial\theta_{\mathrm{m}}}\right|$。

命题 8.1 ①表明，当全渠道供应链中制造商为领导者且满足消费者的最低绿色努力水平为 0 时，对于制造商 M1 和制造商 M2 来说，随着信息服务力度和绿色努力水平的提高，最优的零售价格也会随之提升。主要是因为当两制造商增加 h 和 θ 的投资时，会导致产品成本升高，进而导致批发价格上涨，全渠道零售商为保证自身的利润会提高产品的零售价格。同时因为 θ_{m} 为 0，h 和 θ 对零售价的影响程度相同。

命题 8.1 ②表明，当市场竞争较为缓和且 M1 产生需求损失而 M2 不会损失时，随着满足消费者的最低绿色努力水平的升高，两种产品的最优零售价格、批发价格随之降低；同时 M1 投资的绿色努力水平、M2 投资的信息服务力度也随着 θ_{m} 的升高而降低。这主要是因为，当市场竞争缓和时，产品差异性较大，随着 θ_{m} 的升高，制造商 M1、M2 会分别减少在 θ 和 h 上的投资，同时两制造商成本降低导致批发价格和零售价格降低。

命题 8.1 ③表明，θ_{m} 对于产品 1 零售价格、批发价格的影响均大于产品 2；θ_{m} 对于 M1 所决策的信息服务力度的影响大于对 M2 所决策的绿色努力水平的影响。这是因为在 $0<\theta_{\mathrm{m}}<\theta$ 的情形下，只有 M1 会产生需求损失，故 θ_{m} 的大小对于制造商 M1 的决策和产品 1 的零售价格的影响更大。

命题 8.2 ① 当 $0<\varphi<\sqrt{\dfrac{(4g\beta-1)(k\beta-1)}{gk}}$ 时，$\dfrac{\partial p_1^{\mathrm{LLC}}}{\partial\theta_{\mathrm{m}}}<0$，$\dfrac{\partial p_2^{\mathrm{LLC}}}{\partial\theta_{\mathrm{m}}}<0$，$\dfrac{\partial w_1^{\mathrm{LLC}}}{\partial\theta_{\mathrm{m}}}<0$，$\dfrac{\partial w_2^{\mathrm{LLC}}}{\partial\theta_{\mathrm{m}}}<0$，$\dfrac{\partial h^{\mathrm{LLC}}}{\partial\theta_{\mathrm{m}}}<0$，$\dfrac{\partial\theta^{\mathrm{LLC}}}{\partial\theta_{\mathrm{m}}}<0$。② $\left|\dfrac{\partial h_2^{\mathrm{LLC}}}{\partial\theta_{\mathrm{m}}}\right|>\left|\dfrac{\partial p_1^{\mathrm{LLC}}}{\partial\theta_{\mathrm{m}}}\right|$，$\left|\dfrac{\partial w_2^{\mathrm{LLC}}}{\partial\theta_{\mathrm{m}}}\right|>\left|\dfrac{\partial w_1^{\mathrm{LLC}}}{\partial\theta_{\mathrm{m}}}\right|$，$\left|\dfrac{\partial\theta^{\mathrm{LLC}}}{\partial\theta_{\mathrm{m}}}\right|>\left|\dfrac{\partial h^{\mathrm{LLC}}}{\partial\theta_{\mathrm{m}}}\right|$。

当 $\theta_{\mathrm{m}}<\theta^*$ 时，供应链中两制造商都没有使具有绿色需求的消费者满意，故 M1 和 M2 都会产生需求损失。命题 8.2 ①表明，当交叉价格敏感系数较小，也就是竞争较为缓和时，随着 θ_{m} 的升高，最优批发价格、零售价格、信息服务水平和绿色努力水平会随之降低。当市场竞争较为缓和时，根据需求函数可以看出，竞争对手的价格对于两制造商的产品需求影响较小。面对消费者绿色需求的提升，因未满足消费者而产生的需求损失也会增大，因此在竞争关系不够激烈的情形下，两制造商都会选择降低在 h 和 θ 上的投入，以压缩成

本，从而降低批发价格和零售价格，通过降低零售价格减少需求损失对于利润的影响。

命题 8.2 ②表明，当制造商 M1 和 M2 都产生需求损失时，θ_{m} 对于产品 2 零售价格、批发价格的影响均大于产品 1；θ_{m} 对于 M2 所决策的绿色努力水平的影响大于 M1 所决策的信息服务力度。这是因为产品 1 和产品 2 的消费者构成不同，对于产品 2 来说其客户中对于产品具有较高的绿色度水平要求的占比会高于产品 1。因此当 M1 和 M2 均无法满足一部分消费者时，M2 的最优决策对于 θ_{m} 的变化更为敏感。

命题 8.3　$\dfrac{\partial\theta^{\mathrm{LLC}}}{\partial k}<0,\ \theta^{*}<\theta_{\mathrm{m}}<\tilde{\theta},\ g\left(4\beta^{2}-\varphi^{2}\right)-\beta>0$；$\dfrac{\partial\theta^{\mathrm{LLC}}}{\partial k}>0,\ \theta^{*}<\tilde{\theta}<\theta_{\mathrm{m}},\ g\left(4\beta^{2}-\varphi^{2}\right)-\beta>0$；$\dfrac{\partial h^{\mathrm{LLC}}}{\partial g}<0,\ \theta^{*}<\theta_{\mathrm{m}}<\tilde{\theta},\ k\left(4\beta^{2}-\varphi^{2}\right)-\beta>0$。其中，$\tilde{\theta}=\dfrac{\left(2\beta-2k\beta^{2}+k\varphi^{2}\right)c_{1}+\left(-2+k\beta\right)\varphi c_{2}+2\left(-1+k\beta\right)a_{1}+k\varphi a_{2}}{-2+k\left(2\beta+\varphi\right)}$。

命题 8.3 表明，当两制造商均未使一部分消费者满意时，θ_{m} 存在一个阈值 $\tilde{\theta}$，当 $\theta^{*}<\theta_{\mathrm{m}}<\tilde{\theta}$ 且 $g\left(4\beta^{2}-\varphi^{2}\right)-\beta>0$ 时，随着成本系数 k 的升高，最优绿色努力水平随之降低；当 $\theta^{*}<\tilde{\theta}<\theta_{\mathrm{m}}$ 且 $g\left(4\beta^{2}-\varphi^{2}\right)-\beta>0$ 时，随着成本系数 k 的升高，最优绿色努力水平也随之升高；对于制造商 M1，当 $\theta^{*}<\theta_{\mathrm{m}}<\tilde{\theta}$ 且 $k\left(4\beta^{2}-\varphi^{2}\right)-\beta>0$，随着成本系数 g 的升高，最优信息服务力度随之下降。

对于制造商 M2 来说，当 $\theta^{*}<\theta_{\mathrm{m}}<\tilde{\theta}$ 时，此时 θ_{m} 较小，由假设 8.3 可知，当 θ_{m} 较小时，需求损失也会较小。因此，当投资绿色努力水平的成本系数升高时，制造商 M2 会选择降低绿色努力水平，以保证自身利润。而当 $\theta^{*}<\tilde{\theta}<\theta_{\mathrm{m}}$ 时，此时 θ_{m} 较大，制造商 M2 将会面临损失一大部分消费者的压力，虽然成本系数不断提高，制造商 M2 依旧会选择提高绿色努力水平。而对于制造商 M1 来说，当 θ_{m} 较大，且成本系数不断升高时，可能会导致其无法盈利从而退出市场。因此，当 $\theta^{*}<\theta_{\mathrm{m}}<\tilde{\theta}$ 时，选择不购买的消费者较少，M1 才有盈利的可能，故当信息服务的成本系数升高时，M1 则会选择降低投资成本以保证利润。

8.4　合作模型（RM1）

在该模型中制造商 M1 和全渠道零售商进行合作，组成一体化全渠道供应链（图 8-2）。而该条供应链与制造商 M2 是竞争关系，一体化全渠道供应链和 M2 之间进行 Stackelberg 竞争，M2 具有优先定价权。由于 M1 和全渠道零售商是合作关系，故在该一体化全渠道供应链中，不存在批发价格的概念，双方根据利润最大化原则，M1 和全渠道零售商共同决策零售价 p_1 和信息服务水平 h。于是在该竞争中，决策顺序为 M2 首先决策批发价格 w_2 和绿色努力水平 θ，随后 M1 与全渠道零售商根据 M2 的决策的 w_2 和 θ 确定 p_1 和 h，全渠道零售商根据 w_2 决定零售价 p_2。

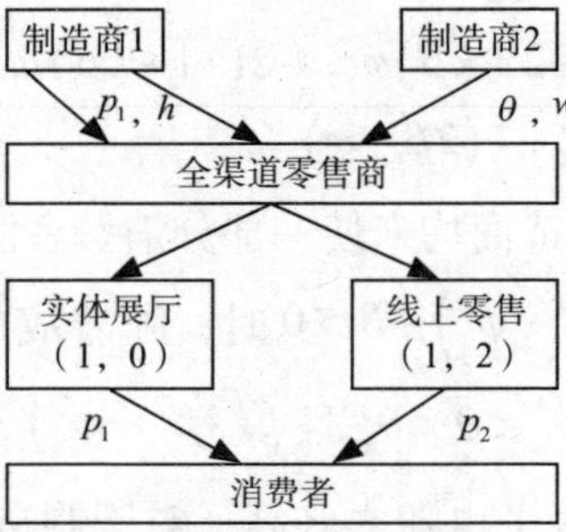

图8-2　合作模型结构图

则一体化全渠道供应链的利润为：

$$\pi_{\mathrm{RM1}}=\pi_1+\pi_{\mathrm{R}}=D_1\left(p_1-c_1\right)+D_2\left(p_2-w_2\right)-\frac{1}{2}gh^2 \tag{8.22}$$

制造商 M2 的利润为：

$$\pi_2=D_2\left(w_2-c_2\right)-\frac{1}{2}k\theta^2 \tag{8.23}$$

8.4.1　NN合作模型

当 $\theta_{\mathrm{m}}=0$ 时，$d_1=d_2=0$，根据式（8.1）、式（8.2）、式（8.22）、式（8.23）得出制造商 M1、M2 及零售商的利润如下：

$$\pi_{\mathrm{RM1}}^{\mathrm{NNU}}\left(p_1,h\right)=\left(a_1-\beta p_1+\varphi p_2+h\right)\left(p_1-c_1\right)+\left(a_2-\beta p_2+\varphi p_1+\theta\right)\left(p_2-w_2\right)-\frac{1}{2}gh^2 \tag{8.24}$$

$$\pi_2^{\mathrm{NNU}}\left(w_2,\theta\right)=\left(a_2-\beta p_2+\varphi p_1+\theta\right)\left(w_2-c_2\right)-\frac{1}{2}k\theta^2 \tag{8.25}$$

$$\pi_{\mathrm{R}}^{\mathrm{NNU}}\left(p_2\right)=\left(a_1-\beta p_1+\varphi p_2+h\right)p_1+\left(a_2-\beta p_2+\varphi p_1+\theta\right)\left(p_2-w_2\right) \tag{8.26}$$

对式（8.24）关于 p_1、h 求偏导，得到：

$$\boldsymbol{H}\left(p_1,h\right)=\begin{pmatrix}\dfrac{\partial^2\pi_{\mathrm{RM1}}^{\mathrm{NNU}}}{\partial {p_1}^2} & \dfrac{\partial^2\pi_{\mathrm{RM1}}^{\mathrm{NNU}}}{\partial p_1\partial h}\\ \dfrac{\partial^2\pi_{\mathrm{RM1}}^{\mathrm{NNU}}}{\partial h\partial p_1} & \dfrac{\partial^2\pi_{\mathrm{RM1}}^{\mathrm{NNU}}}{\partial h^2}\end{pmatrix}=\begin{pmatrix}-2\beta & 1\\ 1 & g\end{pmatrix}$$

$\begin{pmatrix}-2\beta & 1\\ 1 & -g\end{pmatrix}=2\beta g-1>0$ 其一阶主子式小于零，二阶主子式大于零，可知

$\pi_{\mathrm{RM1}}^{\mathrm{NNU}}$ 的海塞矩阵负定，是关于 p_1、h 的凹函数；对式（8.26）关于 p_2 求偏导，并令 p_1、h、p_2 的偏导数为零，得出反应函数代入式（8.25）中，关于 w_2、θ 求偏导，得出：

$$\boldsymbol{H}\left(w_2,\theta\right)=\begin{pmatrix}\dfrac{\partial^2\pi_2^{\mathrm{NNU}}}{\partial {w_2}^2} & \dfrac{\partial^2\pi_2^{\mathrm{NNU}}}{\partial\theta\partial w_2}\\ \dfrac{\partial^2\pi_2^{\mathrm{NNU}}}{\partial w_2\partial\theta} & \dfrac{\partial^2\pi_2^{\mathrm{NNU}}}{\partial\theta^2}\end{pmatrix}=\begin{pmatrix}\beta & \dfrac{1}{2}\\ \dfrac{1}{2} & -k\end{pmatrix}$$

$\begin{pmatrix}-\beta & \dfrac{1}{2}\\ \dfrac{1}{2} & -k\end{pmatrix}=\beta k-\dfrac{1}{4}>0$，其一阶主子式小于零，二阶主子式大于零，可知

π_2^{NNU} 的海塞矩阵负定，是关于 w_2、θ 的凹函数，令其偏导数为零，得出均衡解为：

$$w_2^*=\frac{\left(-1+2k\beta\right)c_2+2ka_2}{-1+4k\beta} \tag{8.27}$$

$$\theta^* = \frac{-\beta c_2 + a_2}{-1 + 4k\beta} \tag{8.28}$$

将式（8.27）、式（8.28）代入 p_1、p_2、h 的反应函数中得到均衡解：

$$p_1^* = \frac{\beta\left(\left(-1+g\beta\right)\left(-1+4k\beta\right)c_1 - g\left(\varphi c_2 + a_1 - 4k\beta a_1 - 4k\varphi a_2\right)\right)}{\left(-1+4k\beta\right)\left(\beta\left(-1+2g\beta\right)-2g\varphi^2\right)} \tag{8.29}$$

$$p_2^* = \frac{\left(\begin{array}{c}\left(-1+g\beta\right)\left(-1+4k\beta\right)\varphi c_1 + \\ \left(\beta\left(-1+2g\beta\right)\left(-1+k\beta\right)+g\left(1-2k\beta\right)\varphi^2\right)c_2 \\ +g\left(-1+4k\beta\right)\varphi a_1 + k\left(-3\beta+6g\beta^2-2g\varphi^2\right)a^2\end{array}\right)}{\left(-1+4k\beta\right)\left(\beta\left(-1+2g\beta\right)-2g\varphi^2\right)} \tag{8.30}$$

$$h^* = \frac{-\left(-1+4k\beta\right)\left(\beta^2-2\varphi^2\right)c_1 + \beta\left(-\varphi c_2 + \left(-1+4k\beta\right)a_1 + 4k\varphi a_2\right)}{\left(-1+4k\beta\right)\left(\beta\left(-1+2g\beta\right)-2g\varphi^2\right)} \tag{8.31}$$

8.4.2 LN合作模型

当 $0<\theta_{\mathrm{m}}<\theta^*$ 时，制造商 M1 会产生需求损失，而 M2 不会，故 $d_1=-\theta_{\mathrm{m}}$，而 $d_2=0$。以下为制造商 M1 和 M2 的需求：

$$D_1 = a_1 - \beta p_1 + \varphi p_2 + h - \theta_{\mathrm{m}} \tag{8.32}$$

$$D_2 = a_2 - \beta p_2 + \varphi p_1 + \theta \tag{8.33}$$

根据式（8.32）、式（8.33），得出一体化全渠道供应链和制造商 M2 利润分别为：

$$\pi_{\mathrm{RM1}}^{\mathrm{LNU}}\left(p_1,h\right) = \left(a_1-\beta p_1+\varphi p_2+h-\theta_{\mathrm{m}}\right)p_1 + \left(a_2-\beta p_2+\varphi p_1+\theta\right)\left(p_2-w_2\right) - \frac{1}{2}gh^2 \tag{8.34}$$

$$\pi_2^{\mathrm{LNU}}\left(w_2,\theta\right) = \left(a_2-\beta p_2+\varphi p_1+\theta\right)\left(w_2-c_2\right) - \frac{1}{2}k\theta^2 \tag{8.35}$$

根据 Stackelberg 博弈和逆推归纳法，得出均衡解（w_2^{LNU}、p_1^{LNU}、p_2^{LNU}、h^{LNU}、θ^{LNU}），证明及均衡解见附录。

8.4.3　LL合作模型

当$\theta^* < \theta_{\text{m}}$时，制造商M1和M2均会产生需求损失。且制造商M1和M2的需求损失分别为$d_1 = -\theta_{\text{m}}$，$d_2 = -(\theta_{\text{m}} - \theta)$。以下为制造商M1和M2的需求：

$$D_1 = a_1 - \beta p_1 + \varphi p_2 + h - \theta_{\text{m}} \tag{8.36}$$

$$D_2 = a_2 - \beta p_2 + \varphi p_1 + \theta - (\theta_{\text{m}} - \theta) \tag{8.37}$$

根据式（8.36）、式（8.37），得出一体化全渠道供应链和制造商M2的利润分别为：

$$\pi_{\text{RM1}}^{\text{LLU}}(p_1,h) = (a_1 - \beta p_1 + \varphi p_2 + h - \theta_{\text{m}})p_1 + \left(a_2 - \beta p_2 + \varphi p_1 + 2\theta - \theta_{\text{m}}(p_2 - w_2) - \frac{1}{2}gh^2\right) \tag{8.38}$$

$$\pi_2^{\text{LLU}}(w_2,\theta) = (a_2 - \beta p_2 + \varphi p_1 + 2\theta - \theta_{\text{m}})(w_2 - c_2) - \frac{1}{2}k\theta^2 \tag{8.39}$$

根据Stackelberg博弈和逆推归纳法，得出均衡解（w_2^{LLU}、p_1^{LLU}、p_2^{LLU}、h^{LLU}、θ^{LLU}），证明及均衡解见附录。

命题8.4　① $w_2^{\text{NNU}} = w_2^{\text{LNU}}$，$\theta^{\text{NNU}} = \theta^{\text{LNU}}$。② $p_1^{\text{NNU}} > p_1^{\text{LNU}}$，$p_2^{\text{NNU}} > p_2^{\text{LNU}}$，$h^{\text{NNU}} > p^{\text{LNU}}$。③ $\frac{\partial\theta^{\text{NNU}}}{\partial k} = \frac{\partial\theta^{\text{LNU}}}{\partial k} < 0$，$\frac{\partial w_2^{\text{NNU}}}{\partial k} = \frac{\partial w_2^{\text{LNU}}}{\partial k} < 0$。

根据命题8.4①和②，当M1和全渠道零售商合作时，对于制造商M2来说，在没有产生需求损失的情形下，最优批发价w_2和绿色努力水平θ相等；对于M1和零售商组成的一体化全渠道供应链来说，未产生需求损失情形下的最优零售价格p_1和信息服务力度h均高于产生需求损失的情形；对于零售商根据自身利润单独决策的零售价格p_2，未产生需求损失情形下的最优零售价格高于产生需求损失的情形。这是因为当$\theta_{\text{m}} = 0$或$0 < \theta_{\text{m}} < \theta^*$时，对于制造商M2来说并未产生需求损失，且M2具有优先定价权，故一体化全渠道供应链的决策不会影响M2的最优决策。而当$0 < \theta_{\text{m}} < \theta^*$时，相较$\theta_{\text{m}} = 0$的情形，产品1会产生一定的需求损失，故M1和全渠道供应链会选择降低零售价格来提高需求，并且会降低在信息服务上的投资来节约成本，以此保证自身利润。由于产品2的零售价格是由全渠道零售商根据自身利润最大化的原则进行决策，

受到产品 1 需求损失的影响，零售商的整体销售量会有所下降，因此全渠道零售商会选择同时降低产品 2 的零售价以提高两种产品的整体需求。

根据命题 8.5 ③，在一方产生需求损失或是双方均未产生需求损失的情况下，对于制造商 M2 来说，θ 和 w_2 与成本系数 k 成反比。当 M2 不会因为未满足消费者的绿色需求而损失一部分消费者时，因此随着成本系数升高继续提升绿色努力水平的投入可能会导致成本过高，从而使利润降低，因此 M2 会降低在绿色努力水平的投入。随着投资的减少，制造商成本下降，产品 1 的批发价也随之降低。

命题 8.5 ① $\frac{\partial h^{\mathrm{LNU}}}{\partial \theta_{\mathrm{m}}}<0$，$\frac{\partial h^{\mathrm{LLU}}}{\partial \theta_{\mathrm{m}}}<0$。② $\frac{\partial p_1^{\mathrm{LNU}}}{\partial \theta_{\mathrm{m}}}>0,\ \frac{\partial p_1^{\mathrm{LLU}}}{\partial \theta_{\mathrm{m}}}>0,\ 0<g<\frac{\beta}{2\left(\beta^2-\varphi^2\right)}$。$\frac{\partial p_1^{\mathrm{LNU}}}{\partial \theta_{\mathrm{m}}}<0,\ \frac{\partial p_1^{\mathrm{LLU}}}{\partial \theta_{\mathrm{m}}}<0,\ g>\frac{\beta}{2\left(\beta^2-\varphi^2\right)}$。

根据命题 8.5 ①，在一方产生需求损失或是双方都产生需求损失时，对于制造商 M1 和全渠道零售商组成的一体化全渠道供应链来说，h 和 θ_{m} 成反比。这是因为当 θ_{m} 不为 0 时，产品 1 因为没有满足消费者的绿色需求总是会产生需求损失，需求损失带来产品的销售额减少，因此减少在信息服务上的投资可以降低产品成本以保证自身利润。

根据命题 8.5 ②可知，在一方产生需求损失或双方都产生需求损失时，如果 $0<g<\frac{\beta}{2\left(\beta^2-\varphi^2\right)}$，$p_1$ 与 θ_{m} 成正比；如果 $g>\frac{\beta}{2\left(\beta^2-\varphi^2\right)}$，$p_1$ 与 θ_{m} 成反比。根据假设 8.3 可知，随着 θ_{m} 的提高，产品损失的消费者会越来越多。当成本系数较小时，产品 1 的总成本也会较小，因此 M1 和零售商会选择提高产品零售价格的策略来保证自身利润；而当成本系数较高时，产品 1 的总成本较高，随着 θ_{m} 的升高，若继续提高产品 1 的零售价格，会导致产品 1 的需求越来越少，因此，M1 和零售商会选择降低零售价格以增加产品 1 需求的策略来保证自身利润。

命题 8.6 ① $\pi_2^{\mathrm{LNU}}=\frac{k\left(-\beta c_2+a_2\right)^2}{-2+8k\beta}$。② $\frac{\partial \theta^{\mathrm{LLU}}}{\partial \theta_{\mathrm{m}}}<0$，$\frac{\partial w_2^{\mathrm{LLU}}}{\partial \theta_{\mathrm{m}}}<0$，$\frac{\partial p_2^{\mathrm{LLU}}}{\partial \theta_{\mathrm{m}}}<0$。

根据命题 8.6 ①可知，当 $0<\theta_{\mathrm{m}}<\theta^*$ 时，制造商 M2 的利润与 θ_{m} 无关。这是因为在此种情形下，制造商 M2 不会产生需求损失，同时根据命题 8.4 ①可

知在 M2 未产生需求损失时，θ_m 并未对最优 w_2 和 θ 产生影响；同时在合作模型中，M2 为该 Stackelberg 竞争中的领导者，具有优先定价权，所以可以根据自身利润来决策批发价格和绿色努力水平，因此受到竞争者决策的影响较小，因此 θ_m 的变化不能对制造商 M2 的利润产生影响。

根据命题 8.6 ②可知，当 $\theta^* < \theta_m$ 时，最优 θ、w_2 和 p_2 与 θ_m 成反比。在该情形下产品 2 固定产生需求损失，随着 θ_m 的增大，产品 2 也会不断损失更多的消费者，因此只有保证产品需求才能保证自身利润。故 M2 会选择降低绿色努力水平的投入，随着成本降低批发价也随之降低，同时全渠道零售商也会选择降低产品 2 的零售价刺激需求，以此来缓解未使消费者满意而产生的对制造商利润的影响。

8.5　数值分析

本节将对竞争模型和合作模型下的利润进行分析比较，同时探究 θ_m 不同取值时各参数之间的大小关系。在参考相关文献的基础上，将相关数值赋值为：$a_1 = a_2 = 10$，$\beta = 2$，$\varphi = 1$，$c_1 = 0.2$，$c_2 = 0.3$，$k = 2$，$g = 2$。为更符合实际绿色产品的生产成本将会高于普通产品，因此在赋值中有 $c_1 < c_2$。利润、产品的零售价格的变化情况如图 8-3 ～图 8-6 所示。

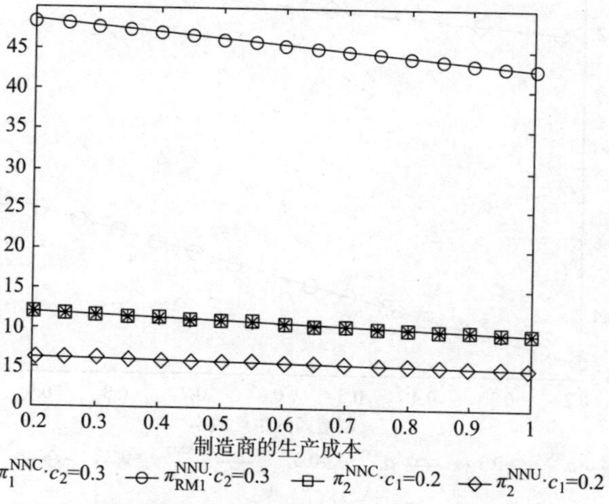

图8-3　制造商生产成本对利润的影响

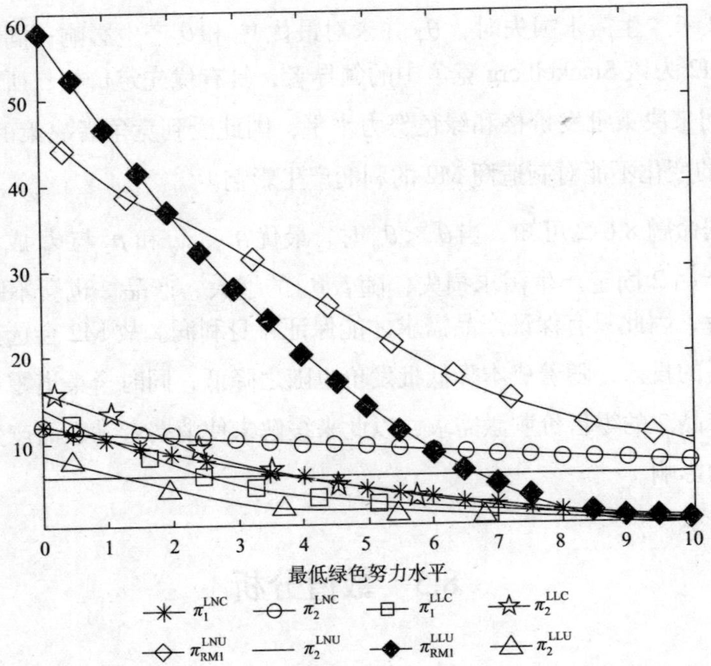

图8-4　最低绿色努力水平对利润的影响

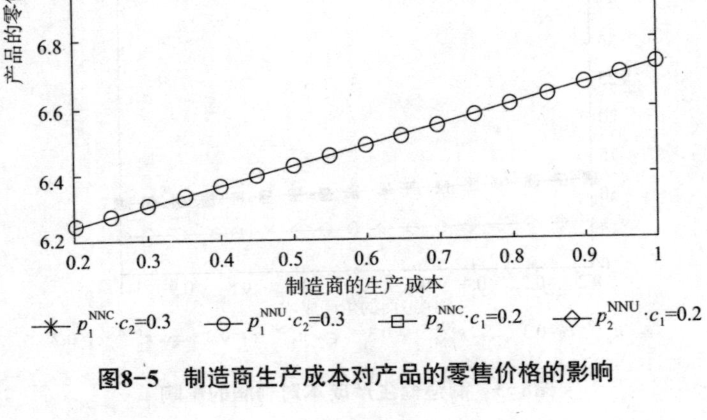

图8-5　制造商生产成本对产品的零售价格的影响

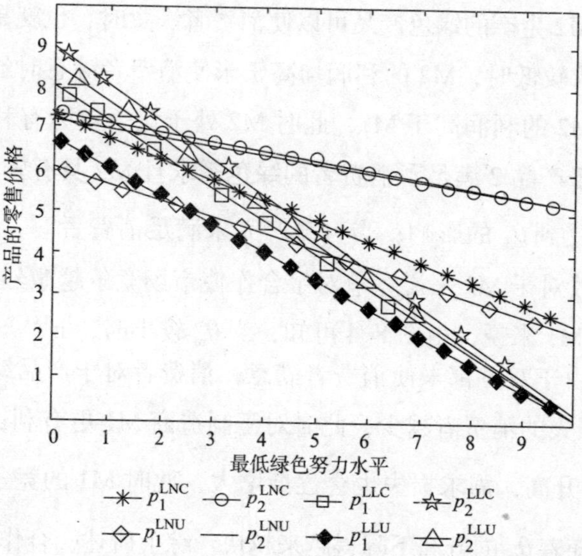

图8-6　最低绿色努力水平对产品的零售价格的影响

8.5.1　θ_m 为0时合作竞争模式下的利润比较分析

当 θ_m 为 0，消费者对于市场上产品的绿色属性并不关注，同时对于制造商 M1、M2 来说均不会产生需求损失，根据图 8-3 可知，在竞争模型中制造商 M1、M2 的利润差距很小。主要是因为此时消费者对于产品绿色度没有要求，所以无论是制造商进行绿色努力水平投资还是线下展柜投资，对于需求影响较小，对于利润的影响也较小。当制造商 M1 与全渠道零售商进行合作时，由图 8-3 可知，制造商 M2 的利润明显低于在竞争情形时的利润。主要是因为制造商和零售商合作使 M2 处于竞争不利的位置，根据图 8-5 可知通过取消批发价格，产品 1 的零售价下降，消费者对于产品绿色度并不关注，故会选择购买产品 1，因此导致制造商 2 利润受损。故在 θ_m 为 0 的市场环境下，即使制造商 M2 具有更高的议价能力，也应该选择合作的方式以提高利润。

8.5.2　θ_m 不为0时合作竞争模式下的利润比较分析

当 θ_m 不为 0 时，消费者对于市场上产品绿色度水平有一定要求。由图 8-4

可知当制造商 M2 生产的绿色产品可以使消费者满意时，也就是消费者对于产品绿色属性要求较低时，M2 的利润均高于未使消费者满意时的利润。同时在竞争环境下，M2 的利润高于 M1，此时 M2 处于竞争较为有利的地位；在合作模型中，由于产品 2 满足了消费者的绿色需求且 M2 具有较强的议价能力，因此利润不会受到 θ_{m} 的影响；当自身产品未满足消费者时，由图 8-4 可知，$\pi_2^{\mathrm{LLC}} > \pi_2^{\mathrm{LLU}}$，故对于 M2 来说竞争对手合作使市场竞争越激烈越对自身不利。而对于制造商 M1 来说，由图 8-4 可知，当 θ_{m} 较小时，$\pi_1^{\mathrm{LLC}} > \pi_1^{\mathrm{LNG}}$，因此在竞争环境中，由于双方都未使消费者满意，消费者对于产品绿色属性的关注度越低，M1 损失的消费者越少，此时对于制造商 M1 更有利；而在合作情形时，随着 θ_{m} 的升高，需求损失也会逐渐增大，此时 M1 的竞争优势会慢慢减弱，同时利润随着 θ_{m} 的升高下降得越来越快。综上所述，合作对于制造商 M1 来说可以使自身拥有更强的市场竞争力，但随着消费者对于绿色产品关注度提升，竞争优势会逐渐削弱。而对于 M2 来说，尽量满足消费者能够为自身创造更多利润，同时进行绿色努力水平的投资能够使自身在市场占据有利地位，并且在面对更加强势的竞争者时能够占据更高的市场份额。

8.5.3 θ_{m} 为0时合作竞争模式下的零售价格比较分析

由图 8-5 可知，当 $\theta_{\mathrm{m}} = 0$ 时，竞争模型下产品 1 和产品 2 的零售价格差距不大。这是因为消费对产品的绿色属性并不关注，消费者会在绿色产品和普通产品中随机选择，故两产品需求差距不大，市场竞争较小，零售商对于两产品的定价较为相似。而当制造商 M1 和零售商进行合作时，由图 8-5 可知，$p_1^{\mathrm{NNU}} < p_1^{\mathrm{NNC}}$，$p_2^{\mathrm{NNU}} < p_2^{\mathrm{NNC}}$，由于省去批发的中间流程，产品 1 的零售价格有较大幅度的降低，而由于产品 1 与产品 2 之间仍存在竞争关系，产品 2 的零售价格也会降低。综上，合作虽然能提高零售商在一种产品上获得的利润，但同样会影响竞争产品所带来的收益，因此，零售商需要同时保证两种产品的需求，才能保证自身利润最大化。

8.5.4　θ_{m} 不为0时合作竞争模式下的零售价格比较分析

由图 8-5 可知，$p_2^{\mathrm{LLC}} > p_2^{\mathrm{LLU}}$，$p_1^{\mathrm{LLC}} > p_1^{\mathrm{LLU}}$，在双方都未能使消费者满意时，合作会使市场上两产品价格均有一定程度的降低。此时消费者对于产品绿色度水平的要求相对较高，虽然对于制造商 M1、M2 来说都会损失一定客户，但相对于产品 1，绿色产品 2 损失的客户更少，因此其需求更高，同时因为零售商和制造商的合作使得产品 1 零售价格降低，因此无论是竞争环境下还是合作模型下，产品 2 的零售价格均高于产品 1。由图 8-5 可知，对于产品 2 来说，$\left|\frac{\partial p_2^{\mathrm{LNC}}}{\partial \theta_{\mathrm{m}}}\right| > \left|\frac{\partial p_2^{\mathrm{LNU}}}{\partial \theta_{\mathrm{m}}}\right|$，$\left|\frac{\partial p_2^{\mathrm{LLC}}}{\partial \theta_{\mathrm{m}}}\right| > \left|\frac{\partial p_2^{\mathrm{LLU}}}{\partial \theta_{\mathrm{m}}}\right|$，这是因为当消费者具有一定绿色需求时，产品 1 会固定产生需求损失，所以当面对更加激烈的市场竞争时，绿色投资为产品 2 提供的竞争优势会更大；对于产品 1 来说，有 $\left|\frac{\partial p_1^{\mathrm{LLC}}}{\partial \theta_{\mathrm{m}}}\right| > \left|\frac{\partial p_1^{\mathrm{LNC}}}{\partial \theta_{\mathrm{m}}}\right|$，$\left|\frac{\partial p_1^{\mathrm{LLU}}}{\partial \theta_{\mathrm{m}}}\right| > \left|\frac{\partial p_1^{\mathrm{LNU}}}{\partial \theta_{\mathrm{m}}}\right|$，因此无论是竞争还是合作情形，在消费者对于产品绿色度水平的要求相对较高时，产品 1 对于 θ_{m} 的变动都更为敏感。综上，零售商在进行合作策略选择时，不但要考虑合作对竞争产品定价的影响，同时也要考虑消费者绿色需求对于合作制造商的产品零售价格的影响。

8.6　本章小结

本章在考虑了消费者绿色满意度的基础上，研究了全渠道供应链成员的均衡决策与合作竞争选择。为研究上述问题，本章构建了两种模型：在第一种模型中，两制造商进行市场竞争，一方采用 TSBO 模式销售普通产品，而另一方通过线上渠道销售绿色产品；在第二种模型中，采用 TSBO 模式的制造商与全渠道零售商合作，同时与绿色产品制造商进行市场竞争。通过 Stackelberg 博弈、Bertrand 博弈和逆推归纳法对各供应链成员均衡决策的求解，并对其进行灵敏度分析和比较分析，探究绿色满意度对于制造商利润、产品零售价格及投资努力的影响，得出以下结论：

（1）在竞争模型中，无论两制造商能否使消费者满意，随着使消费者满意最低绿色努力水平的不断提高，普通产品和绿色产品的批发价格、零售价格和投资努力均会降低；在合作模型中，若绿色产品能使消费者满意，则最低绿色努力水平的变化不影响绿色产品制造商的投资定价决策。

（2）采取全渠道营销模式的制造商与零售商合作能有效保证自身利润；对于绿色产品制造商而言，竞争对手的合作不利于自身利润的提高。

（3）合作能提高全渠道策略制造商的市场竞争力，但随着最低绿色努力水平的提高，其竞争优势会逐渐削弱；对于绿色产品制造商而言，无论是在合作环境还是竞争环境下，市场竞争越激烈，消费者对产品绿色属性的关注度越高，制造商更能在市场竞争中占据有利地位。

基于上述研究结论，得出如下启示：①绿色产品制造商应当重视绿色努力水平的提高，满足消费者的绿色需求，以提高产品竞争力。对于采取全渠道营销策略的制造商而言，如果无法满足消费者绿色需求，可通过调整产品的批发价格和零售价格来争取更大的市场份额。②采取全渠道营销策略的制造商应积极与零售商建立稳定的合作关系，以提升产品的销售量和利润。③两制造商需要不断评估市场竞争的激烈程度和消费者对绿色属性的关注度，并根据市场情况采取有利的合作和投资策略。

第9章 总结及未来研究方向

9.1 全书总结及主要结论

绿色供应链相关问题正逐渐成为新的社会热点问题，学者们已经从多个方面展开研究，包括低碳供应链、绿色库存管理、再制造、绿色合作与协调机制等问题。另外，绿色供应链系统中考虑政府补贴和行为因素的相关研究并不是很充分。本书采用定量化分析手段，研究了考虑政府补贴和行为因素的绿色供应链的决策问题，主要结论如下：

第 3 章考虑由制造商和供应商组成的两级绿色供应链，引入消费者的环保意识和消费者对产品绿色度的期望这两个因素，分别在集中式决策、制造商公平中性分散式决策、制造商公平关切分散式决策这三种决策模式下研究消费者的环保意识和消费者对产品绿色度的期望对于产品的绿色度、零售价格和供应链各成员利润的影响，并且分析了制造商的公平关切系数对上述因素的影响，另外，还构建了成本分担契约对绿色供应链进行协调和优化。

第 4 章在由一个制造商和一个零售商构成的绿色供应链的基础上，加入产品的宣传水平这个决策变量，比较政府在无补贴策略、制造商补贴、消费者补贴情形下对供应链成员最优绿色决策和定价决策的影响，并考虑在市场存在波动，市场需求不稳定时零售商的风险规避特征对不同补贴策略下供应链决策的影响。研究表明，政府补贴可以提升产品的绿色度水平、影响力及供应链效益，且在一定条件下使产品的批发价格和零售价格升高。政府补贴策略对制造商定价决策的影响大于对零售商定价决策的影响，而对供应链成员绿色决策的影响要分情况而定。零售商的风险规避特征会使零售商的决策趋于保守而减少自身的宣传努力水平，但会反过来刺激制造商提高产品的绿色度水平，并提升供应链成员效益和总效益。

第 5 章考虑了由政府、一个绿色产品制造商和一个绿色产品零售商组成的绿色供应链博弈模型，制造商为主导者，零售商为跟随者。政府为了鼓励绿色供应链的发展，会对制造商的产品绿色度、绿色研发创新成本和零售商的绿色销售努力成本进行补贴，本章分析了政府补贴制造商（绿色度补贴和绿色研发创新成本补贴）、补贴零售商（绿色销售努力成本补贴）情形下对供应链定价决策、成员利润及社会福利的影响。

第 6 章针对转售模式和代理模式两种模式下的绿色旅游产品和服务定价问题，在考虑了消费者绿色偏好和渠道偏好的前提下，提出了有无优待政策的四种供应链决策模型，得到了四种模式下双渠道绿色旅游供应链的最优解，对得到的最优解进行了比较分析。同时，分析了优待政策、销售模式和消费者双重偏好对旅游产品价格、需求和供应链成员利润的影响。

第 7 章针对转售模式和代理模式两种模式下的绿色旅游产品和服务定价问题，在考虑了消费者绿色偏好和渠道偏好的前提下，提出了有无优待政策的四种供应链决策模型，得到了四种模式下双渠道绿色旅游供应链的最优解，并对得到的最优解进行了比较分析。同时，分析了优待政策、销售模式和消费者双重偏好对旅游产品价格、需求和供应链成员利润的影响。

第 8 章在考虑了消费者绿色满意度的基础上，研究了全渠道供应链成员的均衡决策与合作竞争选择。为研究上述问题，本章构建了两种模型：在第一种模型中，两制造商进行市场竞争，一方采用 TSBO 模式销售普通产品，而另一方通过线上渠道销售绿色产品；在第二种模型中，采用 TSBO 模式的制造商与全渠道零售商合作，同时与绿色产品制造商进行市场竞争。通过 Stackelberg 博弈、Bertrand 博弈和逆推归纳法对各供应链成员均衡决策的求解，并对其进行灵敏度分析和比较分析，探究绿色满意度对于制造商利润、产品零售价格及投资努力的影响。

9.2 未来研究方向

由于本书是在政府补贴和行为因素下针对绿色供应链的决策问题展开的相

关研究，而关于此方面的研究包括了非常多的内容，本书仅对其中的部分问题进行了探讨，认为未来可从以下两方面进一步研究：

一方面，本书比较分析的政府补贴策略是对制造商和零售商进行补贴，实际上政府也会对绿色消费者进行补贴。本书是在供应链信息对称的情况下进行分析的，当制造商的绿色研发创新成本信息或零售商绿色销售努力成本信息为私有信息时，存在单边或双边信息不对称时的政府补贴决策问题值得进一步研究。本书中三种政府补贴策略的比较分析前提是政府补贴支出相同，也可以选择其他政府目标，如政府净收入最大等，这些都是将来可能的研究方向。

另一方面，本书只考虑了一个旅游服务提供商和一个旅游经营者。由于现实中的旅游供应链结构更为复杂，未来的研究方向可以考虑多旅游服务提供商和多旅游经营者的供应链结构。另外，影响绿色旅游供应链需求的不只是价格折扣和绿色度水平，需求更多是不确定的情况，有多种因素扰动，因此未来可以研究不确定需求下绿色旅游供应链的协调策略。

参考文献

［1］ Adhikari A，Bisi A.Collaboration，bargaining，and fairness concern for a green apparel supply chain：an emerging economy perspective［J］.Transportation Research Part E：Logistics and Transportation Review，2020，135：101863.

［2］ Yaw A，Ebenezer A，Charles B .Green corporate reputation and innovation：the role of non-supply chain learning and green supply chain knowledge［J］.International Journal of Emerging Markets，2023，18（11）：4884—4906.

［3］ Atasu A，Sarvary M，Wassenhove V N L .Remanufacturing as a Marketing Strategy［J］.Management Science，2008，54（10）：1731—1746.

［4］ Banker R D，Khosla I，Sinha K K.Quality and competition［J］. Management science，1998，44（9）：1179—1192.

［5］ Bazaraa D A，Mahrous A A，Elsharnouby M H.How manipulating incentives and participation in green programs affect satisfaction：The mediating role of warm glow［J］.Journal of Cleaner Production，2022，362

［6］ Bray R L，Stamatopoulos I.Menu costs and the bullwhip effect：Supply chain implications of dynamic pricing.Operations Research，2022，70（2）：748—765.

［7］ Cai J，Sun H，Shang J，et al. Information structure selection in a green supply chain：Impacts of wholesale price and greenness level. European Journal of Operational Research，2023，306（1）：34—46.

［8］ Cai K，He S，He Z.Information sharing under different warranty policies with cost sharing in supply chains [J] .International Transactions in Operational Research，2020，27（3）：1550—1572.

[9] Cai Y J，Choi T M.Omni-channel marketing strategy in the digital platform era [J] .Journal of Business Research，2023，168：114197.

[10] Chakraborty T，Chauhan S S，Ouhimmou M.Cost-sharing mechanism for product quality improvement in a supply chain under competition [J] .International Journal of Production Economics，2019，208：566—587.

[11] Chang S，Li A，Wang X，et al. Joint optimization of e-commerce supply chain financing strategy and channel contract [J] .European Journal of Operational Research，2022，303（2）：908—927.

[12] Chen Jenyi，Dimitrov S，Pun H.The impact of government subsidy on supply chains' sustainability innovation [J] .Omega，2019，86：42—58.

[13] Chen L，Lee H L.Sourcing under supplier responsibility risk：the effects of certification，audit，and contingency payment [J] . Management Science，2017，63（9）：2795—2812.

[14] Chen S，Zhou F，Su J，et al.Pricing policies of a dynamic green supply chain with strategies of retail service [J] .Asia Pacific Journal of Marketing and Logistics，2020，33（1）：296—329.

[15] Chen X，Su X，Li Z，et al.The impact of omni-channel collaborative marketing on customer loyalty to fresh retailers：the mediating effect of the omni-channel shopping experience [J] .Operations Management Research，2022，15（3—4）：983—997.

[16] Chitra K.In search of the green consumers：A perceptual study [J] . Journal of Services Research，2007，7（1）：173—191.

[17] Choi S，Messinger P R.The role of fairness in competitive supply chain relationships：An experimental study [J] .European Journal of Operational Research，2016，251（3）：798—813.

［18］ Li Q，Shi M，Huang Y .A Dynamic Price Game Model in a Low-Carbon，Closed-Loop Supply Chain Considering Return Rates and Fairness Concern Behaviors［J］.International Journal of Environmental Research and Public Health，2019，16（11）：1978-1978.

［19］ Cui T H，Raju J S，Zhang Z J.Fairness and channel coordination［J］.Management Science，2007，53（8）：1303—1314.

［20］ Das R，Barman A，Roy B，et al.Pricing and greening strategies in a dual-channel supply chain with cost and profit sharing contracts［J］. Environment，Development and Sustainability，2023，25（6）：5053—5086.

［21］ D'Aspremont C，Jacquemin A.Cooperative and non-cooperative R&D in duopoly with spillovers［J］.American Economic Review，1988，78（5）：1133—1137.

［22］ Debo L G，Toktay L B，Van Wassenhove L N.Market segmentation and product technology selection for remanufacturable products［J］. Management science，2005，51（8）：1193—1205.

［23］ Difrancesco R M，Van Schilt I M，Winkenbach M.Optimal in-store fulfillment policies for online orders in an omni-channel retail environment［J］.European Journal of Operational Research，2021，293（3）：1058—1076.

［24］ Du J，Liu S，Liu Y.A limited cost consensus approach with fairness concern and its application［J］.European Journal of Operational Research，2022，298（1）：261—275.

［25］ Du S，Hu L，Song M.Production optimization considering environmental performance and preference in the cap-and-trade system［J］.Journal of Cleaner Production，2016，112（5）：1600—1607.

［26］ Du S，Nie T，Chu C，et al.Newsvendor model for a dyadic supply chain with Nash bargaining fairness concerns［J］. International

Journal of Production Research，2014，52（17）：5070—5085.

［27］Elgharably N，Easa S，Nassef A，et al.Stochastic multi-objective vehicle routing model in green environment with customer satisfaction［J］.IEEE Transactions on Intelligent Transportation Systems，2022，24（1）：1337—1355.

［28］Fehr E，Schmidt K M.A theory of fairness，competition，and cooperation［J］.The quarterly journal of economics，1999，114（3）：817—868.

［29］Ferguson M E，Toktay L B.The effect of competition on recovery strategies［J］.Production and operations management，2006，15（3）：351—368.

［30］Ferguson M，Guide Jr V D R，Souza G C.Supply chain coordination for false failure returns［J］.Manufacturing & Service Operations Management，2006，8（4）：376—393.

［31］Ferrer G，Swaminathan J M.Managing new and differentiated remanufactured products［J］.European journal of operational research，2010，203（2）：370—379.

［32］Ferrer G，Swaminathan J M.Managing new and remanufactured products［J］.Management science，2006，52（1）：15—26.

［33］Gan X，Sethi S P，Yan H.Coordination of Supply Chains with Risk-Averse Agents［J］.Production & Operations Management，2004，13（2）：135—149.

［34］Gao J，Xiao Z，Wei H.Competition and coordination in a dual-channel green supply chain with an eco-label policy［J］.Computers & Industrial Engineering，2021，153：107057.

［35］Gelderman C J，Schijns J，Lambrechts W，et al.Green marketing as an environmental practice：The impact on green satisfaction and green loyalty in a business-to-business context［J］.Business strategy and the environment，2021，30（4）：2061—2076.

[36] Ghosh D, Shah J .Supply chain analysis under green sensitive consumer demand and cost sharing contract [J] .International Journal of Production Economics, 2015, 164: 319—329.

[37] Ginsburg J.Manufacturing: Once is not enough [J] .Business Week, 2001 (16): 128—129.

[38] Goedhart J, Haijema R, Akkerman R.Modelling the influence of returns for an omni-channel retailer [J] .European Journal of Operational Research, 2023, 306 (3): 1248—1263.

[39] Goh H C.Strategies for post-Covid-19 prospects of Sabah' s tourist market–Reactions to shocks caused by pandemic or reflection for sustainable tourism [J] .Research in Globalization, 2021, 3: 100056.

[40] Govindan K, Malomfalean A.A framework for evaluation of supply chain coordination by contracts under O2O environment [J] . International Journal of Production Economics, 2019, 215.

[41] Govindan K, Mina H, Esmaeili A, et al.An integrated hybrid approach for circular supplier selection and closed loop supply chain network design under uncertainty [J] .Journal of Cleaner Production, 2020, 242: 118317.

[42] Guan Z, Ye T, Yin R.Channel coordination under Nash bargaining fairness concerns in differential games of goodwill accumulation [J] . European Journal of Operational Research, 2020, 285 (3): 916—930.

[43] Guo L, Huamin W, P.S S, et al.Contracting green product supply chains considering marketing efforts in the circular economy era [J] . International Journal of Production Economics, 2021, 234.

[44] Hajdas M, Radomska J, Silva S C.The omni-channel approach: A utopia for companies? [J] .Journal of Retailing and Consumer Services, 2022, 65: 102131.

[45] Han L, Wu P, Chu C.A distributionally robust production planning model for maximizing customer satisfaction with budget and carbon emissions constraints [J].Computers & Industrial Engineering, 2023, 182: 109412.

[46] He D, Deng X.Price competition and product differentiation based on the subjective and social effect of consumers' environmental awareness [J].International journal of environmental research and public health, 2020, 17 (3): 716.

[47] He J H, Zhang L, Fu X, et al.Fair but risky? Recycle pricing strategies in closed-loop supply chains. [J].International journal of environmental research and public health, 2018, 15 (12): 2870.

[48] He P, He Y, Xu H, et al.Online selling mode choice and pricing in an O2O tourism supply chain considering corporate social responsibility [J].Electronic Commerce Research and Applications, 2019, 38: 100894.

[49] He P, He Y, Xu H.Channel structure and pricing in a dual-channel closed-loop supply chain with government subsidy [J].International Journal of Production Economics, 2019, 213.

[50] He W, Yang Y B, Wang W, et al.Empirical study on long-term dynamic coordination of green building supply chain decision-making under different subsidies [J].Building and Environment, 2022, 208: 1—21.

[51] He Y, Zhang J, Gou Q, et al.Supply chain decisions with reference quality effect under the O2O environment [J].Annals of Operations Research, 2018, 268: 273—292.

[52] Heydari J, Govindan K, Basiri Z.Balancing price and green quality in presence of consumer environmental awareness: a green supply chain coordination approach [J].International Journal of Production Research, 2021, 59 (7): 1957—1975.

[53] Heydari J, Govindan K, Basiri Z.Balancing price and green quality in presence of consumer environmental awareness: a green supply chain coordination approach [J] .International Journal of Production Research, 2021, 59 (7): 1957—1975.

[54] Ho T H, Su X, Wu Y.Distributional and peer - induced fairness in supply chain contract design [J] .Production and Operations Management, 2014, 23 (2): 161—175.

[55] Ho T H, Zhang J. Designing pricing contracts for boundedly rational customers: does the framing of the fixed fee matter? [J]. Management Science, 2008, 54 (4): 686—700.

[56] Hong X, Cao X, Gong Y, et al.Quality information acquisition and disclosure with green manufacturing in a closed-loop supply chain [J] .International Journal of Production Economics, 2021, 232: 107997.

[57] Hong Z, Guo X. Green product supply chain contracts considering environmental responsibilities [J] . Omega, 2019, 83: 155—166.

[58] Hopp W J.Fifty years of management science [J] .Management Science, 2004, 50 (1): 1—7.

[59] Huang C D, Goo J, Nam K, et al. Smart tourism technologies in travel planning: The role of exploration and exploitation [J] . Information & Management, 2017, 54 (6): 757—770.

[60] Huang H Y, Wei H X, Wei M.Dynamic performance assessment system for Green tourism supply chain [J] .Tourism Analysis, 2019, 24 (4): 467—482.

[61] Huang S, Guan X, Chen Y J.Retailer information sharing with supplier encroachment [J] .Production and Operations Management, 2018, 27 (6): 1133—1147.

[62] Huang Y, Liang Y.Exploring the strategies of online and offline recycling channels in closed-loop supply chain under government

subsidy [J] .Environmental Science and Pollution Research, 2021: 1—12.

[63] Ishfaq R, Davis Sramek B, Gibson B.Digital supply chains in omnichannel retail: A conceptual framework [J] .Journal of Business Logistics, 2022, 43 (2): 169—188.

[64] Jena S K, Jog D.Price competition in a tourism supply chain [J] . Tourism Economics, 2017, 23 (6): 1235—1254.

[65] Jena S K, Meena P L.Price and service competition in a tourism supply chain [J] .Service Science, 2019, 11 (4): 279—291.

[66] Jena S K, Meena P.Competitive sustainable processes and pricing decisions in omnichannel closed-up supply chains under different channel power structures [J] .Journal of Retailing and Consumer Services, 2022, 69: 103114.

[67] Jena S K, Meena P.Shopping in the omnichannel supply chain under price competition and product return [J] .Journal of Retailing and Consumer Services, 2022, 65: 102848.

[68] Jena S K.Impact of bundling on the omnichannel supply chain under price competition [J] .Journal of Business & Industrial Marketing, 2022, 37 (12): 2468—2487.

[69] Ji J, Zhang Z, Yang L.Carbon emission reduction decisions in the retail-/dual-channel supply chain with consumers' preference [J] . Journal of Cleaner Production, 2017, 141 (9): 852—867.

[70] Jiang W, Yuan L, Wu L J.Carbon emission reduction and profit distribution mechanism of construction supply chain with fairness concern and cap-and-trade [J] .PlOS ONE, 2019, 14 (10): e0224153.

[71] Katok E, Pavlov V.Fairness in supply chain contracts: A laboratory study [J] .Journal of Operations Management, 2013, 31 (3): 129—137.

[72] Khan S A R, Yu Z, Golpira H, et al.A state-of-the-art review and meta-analysis on sustainable supply chain management: Future research directions [J].Journal of Cleaner Production, 2021, 278: 123357.

[73] Koliouska C, Andreopoulou Z.E-Tourism for Sustainable Development through Alternative Tourism Activities [J].Sustainability, 2023, 15 (11): 8485.

[74] Kumar A, Naz F, Luthra S, et al.Digging DEEP: Futuristic building blocks of omni-channel healthcare supply chains resiliency using machine learning approach [J].Journal of Business Research, 2023, 162: 113903.

[75] Lakatos E S, Nan L M, Bacali L, et al.Consumer satisfaction towards green products: Empirical insights from romania [J]. Sustainability, 2021, 13 (19): 10982.

[76] Li B, Wang Y, Wang Z.Managing a closed-loop supply chain with take-back legislation and consumer preference for green design [J]. Journal of Cleaner Production, 2021, 282: 124481.

[77] Li G, Li L, Choi T M, et al.Green supply chain management in Chinese firms: Innovative measures and the moderating role of quick response technology [J].Journal of Operations Management, 2020, 66 (7—8): 958—988.

[78] Li G, Wu H, Sethi S P, et al.Contracting green product supply chains considering marketing efforts in the circular economy era [J]. International Journal of Production Economics, 2021, 234: 108041.

[79] Li G, Zhang T, Tayi G K.Inroad into omni-channel retailing: Physical showroom deployment of an online retailer [J].European Journal of Operational Research, 2020, 283 (2): 676—691.

[80] Li M, Mizuno S.Dynamic pricing and inventory management of a dual-channel supply chain under different power structures [J].

European Journal of Operational Research，2022，303（1）：273—285.
[81] Li P，Xu S，Liu L.Channel structure and greening in an omni-channel tourism supply chain [J].Journal of Cleaner Production，2022，375：134136.
[82] Li Q，Shi M，Huang Y.A Dynamic Price Game Model in a Low-Carbon，Closed-Loop Supply Chain Considering Return Rates and Fairness Concern Behaviors [J].International Journal of Environmental Research and Public Health，2019，16（11）：1978-1978.
[83] Li Q，Xiao T，Qiu Y.Price and carbon emission reduction decisions and revenue-sharing contract considering fairness concerns [J].Journal of Cleaner Production，2018，190：303—314.
[84] Li S，Li M，Zhou N.Pricing and coordination in a dual-channel supply chain with a socially responsible manufacturer [J].PloS one，2020，15（7）：e0236099.
[85] Li T，Xie J，Zhao X，et al.On supplier encroachment with retailer's fairness concerns [J].Computers & Industrial Engineering，2016，98：499—512.
[86] Li T，Xu X，Zhao K，et al.Low-carbon strategies in dual-channel supply chain under risk aversion [J].Math.Biosci.Eng，2022，19（5）：4765—4793.
[87] Li X，Li Y.On green market segmentation under subsidy regulation [J].Supply Chain Management，2017，22（3）：284—294.
[88] Li Y，Pan J，Tang X.Optimal strategy and cost sharing of free gift cards in a retailer power supply chain [J].International Transactions in Operational Research，2021，28（2）：1018—1045.
[89] Li Z，Li S，Mei W.Buy online and pickup in-store：Co-opetition strategy of omnichannel supply chain players [J].Electronic

Commerce Research，2023：1—49.

［90］Liang Y，Sun X.Product green degree，service free-riding，strategic price difference in a dual-channel supply chain based on dynamic game［J］.Optimization，2022，71（3）：633—674.

［91］Liu K，Li C F，Gu R.Pricing and logistics service decisions in platform-led electronic closed-loop supply chain with remanufacturing［J］.Sustainability，2021，13（20）：11357.

［92］Liu K，Li W，Jia F，et al.Optimal strategies of green product supply chains based on behaviour-based pricing［J］.Journal of Cleaner Production，2022，335：130288.

［93］Liu L，Feng L，Xu B，et al.Operation strategies for an omni-channel supply chain：Who is better off taking on the online channel and offline service?［J］.Electronic Commerce Research and Applications，2020，39.

［94］Liu M，Cao E，Salifou C K.Pricing strategies of a dual-channel supply chain with risk aversion［J］.Transportation Research Part E：Logistics and Transportation Review，2016，90：108—120.

［95］Liu M，Li Z，Anwar S，et al.Supply chain carbon emission reductions and coordination when consumers have a strong preference for low-carbon products［J］.Environmental Science and Pollution Research，2021，28：19969—19983.

［96］Liu S，Yao F，Chen D.CSR investment decision and coordination strategy for closed-loop supply chain with two competing retailers［J］.Journal of Cleaner Production，2021，310：127378.

［97］Liu Y，Xiao T，Fan Z P，et al.Pricing，environmental governance efficiency，and channel coordination in a socially responsible tourism supply chain［J］.International Transactions in Operational Research，2019，26（3）：1025—1051.

［98］Liu Z，Zheng X X，Li D F，et al.A novel cooperative game-based method to coordinate a sustainable supply chain under psychological uncertainty in fairness concerns [J].Transportation Research Part E: Logistics and Transportation Review, 2021, 147: 102237.

[99] Lo Ck Y, Tang C S, Zhou Y.Environmental incidents and the market value firms: an empirical investigation in the Chinese context [J]. Manufacturing & Service Operations Management, 2018, 20 (3): 422—439.

[100] Loch C H, Wu Y.Social preferences and supply chain performance: An experimental study [J]. Management Science, 2008, 54 (11): 1835—1849.

[101] Loch C, Wu Y.Social preferences and supply chain performance: An experimental study [J].Management Science, 2008, 54 (11): 1835—1849.

[102] Long Q, Tao X, Chen Y, et al.Exploring combined effects of dominance structure, green sensitivity, and green preference on manufacturing closed-loop supply chains [J].International Journal of Production Economics, 2022, 251: 108537.

[103] Lou G, Lai Z, Ma H, et al.Coordination in a composite green-product supply chain under different power structures [J].Industrial Management & Data Systems, 2020, 120 (6): 1101—1123.

[104] Ma D, Hu J, Yao F.Big data empowering low-carbon smart tourism study on low-carbon tourism O2O supply chain considering consumer behaviors and corporate altruistic preferences [J].Computers & Industrial Engineering, 2021, 153: 107061.

[105] Ma S, He Y, Gu R.Joint service, pricing and advertising strategies with tourists' green tourism experience in a tourism supply chain [J]. Journal of Retailing and Consumer Services, 2021, 61: 102563.

[106] Ma X, Mao J, Luo Q, et al.Effects of information superiority and green optimism on green supply chains under different power structures

[J].International Journal of Production Economics，2024，268：109105.

[107] Mach L，Ponting J.Establishing a pre-COVID-19 baseline for surf tourism：Trip expenditure and attitudes，behaviors and willingness to pay for sustainability [J].Annals of Tourism Research Empirical Insights，2021，2（1）：100011.

[108] Madani S R，Rasti-Barzoki M.Sustainable supply chain management with pricing，greening and governmental tariffs determining strategies：A game-theoretic approach [J].Computers & Industrial Engineering，2017，105：287—298.

[109] Matsui K.Should competing suppliers with dual-channel supply chains adopt agency selling in an e-commerce platform? [J].European Journal of Operational Research，2024，312（2）：587—604.

[110] Meng Q，Li M，Liu W，et al.Pricing policies of dual-channel green supply chain：Considering government subsidies and consumers' dual preferences [J].Sustainable Production and Consumption，2021，26：1021—1030.

[111] Mitra S，Webster S.Competition in remanufacturing and the effects of government subsidies [J].International Journal of Production Economics，2008，111（2）：287—298.

[112] Mondal C，Giri B C.Investigating strategies of a green closed-loop supply chain for substitutable products under government subsidy [J].Journal of Industrial and Production Engineering，2022，39（4）：253—276.

[113] Niu B，Wang J，Lee C K M，et al. "Product + logistics" bundling sale and co-delivery in cross-border e-commerce [J].Electronic Commerce Research，2019，19：915—941.

[114] Noori-daryan M，Taleizadeh A A，Rabbani M.Advance booking pricing in O2O commerce with demand leakage using game theory

for tourism supply chains [J].International Journal of Production Research, 2020, 58 (22): 6739—6774.

[115] Ozgun C D, Chen Y F, Li J.Channel Coordination under fairness concerns and nonlinear demand [J].European Journal of Operational Research, 2010, 207 (3): 1321—1326.

[116] Patra P.Distribution of profit in a smart phone supply chain under Green sensitive consumer demand [J].Journal of Cleaner Production, 2018, 192: 608—620.

[117] Peng Y, Wang W, Li S, et al.Competition and cooperation in the dual-channel green supply chain with customer satisfaction [J]. Economic Analysis and Policy, 2022, 76: 95—113.

[118] Qian X, Chan F T S, Zhang J, et al.Channel coordination of a two-echelon sustainable supply chain with a fair-minded retailer under cap-and-trade regulation [J].Journal of Cleaner Production, 2020, 244: 118715.

[119] Qiao A, Choi S H, Pan Y.Multi-party coordination in sustainable supply chain under consumer green awareness [J].Science of the Total Environment, 2021, 777: 146043.

[120] Qin Q, Jiang M, Xie J, et al.Game analysis of environmental cost allocation in green supply chain under fairness preference [J].Energy Reports, 2021 (7): 6014—6022.

[121] Rahmawati R, Suprapti A R, Pinta S R H, et al.Green entrepreneurship: a study for developing eco-tourism in Indonesia [J].The Journal of Asian Finance, Economics and Business, 2021, 8 (5): 143—150.

[122] Ranjan A, Jha J K.Multi-period dynamic pricing model for deteriorating products in a supply chain with preservation technology investment and carbon emission [J].Computers & Industrial Engineering, 2022, 174: 108817.

[123] Román-Augusto J A，Garrido-Lecca-Vera C，Lodeiros-Zubiria M L，et al.Green Marketing：Drivers in the Process of Buying Green Products—The Role of Green Satisfaction，Green Trust，Green WOM and Green Perceived Value [J] .Sustainability，2022，14 (17)：10580.

[124] Savaskan R C，Bhattacharya S，Van Wassenhove L N.Closed-loop supply chain models with product remanufacturing [J] .Management science，2004，50 (2)：239—252.

[125] Savaskan R C，Van Wassenhove L N.Reverse channel design：the case of competing retailers [J] .Management science，2006，52 (1)：1—14.

[126] Shahbaz M，Bashir M F，Bashir M A，et al.A bibliometric analysis and systematic literature review of tourism-environmental degradation nexus [J] .Environmental Science and Pollution Research，2021，28 (41)：58241—58257.

[127] Shao L，Liu Q.Decision-making and the contract of the complementary product supply chain considering consumers' environmental awareness and government green subsidies [J] .International Journal of Environmental Research and Public Health，2022，19 (5)：3100.

[128] Sharif A，Godil D I，Xu B，et al.Revisiting the role of tourism and globalization in environmental degradation in China：Fresh insights from the quantile ARDL approach [J] .Journal of Cleaner Production，2020，272：122906.

[129] Sharma A，Jain D，Yeung D.Game-theoretic analysis of green supply chain under cost-sharing contract with fairness concerns [J] .International Game Theroy Review，2021，23 (2)：2050017.

[130] Sharma V，Raj A，Chakraborty A.Analysis of power dynamics in sustainable supply chain under non-linear demand setup [J] .Operations Management Research，2023，16 (1)：18—32.

[131] Shen Bin, Wang Xin, Cao Yifan, et al.Financing decisions in supply chains with a capital-constrained manufacturer: competition and risk [J].International Transactions in Operational Research, 2020, 7 (5): 1—27.

[132] Shi Y, Zhu J.Game-theoretic analysis for a supply chain with distributional and peer-induced fairness concerned retailers [J]. Management Science and Engineering, 2014, 8 (1): 78—84.

[133] Silbermayr L, Waitz M.Omni-channel inventory management of perishable products under transshipment and substitution [J]. International Journal of Production Economics, 2024, 267: 109089.

[134] Sinayi M, Rasti-Barzoki M.A game theoretic approach for pricing, greening, and social welfare policies in a supply chain with government intervention [J].Journal of Cleaner Production, 2018, 196: 1443—1458.

[135] Skallerud K, Armbrecht J, Tuu H H.Intentions to Consume Sustainably Produced Fish: The Moderator Effects of Involvement and Environmental Awareness [J].Sustainability, 2021, 13 (2): 946—953.

[136] Skowron L, Sak-Skowron M.Environmental Sensitivity and Awareness as Differentiating Factors in the Purchase Decision-Making Process in the Smartphone Industry—Case of Polish Consumers [J]. Sustainability, 2021, 13 (1): 348—354.

[137] Song H, Gao X. Green supply chain game model and analysis under revenue - sharing contract [J]. Journal of Cleaner Production, 2017.

[138] Song S, Tappia E, Song G, et al.Fostering supply chain resilience for omni-channel retailers: A two-phase approach for supplier selection and demand allocation under disruption risks [J].Expert Systems with Applications, 2024, 239: 122368.

[139] Su C, Liu X J, Du W Y.Green supply chain decisions considering

consumers' low-carbon awareness under diffferent government subsidies [J] .Sustainability, 2020, 12 (6): 2281.

[140] Sun X, Qing J, Shah S A A, et al.Exploring the complex nexus between sustainable development and green tourism through advanced GMM analysis [J] .Sustainability, 2023, 15 (14): 10782.

[141] Taguchi G, Elsayed E A, Hsiang T C.Quality engineering in production systems [M] .McGraw-Hill Companies, 1988.

[142] Takahashi R.Who is attracted to purchase green products through information provision: A nationwide social experiment to promote eco-friendly coffee [J] .Environmental Science & Policy, 2021, 124: 593—603.

[143] Taleizadeh A A, Shahriari M, Sana S S.Pricing and coordination strategies in a dual channel supply chain with green production under cap and trade regulation [J] .Sustainability, 2021, 13 (21): 12232.

[144] Torani K, Rausser G, Zilberman D.Innovation subsidies versus consumer subsidies: A real options analysis of solar energy [J] . Energy Policy, 2016, 92: 255—269.

[145] Tsao, YuChung, Sheen, et al. Effects of Promotion Cost Sharing Policy with the Sales Learning Curve on Supply Chain Coordination [J]. Computers and Operations Research, 2012, 39 (8): 1872-1878.

[146] Vorasayan J, Ryans M.Optimal price and quantity of refurbished products [J] .Production and Operations Management, 2006, 15 (3): 369—383.

[147] Walsh P R, Dodds R.The impact of intermediaries and social marketing on promoting sustainable behaviour in leisure travellers [J] .Journal of Cleaner Production, 2022, 338: 130537.

[148] Wan X, Jiang B, Li Q, et al.Dual-channel environmental hotel

supply chain network equilibrium decision under altruism preference and demand uncertainty [J] . Journal of Cleaner Production, 2020, 271: 122595.

[149] Wang J, Zhang Q, Lu X, et al.Emission reduction and coordination of a dynamic supply chain with green reputation [J] . Operational Research, 2021: 1—44.

[150] Wang X H.Fee versus royalty licensing in a differentiated Cournot duopoly [J] .Journal of Economics & Business, 2002, 54 (2): 253—266.

[151] Wang X, Leng M, Song J, et al.Managing a supply chain under the impact of customer reviews: a two-period game analysis [J] . European Journal of Operational Research, 2019, 277 (2): 454—468.

[152] Wang Y Y, Su Mi, Shen L, et al.Decision-making of closed-loop supply chain under corporate social responsibility and fairness concerns [J].Journal of Cleaner Production, 2021, 284: 125373.

[153] Wang Y Y, Yu Z Q, Shen L.Study on the decision-making and coordination of an e-commerce supply chain with manufacture's fairness concerns [J] .International Journal of Production Research, 2019, 57 (9): 2788—2808.

[154] Wang Y, Fan R, Shen L, et al.Decisions and coordination of green e-commerce supply chain considering green manufacturer's fairness concerns [J].International Journal of Production Research, 2020, 58 (24): 7471—7489.

[155] Wang Y, Fan R, Shen L, et al.Recycling decisions of low-carbon e-commerce closed-loop supply chain under government subsidy mechanism and altruistic preference [J] .Journal of Cleaner Production, 2020, 259: 120883.

[156] Wang Y, Ha A Y, Tong S.Sharing manufacturer's demand

information in a supply chain with price and service effort competition [J] .Manufacturing & Service Operations Management, 2022, 24 (3): 1698—1713.

[157] Wang Y, Jiang Q, Guan X, et al.Recycling channel design and coordination in a reverse supply chain with customer green preference [J] .Transportation Research Part E: Logistics and Transportation Review, 2023, 179: 103329.

[158] Wang Y, Mei S, Xu R, et al.Channel competition in omni-channel supply chain considering social media advertising [J] .Managerial and Decision Economics, 2023.

[159] Wang Y, Yu Z, Jin M, et al.Decisions and coordination of retailer-led low-carbon supply chain under altruistic preference [J] .European Journal of Operational Research, 2021, 293 (3): 910—925.

[160] Wang Y, Yu Z, Shen L, et al.Impacts of altruistic preference and reward-penalty mechanism on decisions of E-commerce closed-loop supply chain [J] .Journal of Cleaner Production, 2021, 315: 128132.

[161] Wang Y, Yu Z, Shen L.Study on the decision-making and coordination of an e-commerce supply chain with manufacturer fairness concerns [J] .International Journal of Production Research, 2019, 57 (9): 2788—2808.

[162] Wei G, Huang X, Qin Y. Carbon emission reduction of supply chain based on revenue sharing contract and Nash bargaining fairness [J]. Ecological Economy, 2017, 5: 63—68.

[163] Xiao Q, Chen L, Xie M.Optimal contract design in sustainable supply chain: Interactive impacts of fairness concern and overconfidence [J] .Journal of the Operational Research Society, 2021, 72 (7): 1505—1524.

[164] Xiaofeng S.Omnichannel retail move in a dual-channel supply chain

[J] .European Journal of Operational Research，2021，294（3）.

[165] Xu J，Zhou X，Zhang J，et al.The optimal channel structure with retail costs in a dual-channel supply chain [J] .International Journal of Production Research，2021，59（1）：47—75.

[166] Xue Jie，Gong Ruifeng，Zhao Laijun，et al.A green supply-chain decision model for energy -saving products that accounts for government subsidies [J] .Sustainability，2019，11（8）：2209.

[167] Yan B，Chen Y R，He S Y.Decision making and coordination of fresh agriculture product supply chain considering fairness concerns [J] . RAIRO - Operations Research，2020，54（4）：1231—1248.

[168] Yan B，Chen Z，Liu Y P，et al.Pricing decision and coordination mechanism of dual-channel supply chain dominated by a risk-aversion retailer under demand disruption [J] .RAIRO-Operations Research，2021，55（2）：433—456.

[169] YanD，WangC，SunT，et al.The impact of service experience on sustainable customer engagement：The mediation of green perceived value and customer satisfaction [J] .Corporate Social Responsibility and Environmental Management，2023，31（3）：2175—2194.

[170] Yang S，Tang H.Research on Omni-channel Supply Chain Pricing Decision with the Allowance of Cross-channel Return [C] //2021 IEEE International Conference on Industrial Engineering and Engineering Management（IEEM）.IEEE，2021：1656—1660.

[171] Ye F，Huang G Y，Zhan Y Z，et al.Factors mediating and moderating the relationships between green practice and environmental performance：buyer-supplier relation and institutional context [J/OL] .IEEE Transactions on Engineering Management，2021：1—14 [2021-01-20] .

[172] Ye F，Zhang L，Li Y.Strategic choice of sales channel and business model for the hotel supply chain [J] . Journal of Retailing，2018，94

(1): 33—44.

[173] Yu F, Yang Y S, Chang D F.Carbon footprint based green supplier selection under dynamic environment [J].Journal of Cleaner Production, 2018, 170: 880—889.

[174] Yu F, Yang Y S, Chang D F.Carbon footprint based green supplier selection under dynamic environment [J].Journal of Cleaner Production, 2018, 170: 880—889.

[175] Yu N, Wang S, Liu Z.Managing brand competition with consumer fairness concern via manufacturer incentive [J].European Journal of Operational Research, 2022, 300 (2): 661—675.

[176] Yu X, Wang S, Zhang X.Ordering decision and coordination of a dual-channel supply chain with fairness concerns under an online-to-offline model [J].Asia-Pacific Journal of Operational Research, 2019, 36 (2): 1940004.

[177] Yu Y G, Han X Y, Hu G P.Optimal production for manufacturers considering consumer environmental awareness and green subsidies [J].International Journal of Production Economics, 2016, 182: 397—408.

[178] Yuan X G, Tang F, Zhang D L.Green remanufacturer's mixed collection channel strategy considering enterprise's environmental responsibility and the fairness concern in reverse green supply chain [J].International Journal of Environmental Research and Public Health, 2021, 18 (7): 3405.

[179] Zhang C, Liu Y, Han G.Two-stage pricing strategies of a dual-channel supply chain considering public green preference [J].Computers & Industrial Engineering, 2021, 151: 106988.

[180] Zhang L, Zhou H, Liu Y, et al.Optimal environmental quality and price with consumer environmental awareness and retailer's fairness concerns in supply chain [J].Journal of Cleaner Production, 2019,

213：1063—1079.

[181] Zhang S，Zhang J.Agency selling or reselling：E-tailer information sharing with supplier offline entry [J].European Journal of Operational Research，2020，280（1）：134—151.

[182] Zhang T，Li G，Cheng T C E，et al.Consumer inter - product showrooming and information service provision in an omni - channel supply chain [J].Decision Sciences，2020，51（5）：1232—1264.

[183] Zhang X，Liu Y，Dan B，et al. Selling mode choice and information sharing in an online tourism supply chain under channel competition [J].Electronic Commerce Research，2023：1—28.

[184] Zhang X，Yousaf HMAU.Green supply chain coordination considering government intervention，green investment，and customer green preferences in petroleum industry [J].Journal of Cleaner Production，2020，246：118984.

[185] Zhang Y，Hezarkhani B.Competition in dual-channel supply chains：The manufacturers' channel selection [J]. European Journal of Operational Research，2021，291（1）：244—262.

[186] Zhang Y，Li J，Xu B.Designing buy-online-and-pick-up-in-store（bops）contract of dual-channel low-carbon supply chain considering consumers'low-carbon preference [J].Mathematical Problems in Engineering，2020：1—15.

[187] Zhang Z，Liu S，Niu B.Coordination mechanism of dual-channel closed-loop supply chains considering product quality and return [J]. Journal of cleaner production，2020，248：119273.

[188] Zhao Y，Li Y，Yao Q，et al.Dual-channel retailing strategy vs.omni-channel buy-online-and-pick-up-in-store behaviors with reference freshness effect [J].International Journal of Production Economics，2023，263：108967.

[189] Zheng B R，Chu J，Jin L.Recycling channel selection and

coordination in dual sales channel closed-loop supply chains [J]. Applied Mathematical Modelling, 2021, 95: 484—502.

[190] Zheng Q, Wang M, Yang F.Optimal channel strategy for a fresh produce E-commerce supply chain [J].Sustainability, 2021, 13 (11): 6057.

[191] Zheng X X, Liu Z, Li K W, et al.Cooperative game approaches to coordinating a three-echelon closed-loop supply chain with fairness concerns [J].International Journal of Production Economics, 2019, 212: 92—110.

[192] Zhou Q, Li Q, Hu X, et al.Optimal contract design problem considering the retailer's fairness concern with asymmetric demand information [J].Journal of Cleaner Production, 2021, 287: 125407.

[193] Zhou Y W, Li J, Zhong Y.Cooperative advertising and ordering policies in a two-echelon supply chain with risk - averse agents [J]. Omega, 2018, 75: 97—117.

[194] Zhou Y, Bao M, Chen X, et al.Co-op advertising and emission reduction cost sharing contracts and coordination in low-carbon supply chain based on fairness concerns [J].Journal of Cleaner Production, 2016, 133: 402—413.

[195] Zhou Z, Hu F, Xiao D.Optimal pricing strategy of competing manufacturers under carbon policy and consumer environmental awareness [J].Computers & Industrial Engineering, 2020, 150: 106918.

[196] Zhu H.Green supply chain construction and management strategy for environmental industrial products [J].Fresenius Environmental Bulletin, 2021, 30 (6): 5997—6004.

[197] Zhu Y, Chen Y, Wang X, et al.Procedural fairness concern in tourism supply chain: The case of a dominant OTA and a sustainable

hotel［J］.Computers & Industrial Engineering，2023，176：108919.
［198］顾巧伦，高铁杠，石连栓．基于博弈论的逆向供应链定价策略分析［J］．系统工程理论与实践，2005（3）：20—25.
［199］黄祖庆，达庆利．直线型再制造供应链决策结构的效率分析［J］．管理科学学报，2006，9（4）：51—57.
［200］葛静燕，黄培清，王子萍．基于博弈论的闭环供应链协调问题［J］．系统管理学报，2007，16（5）：549—552.
［201］黄祖庆，易荣华，达庆利．第三方负责回收的再制造闭环供应链决策结构的效率分析［J］．中国管理科学，2008，16（3）：73—77.
［202］张蕾．专利侵权判定中修理与再造的界定——以 Canon Vs. Recycle Assist 再生墨盒案为背景［J］．电子知识产权，2008（9）：52—55.
［203］易余胤．具竞争零售商的再制造闭环供应链模型研究［J］．管理科学学报，2009，12（6）：45—54.
［204］杜少甫，杜婵，梁樑，等．考虑公平关切的闭环供应链契约与协调［J］．管理科学学报，2010，13（11）：41—48.
［205］王文宾，达庆利，聂锐．考虑渠道权力结构的闭环供应链定价与协调［J］．中国管理科学，2011，19（5）：29—36.
［206］王文宾，达庆利．奖惩机制下闭环供应链的决策与协调［J］．中国管理科学，2011，19（1）：36—41.
［207］李响，李勇建．随机环境下考虑回收定价与销售定价的逆向供应链优化与协调研究［J］．系统科学与数学，2011，31（11）：1511—1523.
［208］马利军．具有公平偏好成员的两阶段供应链分析［J］．运筹与管理，2011，20（2）：37—43.
［209］熊中楷，申成然，彭志强．专利保护下再制造闭环供应链协调机制研究［J］．管理科学学报，2011，14（6）：76—85.
［210］邢伟，汪寿阳，赵秋红，等．考虑渠道公平的双渠道供应链均衡策略［J］．系统工程理论与实践，2011，31（7）：1249—1256.

[211] 熊中楷，申成然，彭志强.专利保护下闭环供应链的再制造策略研究[J].管理工程学报，2012，26(3)：159—165.

[212] 张曙红，张金隆，冷凯君.基于政府激励的再制造闭环供应链定价策略及协调机制研究[J].计算机集成制造系统，2012，18(12)：2750—2755.

[213] 聂佳佳.渠道结构对第三方负责回收闭环供应链的影响[J].管理工程学报，2012，26(3)：151—158.

[214] 郭军华，李帮义，倪明.WTP差异下再制造闭环供应链的定价策略与协调机制[J].系统管理学报，2012，21(5)：617—624.

[215] 唐秋生，牛婷婷，马先婷.基于Stackelberg理论的MeRCRM型闭环供应链批量折扣协调机制与定价策略[J].管理工程学报，2012，26(4)：183—191.

[216] 易余胤，袁江.渠道冲突环境下的闭环供应链协调定价模型[J].管理科学学报，2012，15(1)：54—65.

[217] 黄宗盛，聂佳佳，胡培.专利保护下的闭环供应链再制造模式选择策略[J].工业工程与管理，2012，17(6)：15—21.

[218] 王建明.专利保护下再制造闭环供应链差别定价与协调研究[J].运筹与管理，2013(3)：89—96.

[219] 申成然，熊中楷，彭志强.专利保护与政府补贴下再制造闭环供应链的决策和协调[J].管理工程学报，2013，27(3)：131—137.

[220] 孙嘉轶，滕春贤，陈兆波.基于回收价格与销售数量的再制造闭环供应链渠道选择模型[J].系统工程理论与实践，2013，33(12)：3079—3086.

[221] 唐秋生，牛婷婷，马先婷.有限产能下单向替代的闭环供应链定价模型研究[J].管理工程学报，2013，27(1)：114—120.

[222] 马利军，曾清华，邵新建.幂函数需求模式下具有公平偏好的供应链协调[J].系统工程理论与实践，2013，33(12)：3009—3019.

[223] 毕功兵，何仕华，罗艳，等.公平偏好下销售回扣契约供应链协调[J].系统工程理论与实践，2013，33(10)：2505—2512.

[224] 毕功兵，瞿安民，梁樑．不公平厌恶下供应链的批发价格契约与协调［J］．系统工程理论与实践，2013，33（1）：134—140.

[225] 丁雪峰，魏芳芳，但斌．零售商公平关切下闭环供应链定价与协调机制［J］．计算机集成制造系统，2014，20（6）：1471—1480.

[226] 王芹鹏，赵道致．消费者低碳偏好下的供应链收益共享契约研究［J］．中国管理科学，2014，22（9）：106—113.

[227] 浦徐进，龚磊，张兴．考虑零售商公平偏好的促销努力激励机制设计［J］．系统工程理论与实践，2015，35（9）：2271—2279.

[228] 申成然，熊中楷，孟卫军．考虑专利保护的闭环供应链再制造模式［J］．系统管理学报，2015，24（1）：123—129.

[229] 陈章跃，王勇，陈晓旭．制造商双向公平关切下闭环供应链的竞争分析［J］．管理学报，2016，13（5）：772—780.

[230] 林强，覃燕红．不同公平关切下的供应链定价决策分析［J］．工业工程，2016，19（2）：33—37.

[231] 刘云志，樊治平．模糊需求下考虑供应商公平偏好的 VMI 供应链协调［J］．系统工程理论与实践，2016，36（7）：1661—1675.

[232] 石平，颜波，石松．考虑公平的绿色供应链定价与产品绿色度决策［J］．系统工程理论与实践，2016，36（8）：1937—1950.

[233] 石松，颜波，石平．考虑公平关切的自主减排低碳供应链决策研究［J］．系统工程理论与实践，2016，36（12）：3079—3091.

[234] 卢荣花，李南．电子产品闭环供应链回收渠道选择研究［J］．系统工程理论与实践，2016，36（7）：1687—1695.

[235] 姚锋敏，滕春贤．公平关切下第三方回收闭环供应链决策模型［J］．中国管理科学，2016，24（S1）：577—583.

[236] 姚锋敏，滕春贤．公平关切下的两零售商竞争闭环供应链决策模型［J］．计算机集成制造系统，2017，23（8）：1731—1738.

[237] 易余胤，梁家密，谭燕菲．基于公平偏好的供应链延保服务模型研究［J］．系统工程理论与实践，2017，37（12）：3066—3078.

[238] 李波，侯鹏文，李庆华．考虑供应链成员公平关切的双渠道供应链

合作广告策略［J］. 系统管理学报，2017，26（3）：562—568.

［239］谢家平，梁玲，孔凡玉，等 . 渠道努力下互补型闭环供应链定价与服务决策［J］. 系统工程理论与实践，2017，37（9）：2331—2343.

［240］邹清明，叶广宇 . 考虑公平关切的双向双渠道闭环供应链的定价决策［J］. 系统管理学报，2018，27（2）：281—290.

［241］马德青，胡劲松 . 零售商具相对公平的闭环供应链随机微分博弈模型［J］. 管理学报，2018，15（3）：467—474.

［242］宋明珍，谢家平，袁晓冬 . 消费者环保意识对零售商负责回收闭环供应链的影响［J］. 上海管理科学，2019，41（1）：37—43.

［243］许民利，王洁，简惠云 . 竞争回收平台双向公平关切下逆向供应链的决策分析［J］. 管理学报，2020，17（9）：1402—1411.

［244］许民利，向泽华，简惠云 . 考虑消费者环保意识的双渠道回收模型［J］. 控制与决策，2020，35（3）：713—720.

［245］杨惠霄，欧锦文 . 收入共享与谈判权力对供应链碳减排决策的影响［J］. 系统工程理论与实践，2020，40（9）：2379—2390.

［246］范建昌，付红，李余辉，等 . 渠道权力结构与责任成本分担下供应链质量及协调研究［J］. 系统工程理论与实践，2020，40（7）：1767—1779.

［247］公彦德，蒋雨薇，达庆利 . 不同混合回收模式和权力结构的逆向供应链决策分析［J］. 中国管理科学，2020，28（10）：131—143.

［248］王道平，朱梦影，王婷婷 . 生鲜供应链保鲜努力成本分担契约研究［J］. 工业工程与管理，2020，25（2）：36—43.

［249］江玉庆，刘利平，刘帆 .BOPS 模式下基于成本共担契约的供应链协调策略［J］. 控制与决策，2021，27（4）：66—71.

［250］李重莲，范定祥，王晓蕾 . 双向公平关切下双渠道供应链的线上线下融合契约设计［J］. 中国管理科学，2021，29（11）：122—133.

［251］林强，宋佳琦，付文慧 . 考虑公平偏好的零售商主导型供应链均衡决策研究［J］. 中国管理科学，2021，29（6）：149—159.

［252］刘家国，张鑫，李健．需求不确定环境下零售商公平偏好机制与行为策略研究［J］．系统工程理论与实践，2021，41（7）：1794—1805.
［253］士明军，王勇，吉进迪等．政府补贴下绿色供应链需求预测信息共享研究［J］．管理工程学报，2020，34（4）：119—25.
［254］桑圣举，张强．基于不确定理论的绿色供应链最优决策研究［J］．中国管理科学，2020，28（9）：127—136.
［255］朱庆华，窦一杰．基于政府补贴分析的绿色供应链管理博弈模型［J］．管理科学学报，2011，14（6）：86—95.
［256］温兴琦，程海芳，蔡建湖．绿色供应链中政府补贴策略及效果分析［J］．管理学报，2018，15（4）：1245—1355.
［257］李林，雷雅琳，何建洪．消费者绿色偏好、参考价格效应与供应链绿色创新［J］．工业工程，2021，24（4）：20—26.
［258］李倩茹，陈伟达．考虑绿色网络效应的再制造产品最优生产决策及产品之间的竞争［J］．控制与决策，2021，36（4）：993—1002.
［259］熊中楷，张盼，郭年．供应链中碳税和消费者环保意识对碳排放影响［J］．系统工程理论与实践，2014，34（9）：2245—2252.
［260］叶同，关志民，张大儒．Nash 讨价还价公平关切下基于低碳商誉的供应链联合减排与广告的动态优化与协调［J］．中国管理科学，2021，29（3）：119—32.
［261］陈志松．政府激励政策下人造板绿色供应链谈判 - 协调机制研究［J］．中国管理科学，2016，24（2）：1245—3567.
［262］闵杰，杨冉，欧剑，等．基于双向成本分担的绿色供应链运营策略研究［J］．工业工程，2021，24（4）：36—44.
［263］杜少甫，朱贾昂，高冬，等．Nash 讨价还价公平参考下的供应链优化决策［J］．管理科学学报，2013，16（3）：68—72.
［264］程粟粟，张帆，李冬冬．基于绿色技术研发的绿色供应链微分博弈及协调模型［J］．中国管理科学，2022，30（8）：95—105.
［265］陈克兵，孔颖琪，雷东．考虑消费者偏好及渠道权力的可替代产

品供应链的定价和绿色投入决策［J］. 中国管理科学，2023（5）：1—10.
［266］杨晓辉，游达明. 考虑消费者环保意识与政府补贴的企业绿色技术创新决策研究［J］. 中国管理科学，2022，30（9）：263—274.
［267］李倩茹，陈伟达. 考虑绿色网络效应的再制造产品最优生产决策及产品之间的竞争［J］. 控制与决策，2021，36（4）：993—1002.
［268］张夏然，王自然，蓝传晓，等. 供应商资金约束下考虑政府补贴的供应链绿色生产决策研究［J］. 管理学报，2022，19（2）：280—288.
［269］曹裕，寻静雅，李青松. 基于不同政府补贴策略的供应链绿色努力决策比较研究［J］. 运筹与管理，2020，29（5）：108—118.
［270］尚文芳，滕亮亮. 考虑政府补贴和销售努力的零售商主导型绿色供应链博弈策略［J］. 系统工程，2020，38（2）：40—50.
［271］贺勇，陈志豪，廖诺. 政府补贴方式对绿色供应链制造商减排决策的影响机制［J］. 中国管理科学，2022，30（6）：87—98.
［272］金伟，骆建文. 考虑风险规避的资金约束供应链最优信用契约设计［J］. 中国管理科学，2018，26（1）：35–46.
［273］许前，吕一帆，黄甫，等. 风险规避制造商市场入侵策略［J］. 控制与决策，2021，36（10）：2528—2536.
［274］吴玉萍，水源宋，原白云，等. 考虑大数据营销和风险规避的绿色供应链决策与协调［J］. 运筹与管理，2022，31（2）：62—69.
［275］熊峰，魏瑶瑶，王琼林，等. 考虑成员风险规避的双渠道绿色供应链定价与绿色投入决策研究［J］. 中国管理科学，2022，30（8）：267—276.
［276］赖雪梅，聂佳佳. 风险规避对制造商电商平台销售模式选择的影响［J］. 管理工程学报，2022，36（4）：240—248.
［277］王聪，杨德礼. 电商平台折扣券对制造商双渠道策略的影响研究［J］. 系统工程理论与实践，2018，38（6）：1525—1535.
［278］江世英. 考虑产品绿色度的绿色供应链博弈模型及收益共享契约

[J]. 中国管理科学，2015，23（6）：1267—1356.
[279] 夏西强，朱庆华，刘军军. 上下游绿色研发模式对比分析及协调机制研究[J]. 系统工程理论与实践，2021，41（12）：3336—3348.
[280] 李倩茹，陈伟达. 考虑绿色网络效应的再制造产品最优生产决策及产品之间的竞争[J]. 控制与决策，2021，36（4）：993—1002.
[281] 赵焕焕，刘勇. 基于最优成本分担的主制造商—供应商合作激励模型[J]. 系统管理学报，2019，28（5）：955—963.
[282] 张文礼，冯峰. 莱克：打造绿色家电中高端品牌[J]. 中国机电工业，2012，No.344（8）：110—112.
[283] 刘紫瑶，胡若痴. 消费者绿色消费行为影响因素研究——以电子商务为视角[J]. 生态经济，2022，38（8）：60—67.
[284] 陆竞进. 基于 4P 理论的农产品网络营销策略研究——以一码贵州电商平台为例[J]. 中国管理信息化，2023，26（17）：92—95.
[285] 王永明，余小华，尹红丽. 基于风险规避和公平偏好的供应链收益共享契约协调研究[J]. 中国管理科学，2021，29（7）：148—159.
[286] 赵燕飞，王勇，文悦，等. 需求信息不对称下考虑公平关切的供应链产品定价决策研究[J]. 管理学报，2021，18（6）：919—928.
[287] 郑本荣，杨超，杨珺，等. 闭环供应链的销售渠道选择与协调策略研究[J]. 系统工程理论与实践，2016，36（5）：1180—1192.
[288] 刘志，李帮义，龚本刚，等. 再制造商公平关切下闭环供应链生产设计决策与协调[J]. 控制与决策，2016，31（9）：1615—1622.
[289] 曹晓刚. 不确定环境下的闭环供应链定价、协调与网络均衡决策[M]. 北京：科学出版社，2017.
[290] 韩同银，刘丽，金浩. 考虑政府补贴和公平关切的双渠道绿色供应链决策研究[J]. 中国管理科学，2022，30（4）：194—204.
[291] 王道平，常敬雅. 政府补贴下考虑持股合作战略的供应链减排动态协调研究[J]. 控制与决策，2024，39（4）：1370—1378.
[292] 王兴棠. 绿色研发补贴、成本分担契约与收益共享契约研究[J].

中国管理科学，2020，78（12）：1—12.
［293］曹裕，胡韩莉，李青松．成本分担契约下绿色供应链的环境标签策略选择研究［J］．中国管理科学，2020，39（12）：1—13.
［294］陶毅，杨锐思，林强，等．考虑竞争与风险规避行为的电商供应链融资与定价决策模型［J］．中国管理科学，2023，32（7）：190—200.
［295］陈克兵，王雨琦．基于政府不同补贴形式下的绿色产品制造商渠道选择策略分析［J］．中国管理科学，2023，32（3）：167—177.
［296］周岩，胡劲松，刘京．考虑公平关切的双渠道绿色供应链决策分析［J］．工业工程与管理，2020，25（1）：9—19.

附录

1. 表 5-2 结果的求解过程

运用逆向归纳法，先求得 $\prod_{\mathrm{r}}^{\mathrm{M1}}$ 关于 p 和 e 的海塞矩阵 $\boldsymbol{H}=\begin{pmatrix}-2b & q \\ q & -h\end{pmatrix}$，$|\boldsymbol{H}_1|=-2b<0$，$|\boldsymbol{H}_2|=2bh-q^2$，需满足 $|\boldsymbol{H}_2|=2bh-q^2>0$，即 $2bh>q^2$，$\boldsymbol{H}$ 负定，$\prod_{\mathrm{r}}^{\mathrm{M1}}$ 是关于 p 和 e 的联合凹函数，存在唯一最优解，联立 $\dfrac{\partial\prod_{\mathrm{r}}^{\mathrm{M1}}}{\partial p}=0$ 和 $\dfrac{\partial\prod_{\mathrm{r}}^{\mathrm{M1}}}{\partial e}=0$，可得 p 和 e 的表达式，再将 p 和 e 的表达式代入 $\prod_{\mathrm{m}}^{\mathrm{M1}}$，求得 $\prod_{\mathrm{m}}^{\mathrm{M1}}$ 关于 ω 和 g 的海塞矩阵 $\boldsymbol{H}=\begin{pmatrix}-z & \dfrac{2bhk}{4bh-2q^2} \\ \dfrac{2bhk}{4bh-2q^2} & -\dfrac{4b^2h}{4bh-2q^2}\end{pmatrix}$，$|\boldsymbol{H}_1|=-z<0$，$|\boldsymbol{H}_2|=\dfrac{4b^2h\left(4bhz-2q^2z-hk^2\right)}{\left(4bh-2q^2\right)^2}$，要使 $\boldsymbol{H}$ 负定，$\prod_{\mathrm{m}}^{\mathrm{M1}}$ 是关于 ω 和 g 的联合凹函数，存在唯一最优解，需满足 $|\boldsymbol{H}_2|>0$，即 $4bhz-2q^2z-hk^2>0,\ k^2<4bz$，联立 $\dfrac{\partial\prod_{\mathrm{m}}^{\mathrm{M1}}}{\partial w}=0$ 和 $\dfrac{\partial\prod_{\mathrm{m}}^{\mathrm{M1}}}{\partial g}=0$，可得 w^{M1} 和 g^{M1} 的表达式，再将 w^{M1} 和 g^{M1} 的表达式代入 p 和 e 中求得 p^{M1} 和 e^{M1}。将以上所求 w^{M1}，g^{M1}，p^{M1}，e^{M1} 分别代入 CS，$\prod_{\mathrm{m}}$，$\prod_{\mathrm{r}}$ 中，即可得 CS^{M1}，$\prod_{\mathrm{m}}^{\mathrm{M1}}$，$\prod_{\mathrm{r}}^{\mathrm{M1}}$。最后，将 w^{M1}，g^{M1}，p^{M1}，e^{M1} 代入政府的社会福利函数中，由于政府以社会福利最大化为目标，要使其存在唯一最优解，需满足 $\dfrac{\partial^2 SW^{\mathrm{M1}}}{\partial\theta^2}=\dfrac{hk^2\left(7bh-3q^2\right)-4\left(-2bh+q^2\right)^2z}{\left(2q^2z+h\left(k^2-4bz\right)\right)^2}<0$，即 $hk^2\left(7bh-3q^2\right)-4\left(-2bh+q^2\right)^2z<0$，此时，令 $\dfrac{\partial SW^{\mathrm{M1}}}{\partial\theta}=0$，即可求得 θ^{M1} 的

最优表达式，进而得到最大社会福利 SW^{M1}。

2. 命题 5.1 证明过程

由表 5-2 结果的求解过程可知，$2bh-q^2>0$ 且 $4bhz-2q^2z-hk^2>0$，则 $2bh>q^2$ 且 $-hk^2+4bhz-2q^2z>0$，由于 $2bh>q^2$，可知 $3bh>q^2$，据此可判断：

$$\frac{\partial w^{M1}}{\partial\theta}=\frac{\left(2bh-q^2\right)\left(az+k\theta\right)}{b\left(-hk^2+4bhz-2q^2z\right)}>0$$

$$\frac{\partial g^{M1}}{\partial\theta}=\frac{2\left(2bh-q^2\right)}{-hk^2+4bhz-2q^2z}>0$$

$$\frac{\partial p^{M1}}{\partial\theta}=\frac{k\left(3bh-q^2\right)}{b\left(-hk^2+4bhz-2q^2z\right)}>0$$

$$\frac{\partial e^{M1}}{\partial\theta}=\frac{kq}{-hk^2+4bhz-2q^2z}>0$$

$$\frac{\partial \Pi_m{}^{M1}}{\partial\theta}=\frac{ahk+2\left(2bh-q^2\right)\theta}{\left(-hk^2+4bhz-2q^2z\right)}>0$$

$$\frac{\partial \Pi_r{}^{M1}}{\partial\theta}=\frac{hk\left(2bh-q^2\right)\left(az+k\theta\right)}{\left(2q^2z+h\left(k^2-4bz\right)\right)^2}>0$$

由此，命题 5.1 得证。

3. 命题 5.2 证明过程

由表 5-2 结果的求解过程可知，$2bh-q^2>0$ 且 $4bhz-2q^2z-hk^2>0$，则 $2bh>q^2$ 且 $-hk^2+4bhz-2q^2z>0$，由于 $2bh-q^2>0$，可知 $3bh-q^2>0$，$6bh-3q^2>0$，$7bh-3q^2>0$，据此可判断：

$$\frac{\partial w^{M1}}{\partial k}=\frac{\left(2bh-q^2\right)\left(2ahkz+\left(hk^2+2z\left(2bh-q^2\right)\right)\theta\right)}{b\left(2q^2z+h\left(k^2-4bz\right)\right)^2}>0$$

$$\frac{\partial g^{M1}}{\partial k}=\frac{h\left(a\left(hk^2+2z\left(2bh-q^2\right)\right)+4k\theta\left(2bh-q^2\right)\right)}{\left(2q^2z+h\left(k^2-4bz\right)\right)^2}>0$$

$$\frac{\partial \theta^{M1}}{\partial k}=\frac{ah\left(3bh-q^2\right)z\left(hk^2\left(7bh-3q^2\right)+4\left(2bh-q^2\right)^2z\right)}{\left(hk^2\left(-7bh+3q^2\right)+4\left(-2bh+q^2\right)^2z\right)^2}>0$$

$$\frac{\partial \Pi_{\mathrm{m}}^{\mathrm{M1}}}{\partial k}=\frac{h(az+k\theta)\left(ahk+2\theta\left(2bh-q^2\right)\right)}{\left(2q^2z+h\left(k^2-4bz\right)\right)^2}>0$$

$$\frac{\partial p^{\mathrm{M1}}}{\partial k}=\frac{\left(3bh-q^2\right)\left(2z\left(ahk-q^2\theta\right)+h\left(k^2+4bz\right)\theta\right)}{b\left(2q^2z+h\left(k^2-4bz\right)\right)^2}$$

$$\frac{\partial e^{\mathrm{M1}}}{\partial k}=\frac{q\left(2a\left(ahk-q^2\theta\right)+h\left(k^2+4bz\right)\theta\right)}{\left(2q^2z+h\left(k^2-4bz\right)\right)^2}$$

$$\frac{\partial \Pi_{\mathrm{r}}^{\mathrm{M1}}}{\partial k}=\frac{h\left(2bh-q^2\right)(az+k\theta)\left(2a\left(ahk-q^2\theta\right)+h\left(k^2+4bz\right)\theta\right)}{\left(-2q^2z-h\left(k^2-4bz\right)\right)^3}$$

令 $f(k)=2z\left(ahk-q^2\theta\right)+h\left(k^2+4bz\right)\theta=0$，求得函数的零点：

$$k_1=-\frac{ahz+\sqrt{a^2h^2z^2-4bh^2z\theta^2+2hq^2z\theta^2}}{h\theta}$$

$$k_2=\frac{-ahz+\sqrt{a^2h^2z^2-4bh^2z\theta^2+2hq^2z\theta^2}}{h\theta}$$

又因函数开口向上，且 $0<k<1$，所以存在 k_2，若 $0<k_2<1$，当 $0<k<k_2$ 时，$f(k)<0$，当 $k_2<k<1$ 时，$f(k)>0$；若 $k_2>1$，则 $f(k)<0$。

由此，命题 5.2 得证。

4. 命题 5.3 证明过程

由表 5-2 结果的求解过程可知，$2bh-q^2>0$ 且 $4bhz-2q^2z-hk^2>0$，则 $2bh>q^2$，由于 $4bhz-2q^2z-hk^2>0$，所以 $hk^2-4bhz<-2q^2z$，又因 $z>0$，所以 $-2q^2z<0$，则 $hk^2-4bhz<0$，又因 $h>0$，所以 $k^2-4bz<0$，$k^2<4bz$，据此可判断：

$$\frac{\partial w^{\mathrm{M1}}}{\partial q}=\frac{2hk^2q(az+k\theta)}{b\left(2q^2z+h\left(k^2-4bz\right)\right)^2}>0$$

$$\frac{\partial g^{\mathrm{M1}}}{\partial q}=\frac{4hkq(az+k\theta)}{\left(2q^2z+h\left(k^2-4bz\right)\right)^2}>0$$

$$\frac{\partial p^{\mathrm{M1}}}{\partial q}=\frac{2hkq\left(k^2+2bz\right)(az+k\theta)}{b\left(2q^2z+h\left(k^2-4bz\right)\right)^2}>0$$

$$\frac{\partial e^{\mathrm{M1}}}{\partial q}=\frac{\left(2q^{z}-h\left(k^{2}-4bz\right)\right)\left(az+k\theta\right)}{\left(2q^{2}z+h\left(k^{2}-4bz\right)\right)^{2}}>0$$

$$\frac{\partial \Pi_{\mathrm{m}}^{\mathrm{M1}}}{\partial q}=\frac{2hq\left(az+k\theta\right)^{2}}{\left(2q^{2}z+h\left(k^{2}-4bz\right)\right)^{2}}>0$$

$$\frac{\partial \Pi_{\mathrm{r}}^{\mathrm{M1}}}{\partial q}=\frac{hq\left(hk^{2}+2z\left(2bh-q^{2}\right)\right)\left(az+k\theta\right)^{2}}{\left(2q^{2}z+h\left(k^{2}-4bz\right)\right)^{3}}>0$$

$$\frac{\partial \theta^{\mathrm{M1}}}{\partial q}=\frac{4ahkqz\left(-bh^{2}k^{2}+2\left(bh\left(8bh-6q^{2}\right)+q^{4}\right)z\right)}{\left(hk^{2}\left(-7bh+3q^{2}\right)+4\left(-2bh+q^{2}\right)^{2}z\right)^{3}}$$

令 $f\left(k\right)=-bh^{2}k^{2}+2\left(bh\left(8bh-6q^{2}\right)+q^{4}\right)z=0$，求得函数的零点：

$$k_{1}=-\sqrt{\frac{2\left(8b^{2}h^{2}z-6bhq^{2}z+q^{4}z\right)}{bh^{2}}}$$

$$k_{2}=\sqrt{\frac{2\left(8b^{2}h^{2}z-6bhq^{2}z+q^{4}z\right)}{bh^{2}}}$$

又因函数开口向下且 $0<k<1$，所以存在 k_2，若 $0<k_2<1$，当 $0<k<k_2$ 时，$f\left(k\right)>0$，当 $k_2<k<1$ 时，$f\left(k\right)<0$；若 $k_2>1$，$f\left(k\right)>0$。

由此，命题 5.3 得证。

5. 命题 5.4 证明过程

由表 5-2 结果的求解过程可知，$2bh-q^2>0$ 且 $4bh-2q^2z-hk^2>0$，则 $2bh>q^2$ 且 $-hk^2+4bhz-2q^2z>0$，由 $2bh>q^2$，可知 $3bh>q^2$，又因 $0<\varepsilon<1$，则 $-1+\varepsilon<0$，据此可判断：

$$\frac{\partial w^{\mathrm{M2}}}{\partial \varepsilon}=\frac{ahk^{2}\left(2bh-q^{2}\right)z}{b\left(h\left(k^{2}+4bz\left(-1+\varepsilon\right)\right)-2q^{2}z\left(-1+\varepsilon\right)\right)^{2}}>0$$

$$\frac{\partial g^{\mathrm{M2}}}{\partial \varepsilon}=\frac{2ahk\left(2bh-q^{2}\right)z}{\left(h\left(k^{2}+4bz\left(-1+\varepsilon\right)\right)-2q^{2}z\left(-1+\varepsilon\right)\right)^{2}}>0$$

$$\frac{\partial p^{\mathrm{M2}}}{\partial \varepsilon}=\frac{ahk^{2}\left(3bh-q^{2}\right)z}{b\left(h\left(k^{2}+4bz\left(-1+\varepsilon\right)\right)-2q^{2}z\left(-1+\varepsilon\right)\right)^{2}}>0$$

$$\frac{\partial p^{\mathrm{M2}}}{\partial \varepsilon}=\frac{ahk^2qz}{\left(h\left(k^2+4bz(-1+\varepsilon)\right)-2q^2z(-1+\varepsilon)\right)^2}>0$$

$$\frac{\partial \Pi_{\mathrm{m}}^{\mathrm{M2}}}{\partial \varepsilon}=\frac{a^2h^2k^2z}{2\left(h\left(k^2+4bz(-1+\varepsilon)\right)-2q^2z(-1+\varepsilon)\right)^2}>0$$

$$\frac{\partial \Pi_{\mathrm{r}}^{\mathrm{M2}}}{\partial \varepsilon}=\frac{a^2h^2k^2\left(2bh-q^2\right)z^2(-1+\varepsilon)}{\left(h\left(k^2+4bz(-1+\varepsilon)\right)-2q^2z(-1+\varepsilon)\right)^3}$$

令 $f(\varepsilon)=h\left(k^2+4bz(-1+\varepsilon)\right)-2q^2z(-1+\varepsilon)=0$，求得函数的零点：

$$\varepsilon_0=\frac{2z\left(2bh-q^2\right)-hk^2}{2z\left(2bh-q^2\right)}<1$$

又因函数斜率为正，且 $0<\varepsilon<1$，所以当 $2z\left(2bh-q^2\right)<hk^2$ 时，$f(\varepsilon)>0$；当 $2z\left(2bh-q^2\right)>hk^2$ 时，存在 ε_0，当 $0<\varepsilon<\varepsilon_0$，$f(\varepsilon)<0$，当 $\varepsilon_0<\varepsilon<1$ 时，$f(\varepsilon)>0$。

由此，命题 5.4 得证。

6. 命题 5.5 证明过程

易求：

$$\frac{\partial g^{\mathrm{M2}}}{\partial k}=\frac{ah\left(h\left(k^2+4bz(1-\varepsilon)\right)+2q^2z(-1+\varepsilon)\right)}{\left(h\left(k^2+4bz(-1\varepsilon)\right)-2q^2z\left(-1+\varepsilon\right)^2\right)}$$

令 $f(k)=h\left(k^2+4bz(1-\varepsilon)\right)+2q^2z(-1+\varepsilon)=0$，求得函数的零点：

$$k_1=-\sqrt{\frac{2z\left(2bh-q^2\right)(-1+\varepsilon)}{h^2}}$$

$$k_2=\sqrt{\frac{2z\left(2bh-q^2\right)(-1+\varepsilon)}{h^2}}$$

又因函数开口向上且 $0<k<1$，所以存在 k_2，若 $0<k_2<1$，当 $0<k<k_2$ 时，$f(k)<0$，当 $k_2<k<1$ 时，$f(k)>0$；若 $k_2>1$，则 $f(k)<0$。

由表 5-2 结果的求解过程可知，$2bh-q^2>0$ 且 $4bh-2q^2z-hk^2>0$，则 $2bh>q^2$ 且 $-hk^2+4bhz-2q^2z>0$，由于 $2bh>q^2$，可知 $3bh>q^2$，又因 $0<\varepsilon<1$，则 $-1+\varepsilon<0$，据此可判断：

$$\frac{\partial w^{\mathrm{M2}}}{\partial k}=-\frac{2ahk\left(2bh-q^2\right)z\left(-1+\varepsilon\right)}{b\left(h\left(k^2+4bz\left(-1+\varepsilon\right)\right)-2q^2z\left(-1+\varepsilon\right)\right)^2}>0$$

$$\frac{\partial p^{\mathrm{M2}}}{\partial k}=-\frac{2ahk\left(3bh-q^2\right)z\left(-1+\varepsilon\right)}{b\left(h\left(k^2+4bz\left(-1+\varepsilon\right)\right)-2q^2z\left(-1+\varepsilon\right)\right)^2}>0$$

$$\frac{\partial e^{\mathrm{M2}}}{\partial k}=-\frac{2ahkqz\left(-1+\varepsilon\right)}{\left(h\left(k^2+4bz\left(-1+\varepsilon\right)\right)-2q^2z\left(-1+\varepsilon\right)\right)^2}>0$$

$$\frac{\partial \Pi_{\mathrm{m}}^{\mathrm{M2}}}{\partial k}=-\frac{a^2h^2kz\left(-1+\varepsilon\right)}{\left(h\left(k^2+4bz\left(-1+\varepsilon\right)\right)-2q^2z\left(-1+\varepsilon\right)\right)^2}>0$$

$$\frac{\partial \Pi_{\mathrm{r}}^{\mathrm{M2}}}{\partial k}=-\frac{2a^2h^2k\left(2bh-q^2\right)z^2\left(-1+\varepsilon\right)^2}{\left(h\left(k^2+4bz\left(-1+\varepsilon\right)\right)-2q^2z\left(-1+\varepsilon\right)\right)^3}$$

令 $f\left(\varepsilon\right)=h\left(k^2+4bz\left(-1+\varepsilon\right)\right)-2q^2z\left(-1+\varepsilon\right)=0$，求得函数的零点：

$$\varepsilon_0=\frac{2z\left(2bh-q^2\right)-hk^2}{2z\left(2bh-q^2\right)}<1$$

又因函数斜率为正，且 $0<\varepsilon<1$，所以若 $2z\left(2bh-q^2\right)<hk^2$，$f\left(\varepsilon\right)>0$；若 $2z\left(2bh-q^2\right)>hk^2$，存在 ε_0，当 $0<\varepsilon<\varepsilon_0$，$f\left(\varepsilon\right)<0$，当 $\varepsilon_0<\varepsilon<1$ 时，$f\left(\varepsilon\right)>0$。

基于以上分析，命题 5.5 得证。

7. 命题 5.6 证明过程

由 $0<\varepsilon<1$，可知 $-1+\varepsilon<0$，$1-\varepsilon>0$，据此可判断：

$$\frac{\partial w^{\mathrm{M2}}}{\partial q}=-\frac{2ahk^2qz\left(-1+\varepsilon\right)}{b\left(h\left(k^2+4bz\left(-1+\varepsilon\right)\right)-2q^2z\left(-1+\varepsilon\right)\right)^2}>0$$

$$\frac{\partial g^{\mathrm{M2}}}{\partial q}=-\frac{4ahkqz\left(-1+\varepsilon\right)}{\left(h\left(k^2+4bz\left(-1+\varepsilon\right)\right)-2q^2z\left(-1+\varepsilon\right)\right)^2}>0$$

$$\frac{\partial p^{\mathrm{M2}}}{\partial q}=-\frac{2ahqz\left(k^2+2bz\left(1-\varepsilon\right)\right)\left(-1+\varepsilon\right)}{b\left(h\left(k^2+4bz\left(-1+\varepsilon\right)\right)-2q^2z\left(-1+\varepsilon\right)\right)^2}>0$$

$$\frac{\partial \varepsilon^{\mathrm{M2}}}{\partial q}=\frac{4bhq}{\left(7bh-3q^2\right)^2}>0$$

$$\frac{\partial e^{\mathrm{M2}}}{\partial q}=\frac{az\left(h\left(k^2+4bz\left(-1+\varepsilon\right)\right)+2q^2z\left(-1+\varepsilon\right)\right)\left(-1+\varepsilon\right)}{\left(h\left(k^2+4bz\left(-1+\varepsilon\right)\right)-2q^2z\left(-1+\varepsilon\right)\right)^2}$$

令 $f(q)=h\left(k^2+4bz(-1+\varepsilon)\right)+2q^2z(-1+\varepsilon)=0$，求得函数的零点：

$$q_1=-\frac{\sqrt{-hk^2+4bhz(1-\varepsilon)}}{\sqrt{2z(-1+\varepsilon)}}$$

$$q_2=-\frac{\sqrt{-hk^2+4bhz(1-\varepsilon)}}{\sqrt{2z(-1+\varepsilon)}}$$

又因二次函数系数为 $2z(-1+\varepsilon)$ 且 $0<q<1$，开口向下，所以存在 q_2，若 $q_2<1$，当 $0<q<q_2$ 时，$f(q)>0$，当 $q_2<q<1$ 时，$f(q)<0$，若 $q_2>1$，则 $f(q)>0$。

由此，命题 5.6 得证。

8. 命题 5.7 证明过程

由表 5-2 结果的求解过程可知，$4bhz-2q^2z-hk^2>0$，所以 $hk^2-4bhz<-2q^2z$，又因 $z>0$，所以 $-2q^2z<0$，$hk^2-4bhz<0$，又因 $h>0$，所以 $k^2-4bz<0$，$k^2<4bz$；又因 $0<\tau<1$，则 $-1+\tau<0$，据此可判断：

$$\frac{\partial w^{\mathrm{R}}}{\partial\tau}=\frac{ahk^2q^2z}{b\left(-2q^2z+h\left(k^2-4bz\right)(-1+\tau)\right)^2}>0$$

$$\frac{\partial g^{\mathrm{R}}}{\partial\tau}=\frac{2ahkq^2z}{\left(-2q^2z+h\left(k^2-4bz\right)(-1+\tau)\right)^2}>0$$

$$\frac{\partial p^{\mathrm{R}}}{\partial\tau}=\frac{ahq^2z\left(k^2+2bz\right)}{b\left(-2q^2z+h\left(k^2-4bz\right)(-1+\tau)\right)^2}>0$$

$$\frac{\partial e^{\mathrm{R}}}{\partial\tau}=\frac{ahqz\left(k^2-4bz\right)}{\left(-2q^2z+h\left(k^2-4bz\right)(-1+\tau)\right)^2}<0$$

$$\frac{\partial w^{\mathrm{R}}}{\partial q}=-\frac{2ahk^2qz(-1+\tau)}{b\left(-2q^2z+h\left(k^2-4bz\right)(-1+\tau)\right)^2}>0$$

$$\frac{\partial g^{\mathrm{R}}}{\partial q}=-\frac{4ahkqz(-1+\tau)}{\left(-2q^2z+h\left(k^2-4bz\right)(-1+\tau)\right)^2}>0$$

$$\frac{\partial p^{\mathrm{R}}}{\partial q}=-\frac{2ahqz\left(k^2+2bz\right)(-1+\tau)}{b\left(-2q^2z+h\left(k^2-4bz\right)(-1+\tau)\right)^2}>0$$

$$\frac{\partial\tau^{\mathrm{R}}}{\partial q}=\frac{4qz}{h\left(k^2-10bz\right)}>0$$

$$\frac{\partial e^{\mathrm{R}}}{\partial q}=\frac{az\left(2q^2z+h\left(k^2-4bz\right)\left(-1+\tau\right)\right)}{\left(-2q^2z+h\left(k^2-4bz\right)\left(-1+\tau\right)\right)}>0$$

由此，命题 5.7 得证。

9. 命题 5.8 证明过程

易得：

$$\frac{\partial w^{\mathrm{R}}}{\partial k}=\frac{2ahkz\left(q^2+2bh\left(-1+\tau\right)\right)\left(-1+\tau\right)}{b\left(-2q^2z+h\left(k^2-4bz\right)\left(-1+\tau\right)\right)^2}$$

令 $f\left(q\right)=q^2+2bh\left(-1+\tau\right)=0$，求得函数的零点：

$$q_1=-\sqrt{2bh\left(1-\tau\right)}$$
$$q_2=\sqrt{2bh\left(1-\tau\right)}$$

又因函数开口向上且 $0<q<1$，所以存在 q_2，若 $0<q_2<1$，当 $0<q<q_2$ 时，$f\left(q\right)<0$，当 $q_2<q<1$ 时，$f\left(q\right)>0$；若 $q_2>1$，则 $f\left(q\right)<0$。

易得：

$$\frac{\partial g^{\mathrm{R}}}{\partial k}=\frac{ah\left(2q^2z+h\left(k^2+4bz\right)\left(-1+\tau\right)\right)\left(-1+\tau\right)}{\left(-2q^2z+h\left(k^2-4bz\right)\left(-1+\tau\right)\right)^2}$$

令 $f\left(h\right)=2q^2z+h\left(k^2+4bz\right)\left(-1+\tau\right)=0$，求得函数的零点：

$$h_0=\frac{2q^2z}{\left(k^2+4bz\right)\left(1-\tau\right)}$$

又因函数斜率为 $\left(k^2+4bz\right)\left(-1+\tau\right)$，且 $0<h<1$，斜率为负且 $h_0>0$，所以存在 h_0，若 $h_0<1$，当 $0<h<h_0$ 时，$f\left(h\right)>0$，当 $h_0<h<1$ 时，$f\left(h\right)<0$；若 $h_0>1$，$f\left(h\right)>0$。

易得：

$$\frac{\partial p^{\mathrm{R}}}{\partial k}=\frac{2ahkz\left(q^2+3bh\left(-1+\tau\right)\right)\left(-1+\tau\right)}{b\left(-2q^2z+h\left(k^2-4bz\right)\left(-1+\tau\right)\right)^2}$$

令 $f\left(q\right)=q^2+3bh\left(-1+\tau\right)=0$，求得函数的零点：

$$q_1=-\sqrt{3bh\left(1-\tau\right)}$$
$$q_2=\sqrt{3bh\left(1-\tau\right)}$$

又因函数开口向上且 $0<q<1$，所以存在 q_2，若 $0<q_2<1$，当$0<q<q_2$时，$f(q)<0$，当$q_2<q<1$时，$f(q)>0$；若$q_2>1$，$f(q)<0$。

由表 5-2 结果的求解过程可知，$2bh-q^2>0$，则$2bh>q^2$，$3bh>q^2$，又因$0<\tau<1$，则$-1+\tau<0$，据此可判断：

$$\frac{\partial e^{\mathrm{R}}}{\partial k}=-\frac{2ahkqz(-1+\tau)}{\left(-2q^2z+h\left(k^2-4bz\right)(-1+\tau)\right)^2}>0$$

$$\frac{\partial t^{\mathrm{M2}}}{\partial k}=\frac{4k\left(3bh-q^2\right)z}{h\left(k^2-10bz\right)^2}>0$$

$$\frac{\partial \Pi_{\mathrm{m}}^{\mathrm{R}}}{\partial k}=\frac{a^2h^2kz(-1+\tau)^2}{\left(-2q^2z+h\left(k^2-4bz\right)(-1+\tau)\right)^2}>0$$

$$\frac{\partial \Pi_{\mathrm{r}}{}^{\mathrm{R}}}{\partial k}=-\frac{2a^2h^2kz^2\left(q^2+2bh(-1+\tau)\right)(-1+\tau)^2}{\left(-2q^2z+h\left(k^2-4bz\right)(-1+\tau)\right)^3}$$

令 $f(q)=q^2+2bh(-1+\tau)=0$，求得函数的零点：

$$q_1=-\sqrt{2bh(1-\tau)}$$

$$q_2=\sqrt{2bh(1-\tau)}$$

又因函数开口向上，且$0<q<1$，所以存在q_2，若$0<q_2<1$，当$q_2<q<1$时，$f(q)>0$，当$0<q<q_2$时，$f(q)<0$；若$q_2>1$，$f(q)<0$。

令 $f(q)=-2q^2z+h\left(k^2-4bz\right)(-1+\tau)=0$，求得函数的零点：

$$q_1=-\sqrt{\frac{h\left(k^2-4bz\right)(-1+\tau)}{2z}}$$

$$q_2=\sqrt{\frac{h\left(k^2-4bz\right)(-1+\tau)}{2z}}$$

又因二次函数开口向下，且$0<q<1$，所以存在q_2，若$0<q_2<1$，当$0<q<q_2$时，$f(q)>0$，当$q_2<q<1$时，$f(q)<0$；若$q_2>1$，$f(q)>0$。

基于以上分析，命题 5.8 得证。

10. 命题 5.9 证明过程

由表 5-2 结果的求解过程可知，$4bhz-2q^2z-hk^2>0$，则$-hk^2+4bhz-2q^2z>0$，据此可判断：

$$\frac{\partial R(\theta)}{\partial\theta}=\frac{ab\left(-hk^2+4bhz-2q^2z\right)}{\left(3bh-q^2\right)\left(az+k\theta\right)^2}>0$$

$$\frac{\partial R(\varepsilon)}{\partial\varepsilon}=\frac{bhk}{\left(3bh-q^2\right)z\left(1-\varepsilon\right)^2}>0$$

$$\frac{\partial R(\tau)}{\partial\tau}=\frac{bhkq^2}{z\left(q^2+3bh\left(-1+\tau\right)\right)^2}>0$$

由此，命题 5.9 得证。

11. 转售模式无优待政策模型求解过程

根据逆向求解法，将需求函数式（6.1）、式（6.2）同时代入利润函数式（6.3）、式（6.4）：

$$\pi_{\mathrm{o}}=\left(a+2\left(p\left(-\beta+\gamma\right)+\eta e\right)\right)\left(p-\omega\right) \tag{A1}$$

$$\pi_{\mathrm{s}}=-\frac{he^2}{2}+\left(a+2\left(-p\beta+p\gamma+\eta e\right)\right)\omega \tag{A2}$$

求式（A1）关于 p 的一阶偏导数：$\frac{\partial\pi_{\mathrm{o}}}{\partial p}=a+2\left(2p\left(-\beta+\gamma\right)+\eta e+\beta\omega-\gamma\omega\right)$，再求二阶偏导数：$\frac{\partial^2\pi_{\mathrm{o}}}{\partial^2 p}=4\left(-\beta+\gamma\right)<0$，说明 π_{o} 是关于变量 p 的凹函数，且存在唯一解。令其一阶偏导数为 0，可得 π_{o} 关于 e 和 w 的反应函数：$p=\frac{1}{4}\left(\frac{a+2\eta e}{\beta-\gamma}+2\omega\right)$，将反应函数代入式（A2）得到如下结果：

$$\pi_{\mathrm{s}}=\frac{1}{2}\left(-he^2+\omega\left(a+2\left(\eta e-\beta\omega+\gamma\omega\right)\right)\right) \tag{A3}$$

对式（A3）求关于 ω、e 的海塞矩阵：

$$\begin{pmatrix}2\left(-\beta+\gamma\right) & \eta\\ \eta & -h\end{pmatrix}$$

根据上文假设可判断海塞矩阵是负定的，此时，π_{s} 是关于 ω、e 的联合凹函数，存在唯一解集。由公式（A3）求 π_{s} 关于 ω、e 的一阶偏导数并令其为 0，得到：

$$\begin{cases}-eh+\eta\omega=0\\ \frac{a}{2}+e\eta+2\left(-\beta+\gamma\right)\omega=0\end{cases} \tag{A4}$$

求解式（A4）便可得旅游服务供应商的最优单位产品供应价格和最优绿色产品绿色水平，即式（6.5）、式（6.6），代入 p 关于 e 和 ω 的反应函数可得旅游经营者的最优旅游产品销售价格 p，即式（6.7）。将式（6.5）~式（6.7）同时代入式（A1）、式（A2），即得到旅游经营者的最优利润和旅游服务供应商的最优利润。

12. 转售模式有优待政策模型求解过程

根据逆向求解法，将式（6.10）和式（6.11）同时代入利润函数式（6.12）、式（6.13）：

$$\pi_o=(p-r-\omega)\big(p\gamma+e\eta+a\rho-\beta(p-r)\big)+(p-w)\big(a-p\beta+e\eta-a\rho+\gamma(p-r)\big) \tag{A5}$$

$$\pi_s=-\frac{e^2h}{2}+(a-p\beta+p\gamma+2e\eta)\omega-\omega\beta(p-r)+\omega\gamma(p-r) \tag{A6}$$

求式（A5）关于 p 和 r 的海塞矩阵：

$$\boldsymbol{H}(p,r)=\begin{pmatrix}-4\beta+4\gamma & 2\beta-2\gamma\\ 2\beta-2\gamma & -2\varepsilon\beta\end{pmatrix}$$

其中 $(-4\beta+4\gamma)(-2\beta)-(2\beta-2\gamma)(2\beta-2\gamma)=4(\beta-\gamma)(\beta+\gamma)>0$，说明 π_o 是关于变量 p 和 r 的联合凹函数，且存在唯一解集。由式（A5）求 π_o 关于 p 和 r 的一阶偏导数并令其为 0，得到 p 和 r 关于 e 和 ω 的反应函数：

$$\begin{cases}p=\dfrac{a(\beta-\beta\rho+\gamma\rho)+(\beta+\gamma)\big(e\eta+(\beta-\gamma)\omega\big)}{2(\beta^2-\gamma^2)}\\ r=\dfrac{a-2a\rho}{2(\beta+\gamma)}\end{cases} \tag{A7}$$

将式（A7）代入式（A6）得到如下结果：

$$\pi_s=-\frac{e^2h}{2}+e\eta\omega+\frac{1}{2}\omega\big(a+2(-b+\gamma)\omega\big) \tag{A8}$$

对式（A8）求关于 e 和 ω 的海塞矩阵：

$$\boldsymbol{H}(e,\omega)=\begin{pmatrix}2(-\beta+\gamma) & \eta\\ \eta & -h\end{pmatrix}$$

根据上文假设可判断海塞矩阵是负定的，此时，π_s是关于e和ω的凹函数，存在唯一解集。由式（A8）求π_s关于e和ω的一阶偏导数并令其为0，得到：

$$\begin{cases}-eh+\eta\omega=0\\ \dfrac{a}{2}+e\eta+2(-\beta+\gamma)\omega=0\end{cases} \tag{A9}$$

求解式（A9）便可得旅游服务供应商的最优单位产品供应价格ω和最优绿色产品绿色度水平，即式（6.14）、式（6.15），代入式（A7）可得旅游经营者的最优旅游产品销售价格和最优优惠金额，即式（6.16）、式（6.17）。

将式（6.14）～式（6.17）同时代入式（A5）、式（A6），即得到旅游经营者的最优利润和旅游服务供应商的最优利润。

13. 代理模式无优待政策模型求解过程

根据逆向求解法，将需求函数式（6.1）、式（6.2）同时代入利润函数式（6.20）和式（6.21）：

$$\pi_o=sp(a-2p\beta+2p\gamma+2\eta e) \tag{A10}$$

$$\pi_s=-\frac{he^2}{2}-(-1+s)p(a-2p\beta+2p\gamma+2\eta e) \tag{A11}$$

求式（A10）关于p的一阶偏导数：$\dfrac{\partial\pi_o}{\partial p}=s(a+4p(-\beta+\gamma)+2e\eta)$，再求二阶偏导数：$\dfrac{\partial^2\pi_o}{\partial^2 p}=4s(-\beta+\gamma)<0$，说明$\pi_o$是关于变量$e$的凹函数，且存在唯一解。令其一阶偏导数为0，可得$p$关于$e$的反应函数：$p=\dfrac{a+2e\eta}{4\beta-4\gamma}$，将反应函数代入式（A11）得到如下结果：

$$\pi_s=\frac{4e^2h(-\beta+\gamma)-(-1+s)(a+2e\eta)^2}{8(\beta-\gamma)} \tag{A12}$$

对式（A12）求π_s关于e的一阶偏导数为：

$$\frac{\partial\pi_s}{\partial e}=\frac{8eh(-\beta+\gamma)-4(-1+s)\eta(a+2e\eta)}{8(\beta-\gamma)} \tag{A13}$$

由式（A13）可求π_s关于e的二阶偏导数为：$\dfrac{\partial^2\pi_s}{\partial^2 e}=-h-\dfrac{(-1+s)\eta^2}{\beta-\gamma}$。

根据上文假设可判断二阶偏导数小于0，此时，π_s是关于e的凹函数，存在唯一解。由令式（A13）的值为 0，得到：$e=\dfrac{(1-s)a\eta}{2\left(h\beta-h\gamma-\eta^2+s\eta^2\right)}$。

此为旅游服务供应商的最优绿色产品绿色度水平 e，即式（6.22），代入 p 关于 e 的反应函数可得旅游经营者的最优旅游产品销售价格，即式（6.23）。

将式（6.22）、式（6.23）同时代入式（A10）、式（A11），即得到旅游经营者的最优利润和旅游服务供应商的最优利润。

14. 代理模式有优待政策模型求解过程

根据逆向求解法，将需求函数式（6.10）、式（6.11）同时代入利润函数式（6.26）、式（6.27）：

$$\pi_o=s(p-r)\big(py+e\eta+a\rho-\beta(p-r)\big)+ps\big(a-p\beta+e\eta-a\rho+\gamma(p-r)\big) \tag{A14}$$

$$\begin{aligned}\pi_s=&-\frac{e^2h}{2}-(p-r)(-1+s)\big(p\gamma+e\eta+a\rho-\beta(p-r)\big)\\&+p(-1+s)\big(p\beta-e\eta+a(-1+\rho)-\gamma(p-r)\big)\end{aligned} \tag{A15}$$

求式（A14）关于 p 和 e 的海塞矩阵：

$$\begin{pmatrix}4s(-\beta+\gamma) & s\beta-s\gamma-s(-\beta+\gamma)\\ s\beta-s\gamma-s(-\beta+\gamma) & -2s\beta\end{pmatrix}$$

其中，$4s(-\beta+\gamma)(-2s\beta)-\big(s\beta-s\gamma-s(-\beta+\gamma)\big)\big(s\beta-s\gamma-s(-\beta+\gamma)\big)=4s2(\beta-\gamma)(\beta+\gamma)>0$，说明 π_o 是关于变量 p、r 的凹函数，且存在唯一解集。由式（A14）求 π_o 关于 p、r 的一阶偏导数并令其为 0，得到 p、r 关于 e 的反应函数：

$$\begin{cases}p=\dfrac{e(\beta+\gamma)\eta+a(\beta-\beta\rho+\gamma\rho)}{2\left(\beta^2-\gamma^2\right)}\\[2ex] r=\dfrac{a-2a\rho}{2(\beta+\gamma)}\end{cases}$$

将反应函数代入式（A15）得到如下结果：

$$\pi_s = -\frac{\left(2e(-1+s)a(\beta+\gamma)\eta + 2e^2(\beta+\gamma)\left(h(\beta-\gamma)+(-1+s)\eta^2\right) + (-1+s)a^2\left(\beta+2\beta(-1+\rho)\rho-2\gamma(-1+\rho)\rho\right)\right)}{4(\beta-\gamma)(\beta+\gamma)} \quad (\text{A16})$$

求式（A16）关于e的一阶偏导数为

$$\frac{\partial\pi_s}{\partial e} = -\frac{(-1+s)a\eta + 2e\left(h(\beta-\gamma)+(-1+s)\eta^2\right)}{2(\beta-\gamma)} \quad (\text{A17})$$

由式（A17）可求π_s对e的二阶偏导数为$\frac{\partial^2\pi_s}{\partial^2 e} = -h - \frac{(-1+s)\eta^2}{\beta-\gamma}$。

根据上文假设可判断二阶偏导数小于0，此时，π_s是关于e的凹函数，存在唯一解。令式（A17）为0，得到：$e = \frac{(1-s)a\eta}{2\left(h(\beta-\gamma)+(-1+s)\eta^2\right)}$。此为旅游服务供应商的最优绿色产品绿色度水平，代入p、r关于e的反应函数可得旅游经营者的最优旅游产品销售价格和最优优惠金额，即式（6.29）、式（6.30）。

将式（6.28）～式（6.30）同时代入式（A14）、式（A15），即得到旅游经营者的最优利润和旅游服务供应商的最优利润。

15. 命题 6.1 证明过程

$$\frac{\partial\omega_1}{\partial h} = -\frac{a\eta^2}{2\left(2h(-\beta+\gamma)+\eta^2\right)^2} < 0$$

$$\frac{\partial e_1}{\partial h} = -\frac{a(-\beta+\gamma)\eta}{\left(2h(-\beta+\gamma)+\eta^2\right)^2} < 0$$

$$\frac{\partial p_1}{\partial h} = -\frac{3a\eta^2}{4\left(2h(-\beta+\gamma)+\eta^2\right)^2} > 0$$

16. 命题 6.2 证明过程

$$\frac{\partial e_1}{\partial \eta} = -\frac{a\left(2h(\beta-\gamma)+2^2\right)}{2\left(2h(-\beta+\gamma)+\eta^2\right)^2} > 0$$

$$\frac{\partial p_1}{\partial \eta} = -\frac{3ha\eta}{2\left(2h(-\beta+\gamma)+\eta^2\right)^2} > 0$$

$$\frac{\partial\omega_1}{\partial\eta}=-\frac{ha\eta}{\left(2h(-\beta+\gamma)+\eta^2\right)^2}>0$$

17. 命题 6.3 证明过程

$$\frac{\partial e_1}{\partial\eta}=-\frac{h^2\partial}{2\left(2h(-\beta+\gamma)+\eta^2\right)^2}>0$$

$$\frac{\partial e_1}{\partial\gamma}=-\frac{ha\eta}{2\left(2h(-\beta+\gamma)+\eta^2\right)^2}>0$$

$$\frac{\partial p_1}{\partial\gamma}=-\frac{3h^2a}{2\left(2h(-\beta+\gamma)+\eta^2\right)^2}>0$$

18. 命题 6.4 证明过程

当$0\leqslant\rho<\frac{1}{2}$时，

$$\frac{\partial p_2}{\partial\gamma}=\frac{a\left(\eta^2\left(4h(-\beta+\gamma)+\eta^2\right)(-1+2\rho)+2h^2\left(\beta^2+10\beta\gamma+\gamma^2+4(\beta-\gamma)^2\rho\right)\right)}{4(\beta+\gamma)^2\left(2h(-\beta+\gamma)+\eta^2\right)^2}>0$$

$$\frac{\partial r_2}{\partial\gamma}=\frac{a(-1+2\rho)}{2(\beta+\gamma)^2}<0$$

19. 命题 6.5 证明过程

$$\frac{\partial e_3}{\partial h}=\frac{(-1+s)a(\beta-\gamma)\eta}{2\left(h(\beta-\gamma)+(-1+s)n^2\right)^2}<0$$

$$\frac{\partial p_3}{\partial h}=\frac{(-1+s)a\eta^2}{4\left(h(\beta-\gamma)+(-1+s)n^2\right)^2}<0$$

20. 命题 6.6 证明过程

$$\frac{\partial e_3}{\partial\eta}=\frac{(-1+s)a\left(h(-\beta+\gamma)+(-1+s)\eta^2\right)}{2\left(h(\beta-\gamma)+(-1+s)n^2\right)^2}>0$$

$$\frac{\partial p_3}{\partial\gamma}=\frac{8h(-1+s)a\eta}{\left(4h(\beta-\gamma)+(-1+s)n^2\right)^2}>0$$

21. 命题 6.7 证明过程

$$\frac{\partial e_3}{\partial\gamma}=\frac{h(-1+s)a\eta}{2\left(h(\beta-\gamma)+(-1+s)n^2\right)^2}>0$$

$$\frac{\partial p_3}{\partial \gamma}=\frac{4h^2a}{\left(4h(\beta-\gamma)+(-1+s)n^2\right)^2}>0$$

22. 命题 6.8 证明过程

$$\frac{\partial e_3}{\partial s}=\frac{ha(-\beta+\gamma)\eta}{2\left(h(\beta-\gamma)+(-1+s)n^2\right)^2}<0$$

$$\frac{\partial p_3}{\partial s}=\frac{4ha\eta^2}{\left(4h(\beta-\gamma)+(-1+s)n^2\right)^2}<0$$

23. 命题 6.9 证明过程

$$\frac{\partial p_4}{\partial \gamma}=\frac{a\left(\frac{\left(2h\gamma-(-1+s)\eta^2\right)\left(2h\beta+(-1+s)\eta^2\right)+2\rho}{\left(h(\beta-\gamma)+(-1+s)\eta^2\right)^2}\right)}{4(\beta+\gamma)^2}>0$$

当$0\leqslant\rho<\frac{1}{2}$时，$\frac{\partial r_4}{\partial \gamma}=\frac{a(-1+2\rho)}{2(\beta+\gamma)^2}<0$，当$\frac{1}{2}\leqslant\rho<1$时，$\frac{\partial r_4}{\partial \gamma}=\frac{a(-1+2\rho)}{2(\beta-\gamma)^2}>0$

24. 推论 6.1 证明过程

$$\frac{\partial p_2}{\partial h}=\frac{3a\eta^2}{4\left(2h(-\beta+\gamma)+\eta^2\right)^2}<0$$

$$\frac{\partial p_2}{\partial \eta}=\frac{3ha\eta}{2\left(2h(-\beta+\gamma)+\eta^2\right)^2}>0$$

25. 推论 6.2 证明过程

$$\frac{\partial p_4}{\partial h}=\frac{(-1+s)a\eta^2}{4\left(2h(-\beta+\gamma)+(-1+s)\eta^2\right)^2}<0$$

$$\frac{\partial p_4}{\partial \eta}=\frac{h(-1+s)a\eta}{2\left(h(-\beta+\gamma)+(-1+s)\eta^2\right)^2}>0$$

$$\frac{\partial p_4}{\partial s}=\frac{ha\eta^2}{4\left(h(-\beta+\gamma)+(-1+s)\eta^2\right)^2}<0$$

26. 推论 6.3 证明过程

$$\frac{\partial p_2}{\partial \rho}=\frac{\partial p_4}{\partial \rho}=-\frac{a}{2(\beta+\gamma)}<0$$

$$\frac{\partial p_2}{\partial r}=\frac{\partial p_4}{\partial r}=-\frac{a}{\beta+\gamma}<0$$

27. 第 8 章 LN 竞争模型与 LL 竞争模型下均衡解的求解过程

全渠道零售商的利润函数存在最大值，通过海塞矩阵同竞争模型求出 p_1、p_2，将其代入制造商 M1 的利润中，并对其求导：

$$\boldsymbol{H}(w_1,h)=\begin{pmatrix}\dfrac{\partial^2\pi_r^{\mathrm{LLC}}}{\partial w_1^{\ 2}} & \dfrac{\partial^2\pi_r^{\mathrm{LLC}}}{\partial h\partial w_1}\\ \dfrac{\partial^2\pi_r^{\mathrm{LLC}}}{\partial w_1\partial h} & \dfrac{\partial^2\pi_r^{\mathrm{LLC}}}{\partial h^2}\end{pmatrix}=\begin{pmatrix}-\beta & \dfrac{1}{2}\\ \dfrac{1}{2} & -g\end{pmatrix} \tag{A18}$$

$\begin{pmatrix}-\beta & \dfrac{1}{2}\\ \dfrac{1}{2} & -g\end{pmatrix}=\beta g-\dfrac{1}{4}>0$，且 $-\beta<0$ 故海塞矩阵负定，存在最大值。

将 p_1、p_2 代入制造商 M2 的利润中求导：

$$\boldsymbol{H}(w_2,\theta)=\begin{pmatrix}\dfrac{\partial^2\pi_r^{\mathrm{A2}}}{\partial w_2^{\ 2}} & \dfrac{\partial^2\pi_r^{\mathrm{A2}}}{\partial\theta\partial w_2}\\ \dfrac{\partial^2\pi_r^{\mathrm{A2}}}{\partial w_2\partial\theta} & \dfrac{\partial^2\pi_r^{\mathrm{A2}}}{\partial\theta^2}\end{pmatrix}=\begin{pmatrix}-\beta & \dfrac{1}{2}\\ \dfrac{1}{2} & -k\end{pmatrix} \tag{A19}$$

$\begin{pmatrix}-\beta & \dfrac{1}{2}\\ \dfrac{1}{2} & -k\end{pmatrix}=\beta k-\dfrac{1}{4}>0$，且 $-\beta<0$，故海塞矩阵负定，存在最大值。

将以上式子联立可以得出最优解：

$$w_1^{\mathrm{LNC}}=\frac{(4k\beta-1)(2g\beta-1)c_1+2g\left((2k\beta-1)\varphi c_2+(4k\beta-1)(a_1-\theta_{\mathrm{m}})+2k\varphi a_2\right)}{(4K\beta-1)(4g\beta-1)-4gk\varphi^2} \tag{A20}$$

$$w_2^{\mathrm{LNC}}=\frac{2k(2k\beta-1)\varphi c_1+(2k\beta-1)(4g\beta-1)c_2+2k\left(2g\varphi a_1+(4g\beta-1)a_2-2g\varphi\theta_{\mathrm{m}}\right)}{(4K\beta-1)(4g\beta-1)-4gk\varphi^2} \tag{A21}$$

$$\theta^{\mathrm{LNC}}=\frac{(2g\beta-1)\varphi c_1+\left(\beta-4g\beta^2+2\beta\varphi^2c_2+2g\varphi(-\theta_{\mathrm{m}}+a_1)+(4g\beta-1)a_2\right)}{(4K\beta-1)(4g\beta-1)-4gk\varphi^2} \tag{A22}$$

$$h^{\mathrm{LNC}}=\frac{\left(\beta+2k\varphi^2-4k\beta^2\right)c_1+(2k\beta-1)\varphi c_2+4k\beta a_1-a_1+2k\varphi a_2-(4k\beta-1)\theta_{\mathrm{m}}}{(4K\beta-1)(4g\beta-1)-4gk\varphi^2} \tag{A23}$$

$$p_1^{\mathrm{LNC}}=\frac{\begin{array}{c}\left(\beta^2(-1+g\beta)(-1+4k\beta)+\left(-1+3k\beta+2g\beta(1-2k\beta)\right)\varphi^2\right)c_1\\+\varphi\left(\beta^2(-3g+k+2gk\beta)-2g(-1+k\beta)\varphi^2c_2\right)\\-g\left(3\beta^2(-1+4k\beta)+2(1-3k\beta)\varphi^2\right)(\theta_{\mathrm{m}}-a_1)-k\varphi\left(\beta-10g\beta^2+4g\varphi^2\right)a_2\end{array}}{(\beta-\varphi)(\beta+\varphi)\left((-1+4g\beta)(-1+4k\beta)-4gk\varphi^2\right)}\tag{A24}$$

$$p_2^{\mathrm{LNC}}=\frac{\begin{array}{c}\varphi\left(\beta^2(g-3k+2gk\beta)-2k(-1+g\beta)\varphi^2\right)c_1\\+\left(\beta^2(-1-4g\beta)(-1+k\beta)+\left(-1+2k\beta+g\beta(3-4k\beta)\right)\varphi^2\right)c_2\\-g\varphi(\beta-\varphi)(\beta+\varphi)\left((-1+4g\beta)(-1+4k\beta)-4gk\varphi^2\right)\end{array}}{2(\beta-\varphi)(\beta+\varphi)\left((-1+4g\beta)(-1+4k\beta)-4gk\varphi^2\right)}\tag{A25}$$

$$w_1^{\mathrm{LLC}}=\frac{\begin{pmatrix}(-1+2g\beta)(-1+k\beta)c_1+g\left(-\theta_{\mathrm{m}}(-2+2k\beta+k\varphi)\right.\\\left.+(-2+k\beta)\varphi c_2+2(-1+k\beta)a_1+k\varphi a_2\right)\end{pmatrix}}{(-1+4g\beta)(-1+k\beta)-gk\varphi^2}\tag{A26}$$

$$h^{\mathrm{LLC}}=\frac{\theta_{\mathrm{m}}(2-2k\beta-k\varphi)+\left(2\beta-2k\beta^2+k\varphi^2\right)c_1+(-2+k\beta)\varphi c_2+2(-1+k\beta)a_1+k\varphi a_2}{2(-1+4g\beta)(-1+k\beta)-2gk\varphi^2}\tag{A27}$$

$$w_2^{\mathrm{LLC}}=\frac{(-1+4g\beta)(-2+k\beta)c_2+k\begin{pmatrix}\theta_{\mathrm{m}}-2g\theta_{\mathrm{m}}(2\beta+\varphi)+2g\varphi a_1+\\(-1+4g\beta)a_2+(-1+2a\beta)\varphi c_1\end{pmatrix}}{2(-1+4g\beta)(-1+k\beta)-2gk\varphi^2}\tag{A28}$$

$$\theta_2^{\mathrm{LLC}}=\frac{\begin{pmatrix}\theta_{\mathrm{m}}(1-ag\beta-2g\varphi)+(-1+2g\beta)\varphi c_1\\+\left(\beta-4g\beta^2+2g\varphi^2\right)c_2+2g\varphi a_1+(-1+4g\beta)a_2\end{pmatrix}}{2(-1+4g\beta)(-1+k\beta)-2gk\varphi^2}\tag{A29}$$

28. 命题 8.1 ②的证明过程

由 $\beta g-\frac{1}{4}>0$，$\beta k-\frac{1}{4}>0$ 可得，当 $0<\varphi<\sqrt{\frac{(4g\beta-1)(4k\beta-1)}{4gk}}$ 时：

$$\frac{\partial p_1^{\mathrm{LNC}}}{\partial\theta_{\mathrm{m}}}=\frac{3g\beta^2(1-4k\beta)+2g(-1+3k\beta)\varphi^2}{(\beta-\varphi)(\beta+\varphi)\left((-1+4g\beta)(-1+4k\beta)-4gk\varphi^2\right)}<0$$

$$\frac{\partial p_2^{\mathrm{LNC}}}{\partial\theta_{\mathrm{m}}}=\frac{g\varphi\left(\beta-10k\beta^2+4k\varphi^2\right)}{(\beta-\varphi)(\beta+\varphi)\left((-1+4g\beta)(-1+4k\beta)-4gk\varphi^2\right)}<0$$

$$\frac{\partial w_1^{\mathrm{LNC}}}{\partial \theta_{\mathrm{m}}}=\frac{4gk\varphi}{-1+4k\beta+4g\left(\beta-4k\beta^2+k\varphi^2\right)}<0$$

$$\frac{\partial w_2^{\mathrm{LNC}}}{\partial \theta_{\mathrm{m}}}=\frac{g\left(2-8k\beta\right)}{\left(-1+4g\beta\right)\left(-1+4k\beta\right)-4gk\varphi^2}<0$$

$$\frac{\partial h^{\mathrm{LNC}}}{\partial \theta_{\mathrm{m}}}=\frac{1-4k\beta}{\left(-1+4g\beta\right)\left(-1+4k\beta\right)-4gk\varphi^2}<0$$

$$\frac{\partial \theta^{\mathrm{LNC}}}{\partial \theta_{\mathrm{m}}}=\frac{2g\varphi}{-1+4k\beta+4g\left(\beta-4k\beta^2+k\varphi^2\right)}<0$$

命题 8.1 的证明如图 A1 和图 A2 所示：

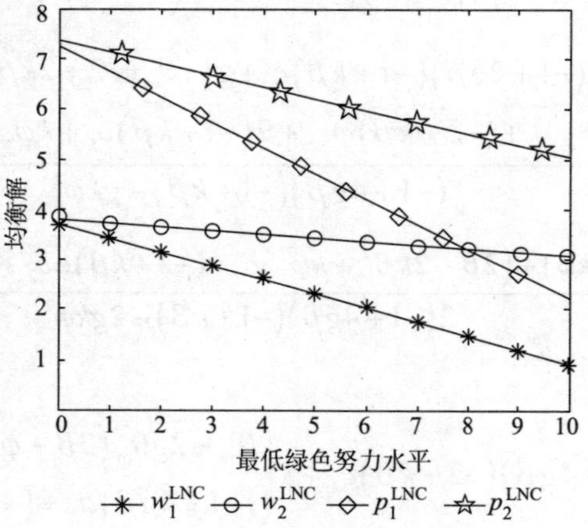

图A1

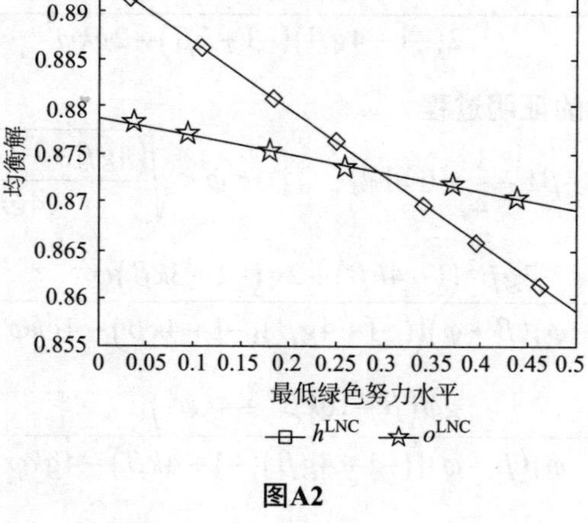

图A2

LN 合作模型下，根据利润得出海塞矩阵：

$$\boldsymbol{H}\left(p_1,h\right)=\begin{pmatrix}\dfrac{\partial^2\pi_{\mathrm{RM1}}^{\mathrm{B2}}}{\partial {p_1}^2} & \dfrac{\partial^2\pi_{\mathrm{RM1}}^{\mathrm{B2}}}{\partial p_1\partial h}\\ \dfrac{\partial^2\pi_{\mathrm{RM1}}^{\mathrm{B2}}}{\partial h\partial p_1} & \dfrac{\partial^2\pi_{\mathrm{RM1}}^{\mathrm{B2}}}{\partial h^2}\end{pmatrix}=\begin{pmatrix}-2\beta & 1\\ 1 & g\end{pmatrix} \tag{A30}$$

$\begin{pmatrix}-2\beta & 1\\ 1 & -g\end{pmatrix}=2\beta g-1>0$，且 $-2\beta<0$，故海塞矩阵负定，存在最大值。

给定 w_2，全渠道零售商根据自身利润最大化的原则决定 p_2，将 p_1、p_2、h 代入制造商 M2 的利润中，并对其求导：

$$\boldsymbol{H}\left(w_2,\theta\right)=\begin{pmatrix}\dfrac{\partial^2\pi_2^{\mathrm{B2}}}{\partial {w_2}^2} & \dfrac{\partial^2\pi_2^{\mathrm{B2}}}{\partial\theta\partial w_2}\\ \dfrac{\partial^2\pi_2^{\mathrm{B2}}}{\partial w_2\partial\theta} & \dfrac{\partial^2\pi_2^{\mathrm{B2}}}{\partial\theta^2}\end{pmatrix}=\begin{pmatrix}-\beta & \dfrac{1}{2}\\ \dfrac{1}{2} & -k\end{pmatrix} \tag{A31}$$

$\begin{pmatrix}-\beta & \dfrac{1}{2}\\ \dfrac{1}{2} & -k\end{pmatrix}=\beta k-\dfrac{1}{4}>0$，且 $-\beta<0$，故海塞矩阵负定，存在最大值。

$$w_2^{\mathrm{LNU}}=\frac{\left(-1+2k\beta\right)c_2+2ka_2}{-1+4k\beta} \tag{A32}$$

$$\theta^{\mathrm{LNU}}=\frac{-\beta c_2+a_2}{-1+4k\beta} \tag{A33}$$

$$p_1^{\mathrm{LNU}}=\frac{\beta\left(\left(-1+g\beta\right)\left(-1+4k\beta\right)c_1+g\left(-\varphi c_2-\left(-1+4k\beta\right)\left(\theta_{\mathrm{m}}-a_1\right)+4k\varphi a_2\right)\right)}{\left(-1+4k\beta\right)\left(\beta\left(-1+2g\beta\right)-2g\varphi^2\right)} \tag{A34}$$

$$p_2^{\mathrm{LNU}}=\frac{\begin{pmatrix}\left(-1+g\beta\right)\left(-1+4k\beta\right)\varphi c_1+\left(\beta\left(-1+2g\beta\right)\left(-1+k\beta\right)+g\left(1-2k\beta\right)\varphi^2\right)c_2\\ -g\left(-1+4k\beta\right)\varphi\left(\theta_{\mathrm{m}}-a_1\right)+k\left(-3\beta+6g\beta^2-2g\varphi^2\right)a_2\end{pmatrix}}{\left(-1+4k\beta\right)\left(\beta\left(-1+2g\beta\right)-2g\varphi^2\right)} \tag{A35}$$

$$h^{\mathrm{LNU}}=\frac{-\left(-1+4k\beta\right)\left(\beta^2-2\varphi^2\right)c_1+\beta\left(-\varphi c_2-\left(-1+4k\beta\right)\left(\theta_{\mathrm{m}}-a_1\right)+4k\varphi a_2\right)}{\left(-1+4k\beta\right)\left(\beta\left(-1+2g\beta\right)-2g\varphi^2\right)} \tag{A36}$$

LL 合作模式下，求解过程与 LN 合作模式类似，以下为均衡解：

$$w_2^{\mathrm{LLU}}=-\frac{k\theta_{\mathrm{m}}+2c_2-k\beta c_2-ka_2}{2(-1+k\beta)} \tag{A37}$$

$$\theta^{\mathrm{LLU}}=-\frac{\theta_{\mathrm{m}}+\beta c_2-a_2}{2(-1+k\beta)} \tag{A38}$$

$$p_1^{\mathrm{LLU}}=\frac{\beta\left((-1+g\beta)(-1+k\beta)c_1-g\left(\theta_{\mathrm{m}}\left(-1+k(\beta+\varphi)\right)+\varphi c_2+a_1-k\beta a_1-k\varphi a_2\right)\right)}{(-1+k\beta)\left(\beta(-1+2g\beta)-2g\varphi^2\right)} \tag{A39}$$

$$p_2^{\mathrm{LLU}}=\frac{\begin{pmatrix}\theta_{\mathrm{m}}\left(4g\varphi+k\left(3\beta-6g\beta^2-4g\beta\varphi+2g\varphi^2\right)\right)+4(-1+g\beta)(-1+k\beta)\varphi c_1\\+\left(\beta(-1+2g\beta)(-4+k\beta)-2g(-2+k\beta)\varphi^2\right)c_2+4g(-1+k\beta)\varphi a_1\\+k\left(-3\beta+6g\beta^2-2g\varphi^2\right)a_2\end{pmatrix}}{4(-1+k\beta)\left(\beta(-1+2g\beta)-2g\varphi^2\right)} \tag{A40}$$

$$h^{\mathrm{LLU}}=\frac{(-1+k\beta)\left(\beta^2-2\varphi^2\right)c_1+\beta\left(\theta_{\mathrm{m}}\left(-1+k(\beta+\varphi)\right)+\varphi c_2+a_1-k\beta a_1-k\varphi a_2\right)}{(-1+k\beta)\left(\beta(-1+2g\beta)-2g\varphi^2\right)} \tag{A41}$$

29. 命题 8.5 ②的证明过程

由 $a_1>\theta_{\mathrm{m}}$ ，$\beta k-\frac{1}{4}>0$ 可得：

$$\frac{p_1^{\mathrm{NNU}}}{p_1^{\mathrm{LNU}}}=\frac{(-1+g\beta)(-1+4k\beta)c_1-g\left(\varphi c_2+a_1-4k\beta a_1-4k\varphi a_2\right)}{(-1+g\beta)(-1+4k\beta)c_1-g\left(4k\beta\theta_{\mathrm{m}}+\varphi c_2-4k\beta a_1-4k\varphi a_2\right)-\left(a_1-\theta_{\mathrm{m}}\right)}>1 \tag{A42}$$

$$\frac{p_2^{\mathrm{NNU}}}{p_2^{\mathrm{LNU}}}=\frac{\begin{matrix}(-1+g\beta)(-1+4k\beta)\varphi c_1+\left(\beta(-1+2g\beta)(-1+k\beta)+g(1-2k\beta)\varphi^2\right)c_2\\+g(-1+4k\beta)\varphi a_1+k\left(-3\beta+6g\beta^2-2g\varphi^2\right)a_2\end{matrix}}{\begin{matrix}(-1+g\beta)(-1+4k\beta)\varphi c_1+\left(\beta(-1+2g\beta)(-1+k\beta)+g(1-2k\beta)\varphi^2\right)c_2\\+g(-1+4k\beta)\varphi\left(a_1-\theta_{\mathrm{m}}\right)+k\left(-3\beta+6g\beta^2-2g\varphi^2\right)a_2\end{matrix}}>1 \tag{A43}$$

$$\frac{h^{\mathrm{NNU}}}{h^{\mathrm{LNU}}}=\frac{(1-4k\beta)\left(\beta^2-2\varphi^2\right)c_1+\beta\left(-\varphi c_2+(-1+4k\beta)a_1+4k\varphi a_2\right)}{(1-4k\beta)\left(\beta^2-2\varphi^2\right)c_1+\beta\left(-\varphi c_2+(-1+4k\beta)\left(a_1-\theta_{\mathrm{m}}\right)+4k\varphi a_2\right)}>1 \tag{A44}$$